U0930048

图书在版编目(CIP)数据

红原年鉴. 2012 / 红原县党史地方志办公室 编. —北京 ：中央民族大学出版社，2014.5

ISBN 978-7-5660-0709-4

Ⅰ. ①红…　Ⅱ. ①红…　Ⅲ. ①红原县—2012—年鉴　Ⅳ. ①Z527.14

中国版本图书馆 CIP 数据核字(2014)第 087007 号

红原年鉴(2012)

编　　者	红原县党史地方志办公室
责任编辑	徐桂红
封面设计	符　蓉
出 版 者	中央民族大学出版社
	北京市海淀区中关村南大街 27 号　邮编:100081
	电　话:68472815(发行部)　传真:68932751(发行部)
	68932218(总编室)　68932447(办公室)
发 行 者	全国各地新华书店
装帧设计	成都市标点制版印务有限责任公司
印 刷 厂	成都现代印务有限公司
开　　本	889×1194(毫米)　1/16　印张:13.75　彩页:28 页
字　　数	352 千字
印　　数	800 册
版　　次	2014 年 5 月第 1 版　2014 年 5 月第 1 次印刷
书　　号	ISBN 978-7-5660-0709-4
定　　价	180.00 元

红原年鉴

2012

红原县人民政府 主办
红原县党史地方志办公室 编纂

总编 嘉央罗萨

中央民族大学出版社
China Minzu University Press

2012年12月10日，中国武警部队司令员王建平（左二）在红原视察

2012年6月8日，省委常委、副省长钟勉（中）在红原调研现代畜牧业工作开展情况

2012年1月，省人大常委会副主任张东升在红原调研期间慰问贫困牧民

2012年2月26日，四川省省长助理、省公安厅厅长侍俊（右二）到红原调研

2012年6月18日，州委书记刘作明在红原调研期间慰问环卫工人

2012年5月，州长吴泽刚（右三）在红原调研道路建设

县委书记何飚看望慰问百岁老人

县人大常委会主任张德海深入麦洼乡慰问贫困党员

2012年，红原发生洪灾，县长嘉央罗萨（右二）到受灾现场了解灾情

政协主席赵正清（中）在基层调研

社会事业

红原县党的十八大精神讲解员培训现场

红原组织干部群众集中收看党的十八大开幕式

在党的十八大召开前夕，红原县在全县开展“唱红歌、读经典，喜迎党的十八大”主题教育活动，图为举办“高举旗帜跟党走，喜迎党的十八大”藏汉双语演讲比赛颁奖现场

县科协第六次代表大会召开

红原开展迎新春“四下乡”活动现场

僧侣和群众领取科普宣传资料

科技活动周现场

大球盖菇种植试验

红原组织希望小学篮球队参加“姚基金2012希望小学篮球季”比赛，获全国第二名，姚明与希望小学篮球队小队员亲切交谈并合影

红原选送《草原喜事多》获第五届全国少儿曲艺大赛四川赛区小品个人获创作奖、集体三等奖

红原县“草原之心”艺术团送文化下乡

唱支山歌给党听——群众同唱感恩歌

红原藏区童声合唱团演唱《相约红原》

海外华文媒体记者走向牧区看变化——在色地乡采访

2012年7月，红原县希望小学童声合唱团参加全国儿童歌曲大奖赛荣获二等奖

红原县关工委组织老干部赴成都等地督查“9+3”免费职业技术教育

演讲比赛

吃上营养餐的学生脸上洋溢着幸福的笑容

红原县关工委向麦洼小学、色地小学捐赠数字电影放映设备

为学生发放助学金

“9+3学生顶岗实习”

马背法制政策宣讲团
深入远牧点进行法制宣讲

壤口乡召开加强村民自治自律强化社会管理创新大会

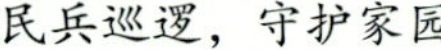
民兵巡逻，守护家园

红原县肺结核防治暨寺庙公共建筑安全隐患排查工作启动仪式在麦洼寺举行

僧尼结核病筛查

卫生下乡

红十字博爱卫生院

县藏医院门诊医技楼

2012年4月26日，红原智慧城市签约仪式

"万名干部送温暖"活动在全县开展，阿坝州政府办帮扶安曲乡夺龙村

州督查组到红原开展生态保护补助奖励政策督查

2012年8月，全省现代发放现代畜牧业工作会议在红原召开，图为考察点向考察者发放现代畜牧业资料

县就业局与四川天府三产职业培训学校在红原开展乡村旅游业培训

红原大骨节病更换口粮发放现场

产业化治沙科技示范基地

红原牦牛乳业公司的采奶平台和运奶车

饮水管保温

绵阳市援建的牲畜越冬暖棚

指导乡镇实施牧民定居点青少年活动中心建设和志愿服务队伍建设

红原县组织师生代表赴新加坡参加“世界童窗”学生交流计划活动，受到中国驻新加坡大使魏苇亲切接见

2012年11月6日，江宫寺整体搬迁

2012年11月6日，江宫寺整体搬迁

红原组织宗教界代表人士赴外地学习考察

消防培训进寺庙

牧民定居行动计划让牧民过上定居新生活

在敬老院里安度晚年幸福生活的老人

亮丽整洁的牧民定居住房

“五·一”小长假期间，红原组织志愿服务队在交通要道设置志愿服务点，为过往游客提供服务

定居牧民在家中养起了花草

邛溪镇防洪堤竣工

新建的牧道桥梁

红原汽车站竣工交付使用

查尔玛通畅油路

2012年，阿坝州开展《历史记忆·和谐家园》口述历史活动，红原拍摄制作《红色草原》、《牦牛之乡》口述历史纪录片

口述历史拍摄采访现场

编辑说明

一、《红原年鉴》是红原县人民政府主办，由红原县党史地方志办公室编纂出版的综合性地情资料工具书，旨在客观、全面、系统、准确地逐年记载反映红原政治、经济、文化、社会等各方面发展的新情况、新风貌，及时地为各级领导进行科学决策提供科学依据，为各行各业提供咨询服务，为国内外各界人士了解红原、研究红原提供服务。

二、《红原年鉴》(2012)坚持以邓小平理论和"三个代表"重要思想为指导，全面贯彻落实科学发展观，围绕构建和谐红原，突出地方特色和优势，以事实和数据反映红原经济建设和社会事业的发展变化状况。

三、《红原年鉴》(2012)所收录的资料上限为2012年1月1日，下限为2012年12月31日。

四、《红原年鉴》(2012)将图、文、录有机结合，年鉴图片、记述内容均在时限之内，部分内容略有交叉，部分图片排序不分先后。年鉴所用统计资料由红原县统计局提供，正文中数据由各部门提供。部分数据由于各部门统计口径、角度不同，统计方法和项目内涵不同，少数同一项目或名称的数据不尽一致。引用时应以《红原县国民经济和社会发展统计公报》为准。

五、《红原年鉴》(2012)主体资料，由红原县各部门、单位等安排专人编写组稿，并经供稿单位审核加盖公章，《红原年鉴》编辑部编辑，《红原年鉴》编纂委员会审定，资料翔实、准确、可靠。

六、《红原年鉴》(2012)收录的先进集体和人物，为获得县级及以上机关表彰者，由于提供资料口径不够明细，以致漏载，请予见谅。

七、《红原年鉴》(2012)编纂出版问世是红原县各级领导、各部门和全体编辑人员通力合作的结果。在此，谨向为本年鉴付出辛勤劳动的领导和工作人员表示衷心感谢。年鉴编纂中难免有疏漏和错误之处，敬请各级领导、各界人士批评指正。

《红原年鉴》编辑部

2013年10月

《红原年鉴》(2012)编纂委员会

《红原年鉴》(2012) 编辑部

目　录

特　载

大事记

县情概况

党 政

社会团体

政法　军事

经济综合管理

社会生活

农林牧水

商 贸

财税金融

城建　环保　交通

通信　旅游

科技　教育

文体广卫

企　业

乡　镇

附 录

附 录

特　载

TE ZAI

县委工作报告

——在中共红原县委十一届三次全会第一次全体会议上

（2013 年 3 月 27 日）

中共红原县委书记　何　飚

同志们：

现在，我代表县委常委会向大会报告工作，请予审议。

2012 年工作回顾

过去的一年，是新一届县委履行使命、开拓奋进的一年，是红原攻坚克难、夯基蓄势的一年。县委一班人围绕州委“发展为要、稳定为重、民生为本、团结为根、党建为基”的总要求，高举旗帜、抓好班子、带好队伍，精心谋事、潜心干事、坦荡处事、谨慎行事，团结带领全县干部群众圆满完成了年度目标任务，促进了经济社会更好更快更大发展，巩固并发展了团结和谐的新局面。

一、明晰了工作新思路

深入开展“认识红原、熟悉红原、热爱红原、建设红原”调查研究活动，深刻认识基本县情，正视发展短板，自豪而不自满。在继承和提升历届县委好做法、好经验的基础上，认真贯彻落实党的十八大精神和省、州第十次党代会提出的新要求，进一步明晰了工作思路。即：围绕加快农牧民融入现代社会、加快牧区现代化进程的要求，抢抓发展机遇，做好加快发展、改善民生、促进和谐、开放合作四件大事，着力改善发展条件，夯实发展基础；着力转变发展方式，增强自我发展能力；着力民生新改善，提高群众生活质量；着力文化大发展大繁荣，增强文化扬县软实力；着力创新社会管理，巩固发展团结和谐局面。推进生态、生产、生活“三生并重”协调发展，牧区、牧业、牧民“三牧兼顾”统筹发展，一、二、三次产业“三产联动”转型发展，新型城镇化、新型工业化、农牧业现代化“三化互动”科学发展，加快推进“畅通红原、幸福红原、魅力红原、现代红原、和谐红原”建设，实现产村相融、统筹城乡，生态环境更优、县域经济更强、群众生活质量更高、各民族更加团结和谐。这一工作探索得到了省委、省政府和州委、州政府的充分肯定。红原被省委、省政府作为四川省现代草原畜牧业试点示范县给予重点扶持，为我们推进转型发展、跨越发展赢得了特别机遇。

二、县域经济实现新突破

坚持科学发展、超常奋战，实现了现代草原畜牧业、工业、旅游业、文化大繁荣、投资与招商的“五个新突破”和民生的新改善。实现地区生产总值 79493 万元，增长 13.0%；地方财政一般预算收入 2283 万元，增长 26.6%。在省州有关部门和绵阳市的大力支持下，科学编制红原县《国民经济和社会发展第十二个五年规划纲要（修编）》、《加快建设现代草原畜牧业试点示范县规划》、《交通基础设施建设规划》和《旅游发展总体规划》等。红原荣获全省“三农”工作先进县、全省整县推进新农村建设绩效考核优良县、全州综合目标考核一等奖。

围绕产业发展、基础建设、民生项目、社会事业、生态保护五大方面，集中力量大抓项目、抓大小项目。全社会固定资产投资 135060 万元；

招商引资协议签约8.8亿元。红原机场、省道302线改建红原段公路进展顺利，加快改善交通、通信、水利等基础设施。成功承办省、州现代草原畜牧业现场会，启动四川省现代草原畜牧业试点示范县建设。启动阿坝牦牛破产重整，红原乳业“起死回生”迈出坚实步伐，牧民交奶153万公斤，全部兑现奶款577万元，售奶户户均增收6000元。规模以上工业实现增加值9027万元，增长41.4%。推动文化与旅游交融互动，发展红色旅游、自驾旅游、牧家旅游，以旅游业带动农牧民转产转业、增收致富，接待中外游客85万人次，实现旅游总收入75869万元，分别增长37.0%和51.8%。以旅游业带动第三产业发展，实现社会消费品零售总额18715万元，增长16.3%。

按照省委、省政府对口援藏部署，主动加强与绵阳市、省军区、省畜牧食品局、西南民族大学等的对接。绵阳市46名干部人才义无反顾来到雪域高原，坚持“一家人、一条心、一个目标”的要求，提出“感恩奋进、勇于担当、凝心聚力、争创一流”的援藏精神，克服困难、迅速融入，当红原人、说红原话、做红原事、结红原情，充分发挥特长，出谋划策、传经送宝、牵线搭桥、身体力行，受到了红原干部群众的普遍赞许。绵阳市出资1641万元对口援建的暖棚建设、县城供暖工程、牧区生产性道路建设、旅游公厕、人才培养、规划编制等7个项目均实现了预期目标。同时，还积极开展计划外援助，共落实到位的援助物资、工作经费151.6万元，构建了以项目、资金、技术、干部人才为重点的“四位一体”全方位对口援藏格局。

三、维护稳定开创新局面

坚持“主动治理、攻心为上，综合施策、标本兼治”的指导原则，运用“相信群众、依靠群众、发动群众、为了群众”的工作方法，构建反分维稳的人民阵线，被评为全省维稳工作先进县。

以群众工作统领支撑维稳工作，13个群众工作组和自贡市赴红原群众工作组深入乡镇蹲点指导，实行抓党建巩固执政之基领导群众、创建民族团结进步和谐福地凝聚群众、领导干部与宗教代表人士真心交朋友争取群众、干部回村过年活动服务群众、正确的舆论宣传引导群众、实施民生工程关怀群众、开展警民共建系列活动联系群众，做到群众工作与发展联抓、与民生联动、与维稳联手、与党风联建、与宣传联推，积极构建“大发展、大民生、大群工、大党建”的工作格局。县法制政策宣讲团进村入户、进寺入舍、进校入班，以群众喜闻乐见形式开展形势政策教育、法制宣传教育、民族团结教育，干部群众的国家意识、中华民族及民族大团结意识、法制意识、公民意识、现代意识进一步增强。坚持“干部队伍是根本、寺庙管理是关键、人民群众是基础”的寺庙工作思路，推进“寺庙管理规范化、公共服务社会化、宗教关系和谐化”建设，实现依法治寺、以戒管僧、僧尼持戒守法。顺利完成3座重点寺庙管委会和4个乡镇寺庙管理所组建工作，实现“波澜不惊、务求全胜、速战速决”要求。开展声势浩大的反赌专项行动，整治偷牛盗马、盗抢机动车等社会治安突出问题。动之以情、晓之以理、明之以法开展重点人员查教转控工作。加强草山、药山、边界维稳工作，实现干部多握手、群众少出手。以正常的教育教学秩序统领学校维稳工作，以学生的稳定带动千家万户的稳定。认真贯彻落实省委、州委维稳工作部署，在战略上打总体仗、在战术上打组合拳，构建起立体化、多层次、大纵深的防范体系，干部群众众志成城、同心同德，打赢了党的十八大、省第十次党代会等重点时段维稳攻坚战。

四、民生得到新改善

认真落实省州进一步保障和改善民生、加强藏区群众工作的政策措施，回应民生关切，关注民生热点，解决民生难题，干部群众幸福满意度持续增强。城镇居民人均可支配收入达2.2502万元，增长15.0%；农牧民人均纯收入达6780元，位居全州第一位，增长23.3%。

深化“藏区三大民生工程”，开展“四项帮扶活动”，实施“五项关怀行动”。超额完成省州下达的5089户2.2901万人定居任务和定居点设施建设，在全州四年规划验收中获得好评。顺利完成扶贫开发和综合防治大骨节病试点工作八大工程目标任务，代表阿坝州接收国家、省验收，受到好评，争取到相关延续政策。全面落实教育“三个增长”和“两免一补”政策，推进义务教育阶段学生营养改善工程。首批168名“9+3”毕业生实现就业，推进社会闲散青少年和大中专毕业生就业创业。实施建县以来最大规模的“关爱草原母亲行动”，7484名农村妇女卫生保健意识明显增强。新农合参合32926人、参合率98.54%。城乡居民社会养老保险7783人，13551名城乡困难群众纳入最低生活保障，实现动态应保尽保。居民消费结构优化，衣食住行水平不断提高。

五、民族团结进步事业得到新发展

统筹推进党委、人大、政府和政协工作，做到县委统揽全局、人大依法监督、政府依法行政、政协团结协商。启动民族团结进步和谐福地创建活动，制定总体方案和11个具体实施方案，首次表彰民族团结进步22个模范集体和56名先进个人，争创省级双拥模范县、文明县城、民族团结进步先进县。县委宣传部被中央宣传部、中央统战部、国家民委授予全国民族团结进步创建活动示范单位。开展“争做守法僧尼、争创和谐寺庙”活动。警民、军民鱼水情进一步深化。完善基层群众自治制度，保障人民享有更切实的民主权利。巩固和发展爱国统一战线，促进各民族和睦相处、和衷共济、和谐发展。坚持文化为魂，推进文化扬县。出台《中共红原县委关于深化文化体制改革加快建设文化强县的实施意见》，重建县文化体育广播影视新闻出版局、县广播电视台。成立县文学艺术界联合会，抢救、挖掘、保护和传承民族优秀文化，把文史普查结果转化为文化展示，制作成图书和影音资料出版。有声有色开展“读史明志、我爱家乡，喜迎十八大”主题活动和“历史的记忆、和谐的家园”口述历史活动，5个课题在全州运用典型经验调研成果开展案例教学课题评比中名列前茅。

六、党的建设焕发新气象

扎实开展基层组织建设年活动，实施“强乡兴村”战略。针对党建调研反映出的农村党员总量小、平均年龄大、党组织覆盖低等问题，实施基层党建“四个新突破、一个新改善、一个上新台阶”工程。在全州率先提高农村“三老”同志政治和生活待遇。建立1300名农牧民青年入党积极分子人选库，教育系统、卫生系统、企业、“两新”组织党建工作迈出新步伐。县委被评为全州创先争优先进县委。江茸乡茸日玛村党支部荣获全国创先争优先进党组织的荣誉称号。

认真贯彻执行《干部选拔任用工作条例》，鲜明“干正事、干实事、干成事”用人导向，注重用政治标尺考量干部、从基层一线培养干部、以工作实绩选用干部、常态化交流锻炼干部，组织工作满意度不断提升，一批德才兼备、年富力强的优秀干部走上领导岗位。拓宽选人用人渠道，探索干部初始提名办法，完善领导干部考核评价机制和后备干部管理机制。

编制《红原县人才队伍建设中长期规划(2011—2020年)》，建立完善人才资源信息库、挂职干部信息库、社科专家信息库。落实省委《八条意见》和“五支队伍”建设要求，在全州率先制定基层科级干部享受上一级工资待遇政策，受到州委肯定并在全州推广。

深入开展干部工作作风整顿活动，整治“庸懒散拖浮”等不良作风，干部作风明显改变。认真执行中央和省、州反腐倡廉部署和要求，用实际成效取信于民。加强惩防体系建设，落实“一岗双责”，干部廉洁自律意识不断增强。启动构建党风廉政建设社会评价工作，两次通过省委督导检查。在全州党风廉政建设责任制及惩防体系建设考核中，排名第三位，满意度测评排名全州第一位。

以上工作的开展和成绩的取得，是省委、省政府和州委、州政府坚强领导、亲切关怀的结果，是对口帮扶我县的省级部门大力支持和绵阳市鼎力援助的结果，是县五大班子团结拼搏、务实进取的结果，是全县各族干部群众超常奋战、辛勤付出的结果。在此，我代表中共红原县委，向奋战在全县各条战线上的广大党员、各族干部群众，向所有关心支持红原的各级领导、各界人士表示衷心感谢并致以崇高敬意！

同时，我们清醒地认识到：红原“老少边穷病”的基本县情没有根本改变。生产生活条件差、经济总量小、社会发育滞后是最大的实际；公共服务水平偏低、群众生活质量不高是最大的困难；维护社会稳定是最大的挑战。干部能力素质还不适应新形势及我们肩负使命的需要，在作风上还不同程度存在“庸、懒、散、拖、浮”等不良现象。我们一定正视存在的困难，不断查找工作短板，切实解决思想、工作、作风、纪律上存在的问题，不断提高工作能力和水平。希望同志们对县委常委会的工作提出意见和建议，帮助我们把工作做得更好。

2013 年工作重点

今年是全面贯彻落实党的十八大精神的开局年，是加快建设全省现代草原畜牧业试点示范县，推进转型发展、跨越发展的关键年，做好今年工作意义重大。

按照中央、省、州的部署，结合实际，县委常委会提出了今年工作总体要求和工作目标。

工作总体要求：按照州委、州政府“发展为要、稳定为重、民生为本、团结为根、党建为基”的总体要求和“五个阿坝”建设的总目标，围绕加快发展、改善民生、促进和谐、开放合作四件大事，突出“转型发展、提质增量”的经济工作基调，抓发展铆足劲、惠民生用足劲、促和谐不松劲、增团结鼓干劲、强党建使大劲，推进“畅通红原、幸福红原、魅力红原、现代红原、和谐红原”建设取得新进展。

经济目标：实现地区生产总值 95316 万元、增长 17.3%，完成全社会固定资产投资 138000 万元、增长 2.1%，社会消费品零售总额 22916 万元、增长22.4%，地方公共财政预算收入2700 万元、增长 18.2%，物价总水平基本稳定，经济持续健康发展。

民生目标：城镇居民人均可支配收入达到 25187 元、增长 11.9%，农牧民人均纯收入达到 8000 元、增长 18%，城镇登记失业率控制在 3.8%以内。在学有所教、劳有所得、病有所医、老有所养、住有所居上持续取得新进展，干部群众幸福感进一步增强。

稳定目标：平安红原建设再上新台阶，积极争创省级双拥模范县、省级文明县城、民族团结进步先进县，民族关系、宗教关系更加和谐，严守“四条底线”，积极构建长治久安的新格局。

党建目标：深入推进党建“四一一”工程，实施好“藏羌城乡党旗红”党建提升，创建基层党建示范县。顺利完成村级组织换届工作，党员数量和素质同增，扩大党组织覆盖面，改进工作作风、密切联系群众，党群、干群关系进一步密切。

为此，我们将着力抓好以下五个方面的工作。

一、抓发展铆足劲

坚持大抓项目、抓大、小项目，新开工项目 73 个、续建 18 个、争取开工 35 个，年度计划总投资 11.1 亿元。力争红原机场校飞成功，省道 302 线红原段改建公路竣工投运。加快县城新区建设和旧城提升改造，完善旅游服务设施，积极构建“一心、一体、一港、两门户、六魅力”的城镇体系。

实施《红原县加快建设现代草原畜牧业试点示范县规划》，争取中央和省级补助 12295 万元，实施 18 个项目，落实试点示范县年度任务。力争实现农牧业增加值 29829 万元、增长 6.6%。

坚定不移走低碳、绿色、环保的工业发展路子。实现红原牦牛乳业公司重整新生，做大做强牦牛乳产业。建设新希望集团牦牛综合加工区和科创集团红原中藏医药产业园。力争实现工业增加值 1.62 亿元、增长 10.1%。

着力建设以红原机场为辐射的“大草原”旅游区，构建全州新的旅游增长极。加快县博物馆前期工作，积极打造“格萨尔王营盘”，着力马背文化、生态文化、红色文化与旅游的有机结合。打造日干乔、月亮湾、措琼海、花海等景区景点，发展草原生态观光体验旅游。力争实现旅游人次 115 万，旅游收入 10.3 亿元，分别增长 35% 和 36%。

培育发展现有专业市场，积极发展现代物流业，建设新农村现代流通服务体系。发展餐饮食宿、批发零售、汽车修理等服务业。加强市场监管，确保群众饮食用药安全。

深入实施天然林资源保护工程（二期）、4000 亩退耕还林林地管护工程、湿地生态恢复监测、日干乔湿地自然保护区工程、瓦切镇省级防沙治沙示范基地工程、2012年国家重点生态功能区财政转移支付资金草原保护建设，兑现草原生态奖补政策，推进生态环境持续改善。

在积极争取上级财政给予更大支持的同时，稳定现有税源，培植新的财源，开源节流、精打细算，增强自我“造血”能力。增加民生支出，把有限资金用在刀刃上。落实金融政策，强化信贷服务。

加强与新疆广汇能源公司、新希望、圣保堂、科创、新联、宽庭集团等大企业、大集团对接，推进签约项目落地。深化与省军区、省畜牧食品局、西南民族大学等对口帮扶，实现帮扶项目开花结果。

主动加强与绵阳市的对接，巩固援建项目成果，扩大合作共赢空间。绵阳市援建资金总额2010万元，项目8个。积极推进计划外援助工作。加快项目实施，并使援建工作成效进一步惠及千家万户。学习援藏干部的精神，推进自我发展。

二、惠民生用足劲

完成省、州下达的就业促进、扶贫帮困、民族地区帮扶、教育助学、社会保障、医疗卫生、百姓安居、民生基础设施、生态保障、文化体育“十大民生工程”年度任务。落实藏区连片扶贫开发项目。稳妥开展牧民定居房和宅基地确权登记颁证工作。深入实施“关爱草原母亲行动”。

发展乡村幼儿教育，推进“9+3”、“6+3”教育，推进义务教育阶段学生营养改善工程和高海拔寒冷地区学生取暖计划。着力教育管理水平、师资队伍素质、教育教学质量三个提高。新建县人民医院住院部、急救中心和乡镇卫生院辅助设施。人口自然增长率控制在8‰以内，争创省级计划生育优质服务先进县。实施藏区青少年活动中心和残疾人服务中心建设。

帮助大中专毕业生和社会闲散青年创业就业。新增城镇就业255人，完成劳务输出720人次，实现劳务收入750万元。依法推进企业工资集体协商。加快基层养老服务体系建设。完善城乡低保动态管理制度，做到应保尽保、应退尽退。扩大城乡医疗救助范围，发展社会福利事业。加快推进干部职工周转房、公共租赁房及廉租房建设。

三、增团结鼓干劲

深化民族团结进步和谐福地创建活动，争创民族团结进步先进县。推进干部“四带头四带动”和农牧民群众“四比四看”活动，发挥县法制政策巡回宣讲团、姐妹宣讲团作用，增强群众法制意识，明晓党的政策措施。开办干部夜校，多层次、多批次、多专题开展县乡村三级干部教育轮训。组织青年干部到远牧点体验一天牧民生活，增进干群感情。

善识、善待、善用、善管新兴媒体，转变观念、创新方式，巧用载体、以理服人，打好舆论反制主动仗，把握话语权，营造聚精会神抓发展促和谐、众志成城惠民生增团结的社会氛围。加强与中央、省、州新闻媒体的联系，力争红原更多的宣传作品被采用。改进新闻报道，坚持贴近实际、贴近生活、贴近群众原则，以清新朴实语言宣传党的主张，通达社情民意。

有声有色开展建州60周年全县宣传文化活动工作。加强公共文化服务体系建设。以县电子政务内网为载体，使县电视节目覆盖到所有乡村。提质、提速、提量整体推进口述历史工作，制作藏汉双语的《红色草原》、《牦牛之乡》、《红原马术》专题片。扶持县马术队、“草原之心”艺术团发展。整理、翻译、出版藏汉双语《红原县文史丛书》。发挥好县文联及下设的7个协会作用。争创省级文明县城。

四、促和谐不松劲

支持县人大及其常委会依法行使职责，支持县政协履行政治协商、民主监督、参政议政职能。充分发挥人民团体的桥梁纽带作用。健全基层党组织领导的群众自治制度。深化党务、政务、村务、厂务、校务公开，建设规范化的乡镇党员服务中心、便民服务中心和政务服务中心。

深入开展“六五”普法和法制宣传“五进”活动，增强干部群众的国家意识、中华民族及民族大团结意识、法制意识、公民意识、现代意识。开展社会治安综合治理，建设平安红原。加强政法队伍建设，严格执法、公正司法。

坚持“主动治理、攻心为上，综合施策、标本兼治”的指导原则，以群众工作统领支撑维稳工作，推进群众工作与发展联抓、与民生联动、与寺庙联管、与稳定联手、与党风联建。抓实“依法治寺、以戒管僧、僧尼持戒守法”为总要求的寺庙管理各项工作，深入推进“寺庙管理规范化、公共服务社会化、宗教关系和谐化”建设，打造麦洼寺规范管理示范点。加强师德师风建设，以正常的教育教学活动构建学校大维稳格局。推进基层基础信息“大采集”工作，完善治安防控体系，强化流动人口管理。坚持群众痛恨什么就打击什么，保持严打态势，依法打击各类犯罪，积极创建平安红原。

落实县委《关于进一步加强党管武装和改进新形势下民兵工作的意见》，加强驻县部队、县乡（镇）人武部和民兵建设，做好驻训部队保障工作。落实拥军优抚安置、军烈属和残疾军人优抚政策，做好征兵和转业复员退伍军人安置工作，争创省级双拥模范县城。

五、强党建使大劲

深入学习宣传贯彻党的十八大精神，教育引导党员干部坚定中国特色社会主义道路自信、理论自信、制度自信，为谱写中国梦的红原篇章不懈努力。

全面贯彻落实中央和省委、州委、县委关于改进工作作风、密切联系群众的各项规定。加强和改进调查研究，急民需、解民困、纾民忧。整治庸懒散拖浮等不良作风，提高工作效率和干部能力。反对铺张浪费，弘扬艰苦奋斗、勤俭节约的优良传统，以作风正党风，以党风赢民心。

鲜明正确的选人用人导向，提高干部选拔任用透明度和公信度。加大干部交流力度。优化领导班子配备和干部队伍结构。建设高素质“五支队伍”。深入开展以为民务实清廉为主题的党的群众路线教育实践活动。

深化拓展“强乡兴村”战略，实施“藏羌城乡党旗红”党建提升工程，推进党建“四一一”工程，创建基层党建示范县。依法稳步推进村级组织换届工作，选好带头人，夯实党的执政基础。大力帮扶贫困党员。按照“扩大数量、优化结构、提高质量、发挥作用”的总要求，大力发展党员，扩大多领域党组织覆盖，提高党员素质。抓好对口支援人才培训项目。完善党内民主政治建设制度机制，试行乡镇党代会年会制，推行党员旁听党委会、“四议两公开一监督”、党代表列席同级党委有关会议等做法。在群众中深入开展“反对分裂、反对自焚、反对闹事，珍视团结、珍爱生命、珍惜稳定”的“三反三珍”主题教育活动。

按照“干部清正、政府清廉、政治清明”的总体要求，深入推进反腐倡廉建设。严肃党的政治纪律，自觉维护党的团结统一。深入开展各类专项治理，坚持“老虎”、“苍蝇”一起打，既坚决查处领导干部违纪违法案件，又切实解决发生在群众身边的不正之风和腐败问题。按照忠诚可靠、服务人民、刚正不阿、秉公执纪的要求，加强纪检监察机关干部队伍建设，全力支持履行职责。

同志们！全面建成小康红原的新征程已经扬帆起航。让我们在州委的坚强领导下，深入贯彻落实党的十八大精神，发扬“不甘落后、团结奋斗、争创一流”的红原精神，开拓创新、攻坚克难、乘势而上，为加快建设团结、民主、富裕、文明、和谐、幸福的社会主义新红原再谱新篇章、再创新辉煌！

不甘落后团结奋斗争创一流
为谱写中国梦的红原篇章而不懈奋斗
——在中共红原县委十一届三次全会第二次全体会上的报告

（2013 年 3 月 27 日）

中共红原县委书记　何　飚

同志们：

党的十八大吹响了建成全面小康社会，实现中华民族伟大复兴中国梦的号角。为认真贯彻落实党的十八大精神，经县委常委会反复研究，同意将“红原各族人民与全国人民一道同步迈入全面小康社会”作为当前及今后一个较长时期全县的奋斗目标，这一奋斗目标就是要谱写中国梦的红原篇章，这一奋斗目标就是我们的红原梦。这次大会就是要用红原梦来凝聚干部群众的智慧和力量，弘扬“不甘落后、团结奋斗、争创一流”的红原精神，为实现这一梦想而不懈奋斗。

中国近代以来的历史是一部中华民族救亡图存的抗争史，也是一部中华民族走向现代化的奋斗史。70 余年前，中国工农红军长征爬雪山过草地，我们藏族同胞盼红军、迎红军、支援红军北上抗日、照顾红军伤残、养育红军遗孤，为中国革命做出了巨大的贡献，我们党在雪山草地实践了最早的民族政策和宗教政策，奠定了藏汉民族团结的根基。从 20 世纪 50 年代剿匪到民主改革的胜利完成，我们藏族同胞翻身得解放，当家做了国家主人，实现了从封建农奴制社会到社会主义社会的千年跨越，党在藏区的执政之基得到发展巩固。30 余年来，红原实施了草场承包和“人、草、畜”三配套建设，率先在全国开展了藏区草原综合示范建设，全国第一次牧区工作会在红原召开，牧民新村建设首先在红原瓦切启动，阿坝州扶贫开发和综合防治大骨节病试点率先在红原启动，伴随着改革开放和西部大开发的铿锵脚步，红原经济加快发展、民生显著改善、各民族团结进步、社会和谐稳定。

今天，我们站在了新的更高的起点上。我们对历届县委带领干部群众创造的业绩倍感自豪，对红原明天更加美好的理想信念倍加坚定，对县委肩负的神圣责任倍加清醒。

一、全面建成小康红原的机遇和挑战

当前，我们面临的发展机遇和压力挑战前所未有。

各民族共同团结奋斗、共同繁荣发展是我们党民族工作的主题，没有少数民族的全面小康就谈不上全国人民的全面小康。党的十八大明确把西部大开发、连片扶贫开发、支持民族地区、革命老区建设放在总体战略中的优先地位，给予特殊政策。国家实施新一轮西部大开发、城乡统筹、生态文明建设是红原进一步改善基础设施、发展特色产业、搞好生态建设和改善民生的战略机遇。

中央明确提出，扩大内需是我国的长期战略方针，扩大内需对于经济欠发达的红原而言，潜力巨大，必将进一步扩大投资需求，推进基础设施、公共服务和民生的进一步改善，必将加快特色产业的培植和壮大。红原机场通航、成兰铁路、川青高速、川甘高速建设，必将提升红原的人流、物流、资金流、信息流，红原必将成为阿坝州重要的交通枢纽节点和新的经济增长极。

中央第五次西藏工作座谈会和四川藏区工作座谈会对加快藏区发展做出了重大战略部署，制

定了加快藏区发展的一系列特殊政策和项目资金支持，绵阳市对口援建红原，省军区、省畜牧食品局、西南民大等省、州部门对口帮扶，给予红原发展、民生、人才、管理、科技等方面的巨大支持，必将增强红原发展的内生动力。

省委、省政府制定的多极支撑发展战略，州委、州政府确定的一园多点发展框架，省委、省政府确定红原县作为全省现代草原畜牧业试点示范县，指导编制并批准了《红原县加快建设现代草原畜牧业试点示范县规划（2013—2015 年）》，为红原产业转型发展提供了巨大空间和支持。省草原研究院、省龙日种畜场等省级科研单位还将给予红原草原畜牧业以更多科技支撑。

在看到上述战略机遇、长期机遇、特殊机遇、特别机遇的同时，我们也清醒地认识到，在全面建成小康社会的征程中，我们要付出比别人更多、更大的努力，对照经济发展、社会和谐、生活质量、民主法制、文化教育、资源环境六大类 23 项全面小康指标，我们的差距是巨大的，尤其是，干部能力素质不强的问题是我们最大的短板。我们必须紧紧抓住大机遇，谋划大发展，积极应对大挑战，以科学发展观为指导，超常奋战，坚持不懈地推进协调发展、统筹发展、转型发展、又好又快发展，实现跨越发展。

二、全面建成小康红原的总体要求和目标

全面建成小康红原的过程是追赶、跨越的过程，只有在原来快速发展的基础上，追求“先发效应”、发挥“后发优势”，从潜力领域和比较优势中实现超常规发展。为此，县委确立了以下总体要求和目标。

总体要求：以邓小平理论、“三个代表”重要思想、科学发展观为指导，认真贯彻落实党的十八大精神，围绕加快农牧民融入现代社会，加快牧区现代化步伐，抢抓机遇，做好加快发展、改善民生、促进和谐、开放合作四件大事，大力推进生态、生产、生活“三生并重”协调发展，牧区、牧业、牧民“三牧兼顾”统筹发展，一、二、三次产业“三产联动”转型发展，新型城镇化、新型工业化、农牧业现代化“三化互动”科学发展，加快推进“五个红原”建设，实现产村相融、统筹城乡，生态环境更优、县域经济更强、群众生活质量更高、各民族更加团结和谐，红原各族人民与全国人民一道同步建成全面小康社会。

从现在到 2020 年，还有 8 年时间。县委常委会确定，分两步走实现全面建成小康的目标。即：第一步，在本届任期内，为全面建成小康社会奠定具有决定性意义的基础。具体来讲就是：到 2016 年，中国工农红军长征胜利 80 周年之际，实现地区生产总值、公共财政预算收入在 2010 年的基础上翻两番，农牧民人均纯收入和城镇居民人均可支配收入翻番，实现产村相融、统筹城乡，生态环境更优、县域经济更强、群众生活质量更高、各民族更加团结和谐。第二步，再用 4 年的跨越发展，实现与全国人民一道同步全面建成小康社会。届时，基础设施比较完善，特色优势产业形成规模，发展差距明显缩小，生态环境优良，城乡居民生活质量、基本公共服务能力达到全国平均水平，民主法制建设更加健全，平等、团结、互助、和谐的民族关系更加巩固。

县委确立这一目标，是在深入分析县情，认真学习领会中央、省、州一系列方针政策，根据我县资源优势、产业优势、正在建设和即将建设的重大项目以及我县的发展潜力，在认真调查研究，反复论证，征求各方意见的基础上形成的。确立这个目标，既是统一思想、解放思想、与时俱进的过程，又是实事求是、科学决策、民主决策的过程。确立这样的目标体现了“取法其上得其中，取法其中得其下”的创新精神和进取精神。过去几年，我们县保持了快速增长的势头，但是，整个经济还是低水平上的快速增长，当前及今后一个较长时期，发展不足仍然是我们面临的主要矛盾，不发展要落后，发展慢了也要落后，我们不甘落后。因此，我们确立了比全国、全省平均速度更快的指标。同时，我们的“快”，必须是有质量、有效益的“快”，“转型发展、提质增量”将是我县较长一个时期的经济工作基调。我们在加快发展，别人也在加快发展。大发展小困难，小发展大困难，不发展最困难。我们要咬定青山不放松，脚踏实地，埋头苦干，碰到困难不畏缩，遇到挫折不气馁，迎难而进，锲而不舍。拿出“人一之，我十之”的冲天干劲，聚精会神抓发展惠民生，众志成城增团结促和谐，凝神聚力奔小康。

三、全面建成小康红原的工作重点

当前及今后一个时期，我们要围绕加快农牧民融入现代社会、加快牧区现代化步伐，着力改善发展条件，夯实发展基础；着力转变发展方式，增强自我发展能力；着力民生新改善，提高群众生活质量；着力文化大发展大繁荣，增强文化扬县软实力；着力创新社会管理，巩固发展团结和谐新局面。

第一，加快推进畅通红原建设，把经济健康持续发展的基础做牢。

推进畅通红原建设，就是要着力改善发展条件，夯实发展基础，为红原开发开放创造优良条件，促进人才、资金、技术等要素向红原汇聚。在未来5年时间，争取完成投资158亿元，进一步推进基础设施大改善，实现交通、水利、能源、广播电视、信息更加畅通；进一步推进生活条件大提升，实现供暖、供气、供水等人居条件更加完善。力争到2016年，地区生产总值达到19亿元以上，年均增长20%；人均生产总值达到4万元以上，年均增长20%。

第二，加快推进幸福红原建设，把群众生活质量提高的基础做实。

推进幸福红原建设，就是要坚持民生为本，深入推进各项民生工程，进一步改善民生，不断增强红原各族群众对环境的舒适感、对治安的安全感、对社会的公平感、对生活的满足感、对党和政府的信任感。

实现义务教育均衡发展，着力教育管理水平、师资队伍水平、教育教学质量三个提高，办人民满意教育。公共卫生和医疗服务体系更加健全，扶持民族医药事业，全民身体健康素质和人均预期寿命显著提高。城乡基本养老保险、医疗保险参保等社会保障扩大覆盖面，保障水平进一步提高，贫困人口大幅减少。就业更加稳定，城镇登记失业率控制在4%以内。建成覆盖城乡的公共文化服务体系，人民群众的精神文化生活更加丰富。在学有所教、劳有所得、病有所医、老有所养、住有所居上持续取得新进展，保障群众生活必需品价格的基本稳定，食品和药品安全卫生，努力让城乡居民过上更好生活。城镇居民人均可支配收入和农牧民人均纯收入年均分别增长12%和18%。

第三，加快推进魅力红原建设，把生态做优、把旅游做活。

推进魅力红原建设，就是要通过生态保护与建设、文化建设和旅游开发，建设山川秀美、城乡整洁、民风淳朴、文化多彩的新红原，使红原成为全省乃至全国瞩目的生态文化旅游胜地。

围绕建设省级生态示范县，推进日干乔等湿地自然保护区建设，加强野生动植物资源保护。坚持以草定畜，严格实行草场禁牧期、禁牧区和轮牧制度。完善草原生态保护补助奖励机制。抓好天然林保护、退牧还草、湿地保护与恢复、草原沙化治理工程，加强生物多样性保护，构建长江、黄河上游生态屏障。城镇生活垃圾无害化处理率达到95%，城镇生活污水集中处理率达到60%。

进一步完善旅游基础设施及配套建设，不断提升旅游接待能力，持续提高旅游服务水平，大力营造优良的旅游环境，培育观光自驾游、乡村生态体验游、历史民俗文化游、雪山草地红色游，建设以红原机场为辐射的“大草原”旅游区，使之成为阿坝州乃至四川省新的旅游经济增长极。旅游业成为富民惠民的民生产业、对外交流的窗口产业、团结稳定的和谐产业。

第四，加快推进现代红原建设，把现代草原畜牧业做大做强、把城乡做美做靓。

推进现代红原建设，就是要推进一、二、三次产业“三产联动”转型发展，大力推进新型城镇化、新型工业化、农牧业现代化“三化”互动科学发展，建设草原明珠城镇，整体推进现代文明，使红原成为藏区牧区县现代草原畜牧业示范基地和产村相融、统筹城乡发展的高地。

实施好《红原县加快建设现代草原畜牧业试点示范县规划（2013—2015年）》，坚持“增草减牧、肥畜增收”，大力建设暖棚、牧业生产性道路等牧业基础设施以及建设草原生态环境保护与治理区、草原生态畜牧业示范区、牧区替代产业开发区。到2015年全县基本实现草畜平衡，草原植被盖度达到85%以上，建设牧道405公里，家庭牧场500个，扶持发展专合组织20个。

畜牧业产值年均增长10%，达到4.5亿元，农牧民人均纯收入达到或超过当年全省平均水平。在全省现代草原畜牧业发展中处于领头羊地位。

大力发展绿色工业，利用高科技，建设低碳、环保、生态、绿色工业园。在做大做强牦牛乳业的同时，对牦牛的肉、奶、骨、血、皮、毛等进行综合开发利用，实现牦牛产业提质增量。大力发展中藏药业。把红原建设成为阿坝州重要的高原绿色加工业经济增长极。

推进产村相融，统筹城乡。按照“一心、一体、一港、两门户、六魅力”的城镇建设布局，坚持统一规划、分步实施、因地制宜、分类指导的原则，统筹配置公共服务设施，规划建设牧区生态移民小城镇，促进人口、产业、公共服务向城镇聚集。把红原建设成为川西高原的明珠新城。

第五，加快推进和谐红原建设，把增进民族团结、维护社会长治久安做实做好。

推进和谐红原建设，就是要按照构建社会主义和谐社会要求，筑牢群众基础，创新社会管理，实现政治稳定、民族团结、安定有序、人与自然和谐相处，使红原成为各族干部群众干事创业的团结进步和谐福地。

牢牢把握各民族共同团结进步、共同繁荣发展主题，深入开展民族团结进步创建活动，促进各民族和睦相处、和衷共济、和谐发展。保护和发展民族文化、红色文化，挖掘、整理并转化民族文化遗产成果，繁荣民族文化艺术，实现文化扬县。大力推进寺庙管理规范化、公共服务社会化、宗教关系和谐化，实现信教与不信教、信仰不同宗教群众的和谐相处。广泛开展群众性精神文明创建活动，促进家庭和谐、邻里和谐、社区和谐。促进军政军民团结，争创省级文明县城和双拥模范县。坚决反对民族分裂，依法严厉打击犯罪，维护红原大局稳定和社会长治久安。

四、全面建成小康红原的保障

历届县委带领全县干部群众的艰辛实践，不仅创造了巨大的物质财富，而且积累了弥足珍贵的精神财富。“不甘落后、团结奋斗、争创一流”的红原精神必将成为实现红原梦的强大精神动力。

第一，为谱写中国梦的红原篇章提供坚强的组织保障。

县委担负着团结带领全县干部群众全面建成小康红原的重任。只有坚持不懈地加强党的建设，才能为红原各项事业快速健康发展奠定坚实基础。我们要牢牢把握加强党的执政能力、先进性和纯洁性建设这条主线，坚持解放思想、改革创新，坚持党要管党、从严治党，全面提高党的建设科学化水平。

全县各级党员干部要把学习好、宣传好、贯彻好党的十八大精神作为当前乃至今后很长一个时期的一项重要的政治任务，不断提高思想政治水平，提高运用马克思主义立场、观点和方法解决实际问题的能力，做社会主义道德的示范者、诚信风尚的引领者、公平正义的维护者，以实际行动彰显共产党人的人格力量。要做热爱红原、建设红原的表率，要做热爱学习、钻研业务的表率，要做遵守法纪、坚守公德的表率，要做勇于创新、踏实做事的表率，要做增进团结、维护稳定的表率。

各级领导班子和干部队伍是实现红原梦，推进各项事业的骨干力量，班子建设是队伍建设的核心和关键。要围绕提高执政能力，大力建设政治坚定、开拓进取、奋发有为、团结和谐的领导班子，更好地肩负起推进跨越发展和长治久安的重任。坚持德才兼备、以德为先的用人标准，进一步鲜明崇尚实干的用人导向和“干正事、干实事、干成事”的工作导向，从一线选拔忠诚、为民、务实、清廉的干部。既要严格管理干部，又要关心爱护干部，使想干事的有机会、能干事的有舞台、干成事的有发展，充分激发广大干部干事创业的热情。

全县各级党组织和党员要始终保持同人民群众的血肉联系。始终牢记干部一言一行、一举一动，群众都看在眼里、记在心上。干部心系群众、埋头苦干，群众就会赞许你、拥护你、追随你；干部不务实事、骄奢淫逸，群众就会痛恨你、反对你、疏远你。我们要与群众心心相印、与群众同甘共苦、与群众团结奋斗，不断赢得群众信任和拥护，始终保持与群众的血肉联系。支持工会、共青团、妇联等人民团体充分发挥桥梁纽带作用，更好反映群众呼声，维护群众合法权益。

我们要不断加强基层党的建设。在继续深化“强乡兴村”战略的基础上，实施“藏羌城乡党旗红”党建提升工程，继续推进基层党建“四一一”工程，进一步提升各领域基层党建工作，以党的基层组织建设带动其他各类基层组织建设，力争在未来5年内全县农村党员比例达到农牧民总数的5%，党员要成为推动全面建成小康红原的中坚力量。我们要统筹抓好“五支队伍”建设，加强资源、力量、政策整合，采取切实有效、强有力的推进措施，发挥出制度效果、机制活力和管理效益。

第二，为谱写中国梦的红原篇章提供坚强的法制保障。

按照“依法治县、依法执政、依法行政”共同推进的要求，加强法制建设，让法治思维深入人心，让党员干部带头学法守法用法。

扎实推进法制政策宣讲。以“六五”普法宣传教育活动为载体，发挥法制宣讲团的作用，深入边远牧区、机关、学校、企业、乡镇、社区和寺庙，用群众喜闻乐见、容易接受的方式开展法制宣传教育，做到晓之以理、动之以情、明之以法。健全基层民主制度，丰富民主形式，拓宽民主渠道，基层民主选举、民主决策、民主管理、民主监督得到充分实现，群众自我管理、自我服务、自我教育、自我监督能力得到提升，知情权、参与权、表决权得到落实，积极性、主动性、创造性进一步发挥。

第三，为谱写中国梦的红原篇章提供强有力的人才保障。

邓小平同志讲“没有人才，什么事情也办不成”。要在4年时间为全面建成小康红原奠定具有决定性意义的基础，人才决定兴衰。我们要确立“抓发展必须抓人才，抓人才也是抓发展，而且是最大、最根本、最长远的抓发展”的观念，精心经营人才“第一资本”，大力开发人才“第一资源”。要突破“唯学历、职称、资历取向论人才”的传统人才观，牢固树立“以特长、业绩、贡献取向论人才”的务实人才观，进一步扩大识才选才视野。要突破“两眼向内、固守本土”、“只求所占、不求所用”的保守人才观，牢固树立“土洋结合”、“既求所有所在，又求所得所用”的开明人才观。要放眼县内外，加强人才引进的政策创新，引进急需人才；放眼州内外、省内外，充分利用现代信息技术和交通条件，以来去自由的柔性流动方式“借脑引智”，共享各类人才资源。要针对我们吸引和留住人才的先天不足，以改革的精神、赶超的气魄、开放的胸怀、开明的心态，营造拴心留人的人才环境。要盯住优秀人才，努力为他们提供想干事、能干事、肯干事、干成事的岗位和舞台，使之在创业、发展中建功立业，实现自身价值，把事业留人落到实处；要形成为人才服务的社会氛围，坚持从各级领导干部带头做起，努力营造为各类人才办实事、做好事，与各类人才多交朋友、深交朋友、真交朋友、交成知心朋友的“重才”、“亲才”的人文环境，把以感情留人落到实处。扎实推进教育、科技、文化、医药卫生事业大发展，切实增强软实力。尊重劳动、尊重知识、尊重人才、尊重创造，让各类人才拥有广阔的创业平台、发展空间，形成人才辈出、人尽其才、才尽其用的生动局面。

第四，为谱写中国梦的红原篇章提供优良的环境保障。

中国梦的红原篇章需要优良的发展环境。实践证明，哪个地方投资环境宽松、开放程度高、政策稳定性强、法制较为健全，投资者就会到那里去，那里的资源转变为资本就快，经济发展也就会提速。我们要创造良好的发展环境，要创造人才、资金、先进的技术和管理理念流向红原的环境“洼地”。要坚持以开明促开放、以开放促开发、以开发促发展，大力发展民营经济，高效推进资源就地转化，使我县成为资源开发和转化的先进地区。要进一步树立企业是创造财富的主体，政府是创造环境的主体的观念，切实解决政策落实难、办事难的问题，要简化办事程序和环节，大力推行“一站式”办公和“一条龙”服务，为重点建设和招商引资落地营造良好的政策环境、政务环境、信用环境、治安环境、舆论环境，增强我县经济社会发展的活力，增强我县对外的吸引力。

第五，为谱写中国梦的红原篇章提供坚强的作风和纪律保障。

空谈误国，实干兴邦。在全面建成小康红原的总体目标和工作重点确定后，重在抓落实，只有落实、落实、再落实，才能实现目标。我们要细化目标任务，一个一个的落到实处，落实到每一个具体工作上，落实到每一个责任人身上，扎扎实实，一步一个脚印地干，一件一件大事有条不紊地办成功。全县各级党组织和广大党员干部要按照这次会议的总体安排，切实增强大局意识、责任意识、担当意识、奉献意识，以奋发有为的精神状态，带着感情用心抓落实，带着责任奋力抓落实，带着能力创新抓落实。

持续开展以整治“庸、懒、散、拖、浮”等不良风气为主要内容的干部作风整顿活动，坚决克服形式主义、官僚主义，以优良党风凝聚党心民心、带动政风民风。坚持把转变作风与推动工作相结合，在转变作风中推进工作，在工作落实中锤炼作风，不断提高做好新形势下群众工作的能力。

继续加强惩防体系建设。加强反腐倡廉教育和廉政文化建设。各级干部特别是党员领导干部要有“把权力关进制度笼子、把钥匙交给群众”的意识，自觉遵守廉政准则，严格执行领导干部重大事项报告制度，既严于律己，又加强对亲属和身边工作人员的教育和约束，决不允许搞特权。深化重点领域和关键环节改革，健全反腐败法律制度，防控廉政风险，防止利益冲突，更加科学有效地防治腐败。

坚定不移惩治腐败。始终保持惩治腐败高压态势，以“凡贪必被抓、凡腐必被惩”的零容忍态度对待腐败，以“踏石留印、抓铁有痕”的狠劲抓下去，以“滴水穿石、聚沙成塔”的韧劲抓下去，绝不允许“一阵风”和“虎头蛇尾”。要“老虎”、“苍蝇”一起打，贪污浪费一并查，不仅要坚决查处大案要案，还要坚决查处发生在群众身边的“蚁贪”。“蚁贪”权力不大、地位不高、身处基层，却凭借手中的权力像“蚂蚁搬家”一样侵害百姓利益，日积月累地持续贪腐，群众对此深恶痛绝，危害比“硕鼠”还大。因此，必须严肃查办损害群众合法权益、违反村级组织换届纪律的案件，严肃查办群体性事件、重大责任事故背后的腐败案件，要严肃追究造成人民群众生命财产重大损失的单位和人员的责任，以惩治腐败的实际成效维护群众利益、消除民怨。

中国梦是民族的梦，是每一个中国人的梦。中国梦的红原篇章需要我们全县各族干部群众来描绘、来共筑，需要全县各族干部群众万众一心、团结奋斗。团结就是大局，团结就是力量。全县各级党组织要用坚强的党性保证团结，调动一切积极因素，团结一切可以团结的力量，凝聚一切可以凝聚的智慧，激发一切可以激发的活力，形成开放开发、创业致富、你追我赶的蓬勃发展之势。

喊破嗓子不如甩开膀子。让我们高举中国特色社会主义伟大旗帜，更加紧密地团结在以习近平同志为总书记的党中央周围，在省委、州委的坚强领导下，心往一处想、劲往一处使，抓发展铆足劲，惠民生用足劲，促和谐不松劲，增团结鼓干劲，强党建使大劲，以更加坚定的信念、更加顽强的作风，艰苦奋斗，埋头苦干，谱写中国梦的红原篇章，共同创造红原各族人民更加幸福美好的未来！

红原县人民代表大会常务委员会工作报告

——在红原县第十三届人民代表大会第二次会议上

（2013 年 3 月 30 日）

红原县人大常委会主任　张德海

各位代表：

我受县十三届人民代表大会常务委员会委托，向大会报告工作，请予审查。

2012 年的主要工作

2012 年是新一届人大常委会的开局之年。常委会在中共红原县委的领导下，高举中国特色社会主义伟大旗帜，以邓小平理论、“三个代表”重要思想、科学发展观为指导，切实履行宪法和法律赋予的职权，始终坚持党的领导，紧紧围绕县委中心工作和决策部署，紧紧围绕人民群众关心的热点难点问题开展工作，为建设“畅通红原、幸福红原、魅力红原、现代红原、和谐红原”作出了新的贡献。

一、围绕中心工作，切实加强工作监督，积极推进科学发展

常委会始终坚持围绕中心、服务大局、依法履职。一年来，召开了常委会会议 8 次，听取和审议了“一府两院”专项工作报告 16 个，组织代表调研、执法检查、视察 72 次。

（一）加强经济运行监督。为确保 2012 年国民经济和社会发展各项目标的全面实现，常委会先后听取和审议了县政府关于 2012 年国民经济和社会发展计划上半年执行情况的报告、2012 年财政预算上半年执行情况的报告、2011 年财政预算执行和其他财政收支情况审计工作的报告，作出了批准本级 2011 年财政决算的决议。针对预算编制、预算执行和财政监督管理等方面存在的问题，提出进一步规范预算追加程序，加大预算执行管理力度。同时，着重对工业经济发展、重点工程建设以及促进全县经济增长等方面，提出了符合我县实际的审议意见，并督促相关部门认真整改落实审计中发现的问题，有力地促进了我县经济持续稳步发展。

（二）加强重点工程建设的监督。常委会组织人大代表对县政府实施的整县推进新农村建设、县城集中供热、邛溪镇市政道路和白河防洪堤、自来水厂、农村饮水安全等重点项目建设情况进行了视察。针对工程建设中存在的问题，提出了合理化建议，有效地促进了全县重点项目建设。

（三）加强民生问题监督。常委会坚持从人民群众最关心、最直接、最现实的利益问题着手，认真履行职责。关注保障性住房建设。常委会听取和审议了县政府关于保障性住房建设情况的报告，提出了不断完善保障性住房工作机制，认真落实保障性住房建设、分配、管理制度，建立完善配套基础设施等审议意见，不断推进全县保障性住房建设工作有序开展。关注就业问题。常委会听取和审议了县政府关于促进就业工作情况的报告，提出了加大就业政策宣传力度、加强职业技能培训、大力开发就业岗位、建立支持就业创业长效机制等建议。关注扶贫开发和综合防治大骨节病试点工作。常委会听取和审议了县政府关于扶贫开发和综合防治大骨节病试点工作情况的报告，提出抓好产业发展、拓宽群众增收渠道、努力推动病区经济社会可持续发展等建议。

（四）加强社会事业监督。常委会着力推进社会各项事业全面发展。听取和审议了县政府关于推进教育“三个意识”（国家意识、中华民族意识、现代意识）工作情况的报告，提出加大民族团结进步示范学校创建力度、进一步增强广大师生现代意识、提升现代技术应用能力等审议意见，并得到了落实。听取和审议了县政府关于文化扬县、文化大发展情况的报告，提出加强文化人才队伍建设、加大文化强县工作投入力度等审议意见。听取和审议了县政府关于民族宗教工作情况的报告，进一步促进了全县各民族团结和谐发展。按照州人大常委会安排，还对《城市民族工作条例》贯彻实施情况进行了调研，针对宣传、监管机制、队伍建设等方面存在的问题，作出加强宣传、强化监管、加大投入、提高素质等建议。为全力打造“天上草原、心灵家园、创业乐园、幸福红原”旅游品牌，把旅游业发展为全县的支柱性产业，常委会听取和审议了县政府关于旅游工作情况的报告，就优化旅游环境、规范市场管理、资源保护等问题提出审议意见，加快我县旅游业发展步伐。

（五）加强对审议意见办理落实情况的跟踪督查。为切实加大对审议意见的督查落实力度，常委会严格按照《红原县人民代表大会常务委员会审议意见监督办理办法（试行）》的有关规定，听取了治安管理、民族宗教、侦查监督工作等审议意见办理情况报告15项。并督促“一府两院”采取切实可行的措施把审议意见落到实处，加大了监督力度，增强了监督实效。

（六）积极配合上级人大工作。一年来，常委会积极配合州人大常委会对城乡社会救助、精品旅游村寨建设管理、牧民定居行动计划、草畜平衡、监所检察等工作和省人大常委会《大力推进基层政权组织建设，促进藏区长治久安》重点课题进行了专题调研。还配合州人大常委会开展了《野生动物保护法》、《农民专业合作社法》、《禁毒法》、《人口与计划生育条例》、《监督法》等执法检查，促进了相关法律法规在我县的贯彻实施。

二、立足稳定和谐，切实开展法律监督，营造良好法制环境

常委会通过执法检查、司法监督、信访督办等方式促进依法行政和公正司法，为我县经济建设和社会各项事业发展营造稳定和谐的环境，有力推进了法治建设进程。

（一）大力推进法制建设。为加快“法治红原”建设进程，常委会在认真总结“五五”普法经验的基础上，作出了《关于进一步加强法制宣传教育的决议》，及时启动了“六五”普法宣传教育活动。为营造良好的社会治安环境，常委会听取和审议了县政府关于2007—2011年治安管理工作情况的报告，提出了完善治安防控体系建设、积极开展以打黑除恶和打击“两抢一盗”为重点的严打专项斗争、努力改善基层派出所办公条件等审议意见。按照县委要求，开展了“打黑除恶”工作专题调研，向县委提交了调研报告，提出坚定不移地严厉打击各种违法犯罪活动、加强执法队伍建设、加大边界矛盾纠纷排查力度等建议。

（二）积极推进公正司法。常委会切实加强司法工作的监督，分别听取和审议了县法院关于民事审判工作和县检察院关于侦查监督工作的报告，进一步规范了“两院”司法行为，严格办案程序，提高办案水平，为全县经济社会发展提供良好的司法保障。

（三）启动规范性文件备案审查工作。规范性文件备案审查是加强社会主义法律体系建设，维护国家法制统一的一项重要工作。常委会根据《中华人民共和国各级人民代表大会常务委员会监督法》等相关法律法规，结合我县实际，深入开展调查研究，广泛征求意见，研究制定并审议通过了《红原县人大常委会规范性文件备案审查暂行办法》。

（四）积极做好信访工作。常委会始终把认真办理群众来信来访工作作为密切联系群众、拓宽监督渠道、促进社会和谐的重要工作来抓。一年来，共受理群众来信来访10件，接待群众来访30人次，按照“四个百分之百”的要求，依法依规及时进行交办、转办和督办，对促进社会和谐起到了积极作用。

三、坚持依法任免，认真决定重大事项，服务改革发展大局

（一）依法行使人事任免权。常委会坚持党管干部原则和德才兼备标准，充分发扬民主，依法行使人事任免权。一年来，常委会共任免国家机关工作人员79人次，其中：任命25人次、免去10人次、决定任命35人次、决定免去8人次、接受辞职1人次。同时，注重干部的任后监督，增强了被任命人员的法律意识、公仆意识、责任意识。

（二）批准决定重大事项。常委会紧紧围绕县委中心工作，抓大事、议大事，审议决定重大事项，作出了《关于批准红原县生态县建设规划报告（2011—2020年）的决议》、《关于批准红原县城市总体规划实施评估报告（2005—2020）的决定》等决议、决定。

四、加强代表工作，扎实开展代表活动，致力发挥代表作用

常委会不断加强代表工作，创建代表履职平台，充分发挥代表作用。

（一）不断扩大代表知情知政权。根据《红原县人民代表大会代表知情知政办法》有关规定，畅通代表知政渠道，保障代表知情权、参与权和监督权。按照常委会议题内容，邀请州、县人大代表20人次列席常委会会议。此外，常委会坚持为每位人大代表订阅《人民权力报》、《民主法制建设》，寄送《人大公报》、《工作信息》等，为进一步提高代表依法履职奠定了基础。

（二）充分调动代表依法履职积极性。常委会结合实际，制定出台了《红原县人民代表大会代表联系群众工作办法》，进一步增强了代表联系群众的主动性和自觉性。积极组织人大代表开展“进万家、送温暖、树形象”，“办实事、做好事、解难事、做贡献”代表联系群众等主题活动，搭建代表履职、交流和沟通的平台，充分发挥代表的桥梁纽带作用，倾听群众呼声，为群众办实事、做好事。

（三）认真办理代表意见建议。常委会认真交办、跟踪督办县十三届人大一次会议期间代表提出的85件意见建议。通过召开座谈会、个别走访等方式对县政府办理意见建议情况进行跟踪调查，注重与办理单位的沟通联系，适时对办理情况进行督促。收到代表对建议办理情况反馈意见表212份，代表满意和基本满意率达100%。

（四）加强代表培训力度。针对换届后新代表多、代表结构变化大的现状，常委会把代表培训工作作为提高代表素质、发挥代表作用的重要举措来抓，制定了《红原县人民代表大会代表培训办法》，采取分散培训与集中培训相结合，专题培训与以会代训相结合，本级培训与上级培训相结合等多种方式开展培训，让代表进一步了解人民代表大会制度，熟悉有关法律法规，掌握人大工作的基本知识，提高代表的素质，增强代表的履职能力。党的十八大召开后，及时部署各乡镇人大主席团组织本辖区的县、乡人大代表学习十八大精神，并通过代表把十八大精神传达到广大群众中去。

（五）加强对乡镇人大工作的指导。常委会高度重视乡镇人大工作，坚持常委会领导分片联系乡镇人大、邀请人大主席列席常委会会议等制度，加强日常联系和指导，帮助解决工作中遇到的困难和问题。为乡镇人大主席团发放了《人大工作制度汇编》，指导乡镇人大建立健全工作制度，依法行使职权，乡镇人大工作得到了进一步规范。

五、适应形势发展，切实加强自身建设，不断提升履职能力和水平

为使换届后的常委会工作开好局、起好步，切实履行好法律赋予的职责，采取多项措施，不断加强常委会及其机关自身建设。

（一）扎实开展政治业务学习。坚持每周学习制度，积极组织常委会组成人员、机关干部职工学习贯彻科学发展观等重大战略思想，学习十八大精神以及与人大工作有关的法律知识、业务知识、经济理论等。全年先后有16人次参加省、州举办的各种培训。通过学习，进一步提高了常委会组成人员和机关干部职工的政治、法律和业务素养。

（二）不断加强作风建设。坚持实行民主集中制，按法定程序集体讨论、民主决策，不断畅通民主渠道。坚持把工作着力点放在促进科学发展上，放在促进群众最关心问题的解决上，使人大工作更加贴近中心、贴近民生。坚持实事求是原则，深入调查研究，广泛听取各方面建议意见，从人民群众的需要出发，从解决实际问题出发，积极提出建议意见，推动了“一府两院”工作的有效开展。按照县委开展干部作风集中整顿活动的统一部署，认真组织实施，进一步转变了机关干部工作作风。同时，常委会机关加强制度建设，修改和完善了财务、考勤、值班、车辆管理等一系列机关规章制度，使常委会机关的各项工作更加制度化、规范化和程序化。

（三）有效推进机关建设。重视发挥人大工作委员会的参谋助手作用，充分调动干部的积极性和创造性，积极组织机关干部职工深入一线调查研究，认真撰写专项工作调研报告，为常委会审议决策提供重要参考。为全面、系统、客观、真实的记述红原人大工作历程，完成了《红原县人大志》初稿编纂工作。加大信息宣传工作力度，全年共编印《人大常委会公报》8 期，《人大工作信息》47 期，省、州人大刊物、网站采用 17 条，红原网站采用 39 条。

（四）积极参与全县中心工作。根据县委安排，常委会班子成员分别承担了联系乡镇、保稳定促和谐、民生工程、社会管理创新、群众工作、民族团结进步和谐福地创建等中心工作，在工作中能正确处理人大工作与中心工作的关系，达到了“两不误、两促进”。常委会机关较好地完成了县委安排的各项任务。

各位代表，在过去的一年里，县人大常委会工作所取得的成绩，是在中共红原县委的正确领导下，全县人大代表、人大常委会组成人员以及人大机关工作人员辛勤努力的结果，是“一府两院”协同配合的结果，是社会各界和广大人民群众大力支持的结果。在此，我代表县人大常委会表示衷心感谢！

同时，我们也清醒看到，常委会工作与县委要求和全县人民期望还有一定差距。监督方式需要进一步完善，监督实效需要进一步增强；服务代表的水平需要进一步提高，人大和人大代表密切联系群众作用需要进一步加强。这都需要在今后的工作中认真加以解决。

2013 年的主要工作任务

2013 年是全面贯彻落实党的十八大精神的开局之年，是为全面建成小康社会奠定坚实基础的重要一年。常委会工作的总体要求是：高举中国特色社会主义伟大旗帜，以邓小平理论、“三个代表”重要思想和科学发展观为指导，深入贯彻落实党的十八大，全国、省、州人民代表大会和县委十一届三次全会精神，在中共红原县委的坚强领导下，紧紧围绕“畅通红原、幸福红原、魅力红原、现代红原、和谐红原”的建设目标，切实履行宪法和法律赋予的职责，充分发挥人大代表密切联系群众的重要作用，确保县委决策部署贯彻落实，为促进我县跨越发展和长治久安作出新贡献。

一、深入学习贯彻党的十八大精神，坚持把党的领导贯穿于人大工作始终

学习好、宣传好、贯彻好十八大精神，是今后一个时期的首要任务。常委会要按照县委的总体要求，组织人大代表特别是人大常委会组成人员认真学习、深刻领会、准确把握十八大精神，切实把思想和行动统一到十八大精神上来，把智慧和力量凝聚到实现十八大确定的各项目标任务上来。要牢牢把握正确的政治方向，把党的领导贯穿于人大工作的始终，坚持重大事项向县委请示报告制度。要把贯彻党委意图和充分发扬民主、严格依法办事结合起来，谋大事、抓大事、议大事、定大事，依法履行好监督权、重大事项决定权和人事任免权，及时将县委的决策通过法定程序变成全县人民的共同意志和自觉行动，保证人大各项工作与县委决策同向、与“一府两院”工作合拍、与人民群众愿望相符。

二、服务改革发展大局，切实增强监督实效

紧扣县委中心工作和全县工作大局，突出工作重点，深入开展调查研究，广泛集中民智，切实加强对经济发展、社会稳定和民生改善的监督，听取和审议专项工作报告，适时作出决议决定。进一步深化部门预算审查监督，支持审计部门依法开展审计，督促问题整改落实。把握全县重点工作进展动态，在监督中参与，在参与中监督。充分掌握社情民意，凝聚各方力量，使人大监督工作更加贴近县委中心工作，更加顺应民意，更好地促进工作和发展。尤其要从关键环节入手，在重点领域助力，积极推动“三化”互动、统筹城乡发展、生态文明建设和重大民生工程等顺利高效实施。继续坚持党管干部和依法任免相统一的原则，严格按照人事任免办法，把好任免关。进一步加强对干部任后的监督，使被任命的干部严格依法履行职责，自觉接受县人大及其常委会的监督，增强公仆意识、勤政廉政意识。进一步加强人大信访工作，畅通民意表达渠道，健全督办工作机制，维护群众合法权益。

三、创新活动体制机制，充分发挥代表作用

组织代表围绕中心工作，开展集中视察和专题调研，深入了解民情，充分反映民意，广泛集中民智。进一步完善代表履职平台，拓宽代表知情督政渠道，为代表履职创造条件，激发代表履职尽责的主动性和积极性。尊重代表主体地位，不断强化代表职务意识，充分听取代表的意见和建议，加强代表建议的督办落实，提高办理质量。加强代表培训工作，创新代表培训方式，提高代表培训质量。组织代表学习贯彻十八大精神，学习宪法、组织法、代表法等法律法规，丰富代表学习内容。坚持和落实常委会组成人员联系代表、代表视察、代表小组活动等制度，进一步规范和完善代表小组活动计划，丰富代表小组在闭会期间的活动内容。进一步密切代表与人民群众的联系，组织代表深入基层、深入实际、深入群众，听取和反映人民群众的意见和要求，自觉接受人民群众的监督。

四、不断加强自身建设，着力提升履职能力

进一步提高常委会组成人员和机关干部职工政治理论素养与业务水平，准确理解把握宏观形势和全县工作大局，不断提高服务发展的自觉性。进一步健全常委会有关制度和规则，完善人大机关工作制度，明确岗位职责，加强协调配合，提高服务水平，促进人大工作和机关事务运转规范化、科学化、制度化。进一步强化人大工作宣传，努力营造良好的舆论氛围。进一步加强作风建设，认真落实中央关于转变作风、密切联系群众的八项规定和省委省政府的十项规定，大兴求真务实之风，不断增强新形势下人大工作的政治责任感和历史使命感。密切与上下级人大的联系，加强工作交流，总结推广工作经验，推动人大工作再上新台阶。

各位代表，新形势、新任务对人大工作提出了新的更高的要求，我们深感责任重大，使命光荣。让我们紧密团结在以习近平同志为总书记的党中央周围，深入贯彻落实科学发展观，在中共红原县委的坚强领导下，坚定信心，击鼓奋进，全面推进民主法制建设和依法治县进程，为谱写“中国梦”的红原篇章而不懈奋斗！

政府工作报告

——在红原县第十三届人民代表大会第二次会议上

（2013 年 3 月 29 日）

县长　嘉央罗萨

各位代表：

现在，我代表县人民政府向大会报告工作，请予审查，并请县政协委员提出意见。

2012 年工作回顾

过去一年，在州委、州政府和县委的坚强领导下，在县人大、县政协的监督支持下，县政府团结带领各族干部群众，开拓创新，锐意进取，加快建设畅通红原、幸福红原、魅力红原、现代红原、和谐红原，通过全县上下共同努力，圆满完成了县十三届人大一次会议确定的目标任务。

一、县域经济平稳发展，综合实力进一步增强

2012 年，牢牢把握稳中求进的总基调，坚持发展第一要务，重点突破、夯实基础，综合实力进一步增强，在全州目标绩效考核中，红原荣获一等奖。实现地区生产总值 79493 万元，同比增长 13.0%；全社会固定资产投资 135060 万元，同比减少 10.0%；地方公共财政预算收入 2283 万元，同比增长 26.6%；社会消费品零售总额 18715 万元，同比增长 16.3%。

农牧经济稳步增长。按照“构建四个体系、调整四个结构、推动四个转变、实现四个持续”的现代畜牧业发展思路，以全省现代草原畜牧业发展工作会议、全州牧区现代畜牧业现场会在红原召开，农业部畜牧业司联系红原，省畜牧食品局对口帮扶红原为契机，大力发展现代草原畜牧产业。《红原县加快建设现代草原畜牧业试点示范县规划（2013—2015 年）》获得省政府批复，规划争取中央和省级补助资金 40011.9 万元，涉及草原生态保护、畜牧业基础设施、现代家庭牧场示范、牧民转产创业和产业化体系建设 5 个大类 18 个支撑项目。落实草原生态保护奖励补助政策，完成草场禁牧补助 476 万亩、草场平衡奖励 643.15 万亩，奖补生态监测点 3 个，建抗灾保畜打贮草基地 2 万亩、贮草库 1980 平方米、户营打草地 4 万亩；新建牧道 47 公里、板涵 12 道、维修牧道 100 公里，建牲畜暖棚 294 个、防疫巷道圈 17 个，完成退牧还草 74 万亩、草原鼠虫害防治 50.1 万亩；设冻精改良点 42 个，改良牦牛 7718 头，建麦洼牦牛选育场 3 个，牲畜良种补贴 500 混合头。积极推进社区特色生态畜牧业，建优质牧草生产示范基地 1090 亩、天然草地培育示范基地 1230 亩，申请专利 3 项；设立四川红原示范社区牧民田间学校，培训牧民 340 人次。发展扶持江茸茸日玛绵羊养殖、瓦切唐日牦牛养殖和邛溪玛萨藏羊养殖等农牧民专业合作组织 15 个，吸收农牧户入社 1350 户，辐射带动 4100 户农牧户增收，户均增收较全县平均水平高 800 元。2012 年末，各类牲畜存栏 37.9 万混合头，出栏 11.4 万混合头，出栏率 28.7%，商品率 23.5%；肉类产量 10190 吨，鲜奶产量 28210 吨，冬草储备 10.9 万吨。种植优质蔬菜 2479 亩，栽培高原中低温食用菌 1661 万袋，转移农村剩余劳动力 160 人。实施森林管护 224 万亩，生态公益林补偿面积15.6万亩，封山育林3000亩，沙化治理466.7公顷，植灌35.7公顷，种草100公顷，义务植树6500株。第一产业实现增加值27978万元，同比增长6.2%。

工业企业提质增效。树立“扶持龙头企业就是扶持农牧民”的意识，召开全县工业经济工作座谈会，破解发展难题，依法依职为企业排忧解难。启动阿坝牦牛乳业公司破产重组，帮助企业加快发展。扶持牦牛乳业、国中肉食品、宏原红等畜产品加工企业6家，延伸产品链，特色肉、奶产品成为游客喜爱的商品。全年生产乳制品1636吨、肉制品6609吨、中藏药56吨，全部工业实现增加值14255万元，同比增长41.4%，规模以上工业增加值9027万元，同比增长41.4%。第二产业实现增加值21762万元，同比增长29.1%。

旅游产业增势强劲。按照“全域红原”的旅游布局，深入发掘红色文化和民俗文化，推动旅游与文化交融互动、良性发展。修编《红原旅游产业发展总体规划（2012—2020年）》，树立“天上草原、心灵家园、创业乐园、幸福红原”旅游形象，打造红色旅游、自驾旅游和牧家旅游品牌，与四川日报报业集团签订旅游战略合作协议，与成都“宝中旅游自驾旅游世界俱乐部”合作开展“端午节红原大草原穿越集结、欣赏盛开万亩花海”活动，举办中国·红原第一届摩托车旅游节。完善邛溪热坤和安曲下哈拉玛2个自驾游营地建设。加强旅游市场执法，规范旅游经营行为，提高旅游服务质量，积极引导乡村旅游向规范化、规模化、特色化方向发展，建成规模牧家乐18家、家庭旅游示范户170户，带动700名牧民转产转业。端午、中秋、国庆等重大节假日期间全县旅游呈现“井喷”态势。全年接待游客85万人次，实现旅游总收入75869万元，同比分别增长37.0%和51.8%。第三产业实现增加值29753万元，同比增长10.5%。

城乡居民持续增收。积极落实国家各项扶持政策和惠农政策，及时兑现和增加保障性收入、转移性补助，按要求足额兑现干部职工春节加班补贴和规范第三步津贴补贴，大力发展农牧民专业合作组织、高原生态农业、乡村旅游，拓宽农牧民增收渠道，实现城镇居民人均可支配收入2.2502万元，同比增长15.0%；农牧民人均纯收入6780元，同比增长23.3%。

财税金融稳健运行。实施积极的财政政策，严格执行财政预算，优化支出结构，重点保障“三农”、公共安全、教育、卫生、社会保障等领域支出，确保财政运转协调，实现地方公共财政预算收入2283万元，同比增长26.6%。强化税源监控和税收征缴，确保应收尽收，实现税收收入1644万元，同比增长38.7%。加强重点领域和薄弱环节的信贷支持，制定了《红原县牧民定居担保贷款还款奖励办法》。实现存款余额137194万元，贷款余额171831万元，同比分别增长34.4%和156.8%。

二、重大项目扎实推进，基础设施进一步夯实

大力实施项目投资拉动战略，强力推进基础设施建设，进一步夯实发展基础，不断增强可持续发展后劲。

重点项目扎实推进。认真筛选、论证、包装一批重点项目，申报109个、储备80个、开工77个，列入省、州重大建设项目11个。积极协调配合阿坝红原机场建设、省道302线安曲乡至阿坝县城段公路改造工作，建查尔玛、龙日乡通乡油路27.9公里，完成县政务服务中心、县人民医院整体搬迁门诊大楼主体建设，完成县城供暖工程（一期）主厂房、热力站主体建设和供热主管网铺设，县汽车站竣工并投入使用，县城第二自来水厂主厂房建设基本完成，公共租赁房第一期40套竣工并陆续入住、第二期40套完成主体建设，廉租房第二期24套竣工并验收，建城乡防洪堤5600米，在刷经寺铺设农田灌溉引水管道26000米，阿拉基至红原县城饮水工程已获省发改委批复立项。

招商引资卓有成效。实施开放合作战略，修订完善《红原县鼓励外来投资若干规定》，细化项目引进和项目落地等一系列优惠政策，拓宽投融资渠道，引进战略资本、盘活存量资本、吸纳社会资本，储备招商引资项目20个。在第十三届西博会上红原签约项目资金达8亿元，积极跟踪西博会意向协议签约项目落地。四川龙腾集团投资建设的红原国际大酒店项目到位资金3259万元，红贸宾馆改扩建完成投资800万元，川西北高原草地沙化治理生态经济新模式研究与示范项目完成投资1160万元，月亮湾景区开发项目前期规划设计完成投资500万元；与四川日报报业、圣保堂、科创、新希望、宽庭、新联集团和新疆广汇能源公司等企业达成意向性投资协议。

对口受援进展顺利。按照省委、省政府对口援藏“7+20”工作部署，2012年绵阳市对口支援红原财政投资1641万元，建牧道20公里、牧道板涵12道、维修牧道70公里，补助建设牲畜暖棚200个，县城供暖工程已安装厂房和热力站内部设备，完成4个旅游公厕选址和前期设计工作，培训党政管理人才和教育、卫生专业技术人员987人次，“1+5”规划编制（修编）已完成，按照相关程序报省级有关部门审批后组织实施，完成计划外援助物资及资金151.6万元。省军区投资160万元，帮扶建设安曲乡夺龙村、下哈拉玛村群众文化活动中心和麦洼寺书院项目。

城乡建设统筹推进。依托县城总体规划修编，进一步汇聚县城地域、人口、交通等有利要素，采取政府倾斜投入的方式带动开发，将土地出让金用于建设公共基础设施，形成多元化的城市建设筹资渠道，加快推进县城扩容升级。建设市政道路4250米、城区桥梁2座（在建）。启动“智慧红原”建设工程，城市基础设施进一步完善，县城作为全县的政治、经济、文化中心作用不断发挥。有序推进农牧民宅基地、定居房土地、房产确权颁证工作。顺利完成瓦切撤乡建镇。实施“强乡兴村”战略，抓好产业发展、新村建设、基础设施、公共服务及村级班子和新型农村合作组织等重点工作，全面推进新农村建设。

三、民生工程有序推进，人民生活进一步改善

从群众最关心、最直接、最现实的利益问题入手，关注民生热点，解决民生难题，人民幸福满意度进一步提高。

牧民定居行动计划超额完成。按照《阿坝州牧民定居行动计划实施意见（2009—2012）》规定，认真贯彻落实党的惠民政策，共完成投资69230万元，其中定居房建设44854万元、公共基础设施建设24376万元，发放新型帐篷以及篷内“九大件”5089套，超额完成省、州下达的牧民定居建设任务，顺利通过省、州验收，并获得好评。在全州率先制定《红原县牧民定居点公共服务与社会管理实施细则》和《红原县新型帐篷及篷内生产生活设施管理意见》，将定居点公共服务与社会管理写入村规民约，实行群众自我教育、自我管理、自我服务、自我监督的制度。每个行政村村干部在原有职数上增加1名，专门负责牧民定居点管理的日常工作；按照50户配备1名卫生公益岗位的标准，配备卫生保洁员，对村内垃圾进行无害化处理；在每个定居点配备治安员和司法调解员，实行常态管理。

扶贫开发和综合防治大骨节病试点工作全面完成。坚持“治穷、治病、治愚”相结合，以政府为主导、群众为主体、项目为支撑，综合施策，依靠科技，克服困难，真抓实干。共投资38385万元，其中国家投资24143万元、农牧民自筹资金14242万元，实施了易地搬迁、易地育人、更换粮食、饮水安全、社会保障、移民安置、调整结构、卫生防治等八大工程，完成扶贫开发和综合防治大骨节病试点五年规划任务，顺利通过国家、省、州验收。投资500万元，实施江茸——查尔玛藏区连片扶贫开发项目；投资400万元，实施邛溪镇达格龙村、瓦切镇日干村、刷经寺镇色隆村、麦洼乡滚塘村扶贫开发整村推进项目。

“9+3”免费职业教育成效显著。继续落实“9+3”藏区免费职业教育优惠政策，向内地输送符合条件的学生97名，派驻管理教师7人；引导“9+3”毕业生转变就业观念，推荐、安排71名毕业生顶岗实习，发挥所学专长技能，首批168名“9+3”毕业生全部实现就业。

就业培训和社会保障扩面增效。新增城镇就业258人，安置“9+3”毕业生和困难人员133人到公益性岗位，培训下岗失业人员、农民工和农村实用技术人才12856人次，完成劳动力转移输出806人，实现劳务收入810万元。城乡医疗救助18863人次，兑现补助391.9万元。保障城乡低保

1.3551万名，发放低保金1552.6万元。集中供养“五保”老人和大骨节病Ⅲ度患者64名。城镇职工基本养老保险、基本医疗保险、失业保险、工伤保险、生育保险参保16113人次，征缴1994万元，支出2000万元。城乡居民社会养老保险覆盖7783人，发放基础养老金198万元。

四、社会事业全面发展，公共服务进一步完善

在狠抓经济建设的同时，更加注重发展各项社会事业，全面提升公共服务水平。

教育事业均衡发展。全面实施《国家中长期教育发展规划纲要》及民族地区教育发展第二个十年行动计划，全面落实教育“三个增长”和“两免一补”政策，深入推进教育“三个转变”，巩固提高“两基”成果，对全县7381名义务教育阶段学生实行“应免尽免”，为6145名寄宿制学生补助生活费891万元。实施农村义务教育阶段学生营养改善计划，免费发放营养餐。完成投资1970万元，续建藏文中学教学综合楼，县中学、城关小学学生食堂和宿舍等5个项目，新建色地、麦洼幼儿园和教师周转房等6个项目，维修改造村级幼儿园2所。广泛开展“五个意识”教育活动，深化师风师德建设，组织各级各类培训840人次，教师素质和业务能力进一步提高。输送46名异地藏汉双语学生到水磨就读。在高考招录中，各类高等院校录取71人，在中考中，有考生以657分的成绩名列全州180名。成功举办红原县第五届中小学生艺术节，童声合唱《小卓玛》在2012年“全国少儿歌曲大奖赛”中获国家级银奖，希望小学篮球队在“2012姚基金希望小学篮球季”活动中获得第二名。

科技惠民稳步发展。积极与高等院校、科研院所交流合作，强化产学研互动，加快科技创新体系建设，提升知识产权创造、运用、保护和管理能力，扎实开展科普宣传和科技培训，提高农牧民群众科技素质。完成专利申请4项，新增专利成果转化3项，实现新增专利成果转化产值350万元。实施省、州科技计划项目7个，到位资金122万元。完成刷经寺镇老康猫村道地中（藏）药材和邛溪镇川贝母人工种植任务，新增道地中（藏）药材人工种植125亩，保有量达到1405亩。

卫生计生加速发展。认真实施民族地区卫生发展十年行动计划，统筹推进医药卫生体制改革，促进基本公共卫生服务逐步均等化，医疗保障基本实现全覆盖。强化传染病、重大疾病防控，完成脊灰及麻疹强化免疫工作，顺利通过国家、省、州的督导评估。对4761名大骨节患者进行对症治疗及疗效追踪，完成5个监测点的病情监测工作；对全县农牧民群众及僧尼开展肺结核病普查3.2089万人，普查率88.2%；对全县60岁以上农牧民群众及僧人免费进行健康体检3530人，检查率94.77%；对65岁以上老年人登记管理2700人，老年人保健9800人次；实施以农村妇女妇科病免费普查普治为主要内容的“关爱草原母亲行动”，对7484名农村妇女进行了普查，普查普治率50.73%；送5名先心病儿童到深圳市孙逸仙心血管医院进行手术治疗；完成36个单位1300名干部职工和423名环卫工人、困难职工的体检工作，建立健康档案4.1253万份；新农合参合3.2926万人，参合率达98.54%。全面落实食品药品安全监管责任，扎实开展药品安全专项整治工作，开展药用空心胶囊铬超标清查工作。全面落实人口和计划生育利益导向“三项制度”，特别扶助110人、奖励扶助322人、少生快富92户，全额兑现奖励金76.5万元，“三结合”帮扶391户，人口自然增长率、出生率及符合政策生育率均控制在州政府下达的目标范围内。

文化体育繁荣发展。完成县文化体育广播影视新闻出版局和县电视台的平稳组建，成立7个协会组成的县文学艺术界联合会，举办摄影、书法、绘画、唐卡、祥巴和文学艺术作品成果展。开展文化下基层活动，配套完善33个农家书屋建设，为全县11个乡镇综合文化中心配送办公用品，发放便携式太阳能数字电视机4463台和广播电视“舍舍通”卫星直播接收器550套。保护传承麦洼锅庄等非物质文化遗产，成立红原县第一个民间锅庄队。投入65万元，完成对全县口头文学、传统习俗、宗教文化及山水传说等文化资源普查，采取政府扶持、市场化运作的方式，成立红原县民间马术队和草原之心艺术团。围绕“读史明志、我爱家乡，喜迎十八大”主题，开展全县唱红歌比赛、藏汉双语演讲比赛、读《阿坝历史1000问》、《阿坝历史通俗读本》书籍、知识竞赛等活动。启动“历史的记忆、和谐的家园”口述历史活动，完成口述历史纪录片《红色草原》、《牦牛之乡》制作，5部阿坝州运用典型经验调研成果开展案例教学片获佳绩。积极组队参加“唱响山歌——四川首届传统民歌大赛”活动，2名民间歌手入决赛并荣获传承奖。红原马术队15名队员应邀参加中国马术节民族马术特技表演。举办了“快乐乡村，幸福生活”为主题的群众体育活动暨第十一届农牧民男子篮球运动会，丰富了广大农牧民群众的业余生活。

年鉴编纂、档案收集利用、信息化建设等工作深入推进，气象监测和预报服务质量不断提升，青少年教育、精神文明建设、统计、工商、物价、供销、保密、邮政、外事、对台、侨务、对外联络、无线电管理、残疾人、妇女儿童、老龄、红十字会等工作取得新进步，各项社会事业蓬勃发展。

五、社会政治平安和谐，稳定局面进一步巩固

坚持将稳定作为发展的前提和保障，加强和创新社会管理，巩固反分裂维稳成果，确保了全县社会政治大局稳定。

反分裂维稳工作不断加强。按照州委“主动治理、攻心为上、综合施策、标本兼治”的原则，坚持内紧外松、专群结合、群防群治的工作方法，创新思路，注重策略，团结一切可以团结的力量，调动一切可以调动的积极因素，优化维稳工作方案。调整充实县维稳应急指挥部成员，完善县联合指挥部、现场处置指挥要求和群防群治工作机制。加强基层基础工作，各乡镇建立群防群治维稳力量，实行巡逻、流动打击和事件先期处置，确保事发后就近处置，健全维稳长效机制。积极开展反渗透、反颠覆、反分裂、反破坏、防闹事、防滋事、保稳定工作，推进反分裂维稳工作由应急处置转向常态管理、由积极应对转向主动作为。

民族宗教工作深入开展。积极开展民族团结进步和谐福地创建活动，首次表彰民族团结进步模范集体22个、先进个人56名；投资600万元，实施寺庙基础设施和地质灾害治理改造；投入两项资金1041万元，实施“四小工程”、小流域现代农牧业增收工程、民族团结新村建设和社会事业等项目；投资546万元，完成江宫寺整体迁建；组织宗教界代表人士赴县内重大民生工程现场和县外发达地区学习考察，在佛事活动和群众集会中安排高僧大德参与宣讲，发挥正面作用；成立红原县寺庙工作领导小组和3个重点寺庙管理委员会，将10座寺庙划分为三个片区进行管理。自2008年以来，全县10座寺庙、所有僧人未参加任何分裂破坏活动，为全县社会政治持续稳定筑牢了坚实基础。红原被四川省人民政府授予民族团结进步模范集体，被中央宣传部、中央统战部、国家民委授予全国民族团结进步创建活动示范单位。

社会管理创新有序推进。加强民主法制建设，推进“六五”普法工作，深入开展法制政策宣讲活动，举办各类普法培训班和法制讲座95期，发放各种藏汉宣传资料3.5万份，受教育人数达到2.7万人次。制定了《加强和创新社会管理工作实施方案》和《红原县“十二五”社会管理创新发展规划》。深化“大调解”工作，有效化解各类矛盾，指导全县各村健全完善村规民约，强化村民自治自律。加大对乡（镇）村社会管理、公共服务、行政能力的建设和保障力度，每个村安排4万元办公经费。实施以追逃涉案人员、清查外来人员为主的“金剑”系列专项整治行动，依法严厉打击盗抢牲畜等违法犯罪活动；全年共立刑事案件48件，破案43件，挽回经济损失87.6万元；受理治安案件88起，查处88起，处罚104人。

国防建设工作再上台阶。国防动员、国防教育、人民防空、国防后备力量以及民兵应急分队建设全面推进。双拥和优抚安置工作不断加强，健全双拥工作组织体系，完善《红原县双拥工作制度》和《红原县拥军优属办法》，落实优抚安置相关政策，安置城镇退役士兵7人，军政、军民关系更加融洽，创建省级双拥模范县工作取得新进展。

安全生产形势稳步好转。深化安全生产“三项行动”和“三项建设”，全面落实安全生产工作领导和部门负责制，层层签订《安全生产目标管理责任书》，以排查整治隐患工作为重点，深入开展打非治违专项行动，狠抓事故超前防范，强化源头安全管理，重点加强道路交通运输、建筑施工、石油、液化气、旅游景点、宾馆饭店、学校、菌场等行业和场所的安全生产综合检查，草原森林防火工作得到加强，安全生产形势持续稳步好转，无重特大安全事故发生，全年事故死亡人数控制在州政府下达的控制目标之内。

六、政府工作廉洁高效，民主法治进一步推进

认真贯彻落实中央、省、州廉洁从政各项规定，积极推进惩治和预防腐败体系建设。深入开展“小金库”治理、公务用车清理。加强重点工程、重点领域、重点环节的审计监督，牧民定居行动计划、扶贫开发和综合防治大骨节病两大民生工程项目资金顺利通过上级审计部门的审计。完成政府采购金额1622.9万元，结余资金194.9万元，综合节支率10.7%。强化依法行政，全面推行行政执法责任制、评议考核和执法过错追究制，大力推进行政复议规范化建设，清理全县39个单位行政权力事项3568项。加强机关行政效能建设，设置行政效能投诉电话96960标牌，开通“96960”电话，畅通诉求渠道，促进政务服务建设。主动接受人大、政协法律监督、工作监督和民主监督，认真受理来自群众和新闻舆论的批评、意见、建议。办理人大代表意见、建议85件，答复85件，答复率100%；办理政协提案、建议92件，答复92件，答复率100%。

各位代表，过去的一年是全县上下与时俱进、超常拼搏的一年，是各族人民同心同德、真抓实干的一年。取得的成绩来之不易。这是州委、州政府和县委正确领导的结果，是县人大、县政协和人大代表、政协委员监督支持的结果，是全县广大干部群众齐心协力、共同奋战的结果。在此，我谨代表县人民政府，向全县各族干部群众、驻县武警官兵、政法干警、民兵预备役人员、各人民团体和社会各界朋友表示衷心地感谢！

在肯定成绩的同时，我们也要清醒地看到，红原经济社会发展仍存在不少突出的矛盾问题和压力。主要表现在：我县最基本的发展现状是落后欠发达，生产力水平低，经济增长方式粗放，发展不足、发展滞后、经济总量小、财源结构单一；最根本的发展问题是自我发展能力培植滞后，发展能力不强，三次产业发展不协调，尤其是工业和旅游业发展不足，工业产业和产品竞争能力弱，旅游产业发展还处在初级培育阶段；最主要的发展瓶颈是当前干部职工工作作风、能力、素质建设和广大农牧民群众、城镇居民自身能力素质建设与适应当前发展的新形势、新任务、新要求还有一定差距；最现实的发展环境是红原地处反分裂维稳前沿阵地，与分裂集团的斗争仍将是当前和今后很长一个时期的主要任务。对此，我们将本着对党的事业和红原人民高度负责的态度，采取切实有效措施，认真加以解决。

2013年工作安排

2013年是全面贯彻落实党的十八大精神的开局之年，是实施“十二五”规划承前启后的关键一年，是为全面建成小康红原奠定坚实基础的重要一年，做好今年政府工作，意义尤为重大。

指导思想：高举中国特色社会主义伟大旗帜，坚持以邓小平理论、“三个代表”重要思想、科学发展观为指导，深入贯彻落实党的十八大，全国、省、州“两会”和县委十一届三次全会精神，把握“转型发展、提质增量”的经济工作基调，抢抓发展机遇，着力改善发展条件，夯实发展基础；着力转变发展方式，增强自我发展能力；着力民生民计改善，提高群众生活质量；着力文化大发展大繁荣，增强文化扬县软实力；着力创新社会管理，巩固发展团结和谐局面。推进生态、生产、生活“三生并重”协调发展，牧区、牧业、牧民“三牧兼顾”统筹发展，一产、二产、三产“三产联动”转型发展，新型城镇化、新型工业化、农牧业现代化“三化互动”科学发展，建设产村相融、统筹城乡，生态环境更优、县域经济更强、群众收入更丰、各民族更加团结和谐的社会主义新红原。

2013年经济社会发展的主要预期目标是：实现地区生产总值95316万元，增长17.3%；完成全社会固定资产投资 138000 万元，增长 2.1%；地方公共财政预算收入 2700 万元，增长 18.2%；社会消费品零售总额 22916 万元，增长 22.4%；城镇居民人均可支配收入达到 25187 元，增长 11.9%；农牧民人均纯收入达到 8000 元，增长 18%；接待游客 115 万人次，实现旅游总收入 103182 万元，分别增长 35% 和 36%；城镇登记失业率控制在 3.8% 以内；人口自然增长率控制在 8‰以内。

围绕上述目标，我们将着力抓好以下重点工作。

一、加强项目投资建设，促进经济又好又快发展

坚持投资拉动战略，抢抓各种政策机遇，创新投融资方式，营造良好投资环境，力促县域经济又好又快发展。

全力抓好规划实施。坚持规划先行，按照省、州全面建成小康社会的目标，在绵阳市对口支援下，继续抓好《红原县土地利用规划》、《红原县环境保护和生态建设规划》和《红原县交通基础设施建设专项规划》等规划的修订、完善和审批工作，并按照规划要求启动实施。在省旅游局的帮助下，完成《红原县旅游发展总体规划》的编制工作。

全力推进重大项目。积极做好阿坝红原机场建设、省道 302 线安曲至阿坝县城和瓦切至若尔盖二级公路改建相关协调服务工作；扎实推进县城供暖工程、第二自来水厂、电力网络改造、政务中心、县人民医院、公共租赁房（二期）和干部职工周转房（一期）等重点项目建设。加强项目管理，严格执行项目招投标制，落实重点项目领导和部门负责制，加大工程监理和项目审计监察力度，倒排工期、明确时限，确保工程质量和进度。

全力推进开放合作。深入实施开放合作战略，用好各种机遇，以资源换产业，以开放促发展，积极推进与周边地区和内地发达地区的区域协作。围绕传统产业升级、新兴产业培育和循环经济补链，优化项目投资环境，切实增强企业投资的吸引力，激活民间投资创业热情。与支援红原的省、市和省级帮扶部门共同争取、引进一批重大投资项目；积极与圣保堂、科创、新希望、新联、多米尼、宽庭集团和新疆广汇能源公司等企业对接，落实责任领导和责任部门，强化招商签约项目跟踪，提高项目履约率、开工率和资金到位率。力争实施科创集团投资的红原中藏医药产业园、圣保堂集团投资的红原游牧文化产业园、新希望集团投资的红原畜产品加工养殖和新疆广汇集团投资的天然气城市化工程等项目，争取招商引资到位资金 5.66 亿元。

全力做好对口受援。继续抓好绵阳对口支援项目的对接和实施，用好绵阳市财政投资 2010 万元，建牧道 24 公里，补助建设牲畜暖棚 100 个；继续实施县城供暖工程；建县医院住院部 7600 平方米；建设日干乔景区、瓦切、安曲和县城 7 个旅游公厕，建旅游景区标识标牌等基础设施；加大党政管理和旅游、教育、卫生等专业技术人员培训力度；为县电视台购置设备；开展重大项目前期工作，进一步规范续建和在建项目的管理。

二、加快产业结构调整，促进三产联动转型发展

立足资源禀赋、区域特点和发展定位，推进产业结构调整，大抓产业发展，力促一、二、三次产业联动转型发展。

大力发展草原畜牧业。紧紧抓住红原被列为全省现代草原畜牧业试点示范县的重大机遇，着力实施《红原县加快建设现代草原畜牧业试点示范县规划》，积极跟踪衔接规划项目，确保规划项目有力有序有效扎实推进，配套完善现代畜牧业基础设施和服务体系。以保护草原生态为前提，以培育专业养殖大户或联户为核心，以发展社区现代畜牧业为载体，以存量资源优势向增量经济优势转变为途径，以实现产业化经营为方向，稳步推进现代草原畜牧业建设。实施草原生态补奖禁牧补助 476 万亩、草畜平衡奖励 643.15 万亩，落实牧草良种补贴 19 万亩、牧民生产综合补贴 7662 户；新建牧道 194 公里、牲畜暖棚 500 个、防疫巷道圈 18 个，建打贮草基地 5.2 万亩，草场植被恢复 10 万亩、草地改良补播 14 万亩，建牦牛固定改良点 4 个、牲畜养殖基地 10 个，建家庭示范牧场 200 户；架设高压线路 25

公里、低压线路45公里、变压台区10个；完成2012年国家天然退牧还草工程，实施好2013年国家农业综合开发土地治理；完成2012年农产品质量检验检测站项目，建乡镇农技推广服务站4个、高原露地蔬菜基地1个；引导农牧民发展专合组织，规范现有专合组织的经营管理，建农牧民专业合作社10个。积极做好新希望集团在我县投资开发牧草种植、饲料饲草推广应用，牦牛健康养殖基地建设，牦牛屠宰及精深综合加工项目的跟踪落实。力争实现第一产业增加值29829万元，增长6.6%。

大力发展绿色加工业。坚持走绿色低碳的新型工业化道路，依托优势资源，瞄准市场需求，以草原畜牧产品加工业和节能环保产业为主导，大力开发可再生能源，积极推动太阳能、风能和牦牛沼气等新能源产业发展，加强牦牛皮、血、骨等畜副产品综合利用，支持龙头企业技术改造和创新发展，培育壮大一批工业企业，发展畜产品精深加工和旅游产品加工，延伸和拓宽产业链条，提高产品附加值。投资3000万元，研发牦牛酸奶项目、建采奶平台30套；投资3000万元，建宇妥藏药生产技术改造项目；投资3000万元，建圣巴拉酸奶生产基地。力争实现第二产业增加值26398万元，增长30.5%。

大力发展文化旅游业。立足红原机场建成通航，进出红原通道升级完成带来的新机遇，实施旅游富民兴县战略，做大做响红原大草原旅游品牌，以旅游业带动服务业发展，带动农牧民思想观念变革，带动农牧民群众增收致富。加快建设月亮湾国家4A级景区，重点开发日干乔、月亮湾、措琼海、花海等景区景点，打造查针梁子、日干乔两个县域旅游节点，优化建设阿木——龙日——壤口、查针梁子——达格则——江茸——安曲——红原机场2条自驾游线路。在邛溪、刷经寺和瓦切镇建设具备旅游信息咨询服务、旅游应急救援响应、医疗救助服务、特色旅游纪念品展示等功能的游客服务中心。建设圣拉玛国际房车、自驾车露营地和瓦切麦龙自驾游营地，将4个牧民定居精品点建设成为集住宿、餐饮、娱乐、购物为一体的乡间别墅度假风情村。进一步配套完善旅游景区公共厕所、标识标牌等基础设施，加强旅游市场管理，规范牧家乐、自驾游营地建设，提高管理水平，提升红原旅游整体形象。力争实现第三产业增加值39089万元，增长28.6%。

大力保护生态环境。正确处理经济发展与生态建设的关系，培育环保产业，开发新型清洁能源，发展生态经济，着力构建资源节约型和环境友好型社会。抓好天然林保护、退牧还草、湿地保护与恢复、草原沙化治理工程，加强生物多样性保护，构建长江、黄河上游生态屏障。巩固退耕还林成果，抓好国有林和集体林常年管护。实施森林管护224万亩，植树34万株，沙化治理9320亩；投资3045万元，实施湿地恢复项目；投资1670万元，实施日干乔湿地保护工程（一期）。

强化财税金融保障。深化财税体制改革，调整优化支出结构，强化预决算执行，稳步推行“三公”经费公开，继续增加教育、医疗卫生、社会保障、就业、保障性住房等民生支出，重点加大维稳、“三农”、旅游和生态环境保护的投入力度，确保把有限的资金更好地用于发展生产、公共服务、社会管理和改善群众生活。稳定现有税源，完善税源监控体系，加强重点行业和重点企业的征管。落实金融政策，创新金融管理，优化信贷服务。

三、完善基础设施条件，促进统筹城乡均衡发展

统筹安排城乡规划，完善基础设施建设，加快城乡发展一体化建设进程。

城乡规划发展。按照城市发展需要，加强市政道路、信息、供排水、垃圾和污水处理等基础设施建设规划，加快推进县城新区建设，提升改造老城区，改扩建市政道路，提升城市品位，美化城市形象，提高城市综合承载能力，全面完成《红原县城总体规划（修编）》和《红原县城区重点地段修建性详细规划》，开发元宝山、建设湿地公园、打造民族风情街、迁建烈士陵园；鼓励企业参与城市建设，引导农牧民在县城安居置业，实现农牧民转产转业，科学规划商住区，推进产业集中区建设。启动红原机场周边规划，重点打造色地、安曲和刷经寺等集镇，加快新型城镇化和新农村建设，推进城乡环境综合治理，改善城乡环境面貌，完善重点旅游集镇基础和配套服务设施，推进城乡统筹发展。

水利工程建设。投资1860万元，实施小型农田水利牧区节水灌溉项目，在瓦切唐日村、达峨村，安曲哈拉玛村、夺龙村建设饲草地灌溉工程1万亩；投资200万元，在麦洼乡滚塘村建设牧区灌溉试点工程；投资600万元，在全县建设山洪灾害防治工程；投资210万元，实施农村饮水安全工程，解决5287人的饮水安全问题；积极争取项目资金，启动实施阿拉基至红原县城饮水工程，切实解决县城居民安全用水问题。

电力电网建设。投资2亿元，新建城关110千伏变电站1座，架设110千伏线路130公里。力争开工建设220千伏输变电项目。积极争取项目资金，在麦洼、壤口、刷经寺新建35千伏变电站，架设35千伏线路102公里；建10千伏及以下线路工程，解决远牧地区缺电问题。

交通基础设施。投资4038万元，实施农村公路建设项目10个，建通村通达工程120公里、通畅工程45公里；投资80万元，建江茸乡一号桥；完善路网连接，提高公路等级，积极争取查龙至马尔康热脚公路，以及俄么塘花海、措琼海、查针梁子至江茸，阿木至麦洼寺院旅游干线公路建设项目；加强县、乡、村三级公路的常规维护，确保道路安全畅通；全面启动理红路安保工程建设任务。

通信畅通工程。充分运用物联网、移动互联网等技术手段，以高速全光网络为依托，加快“智慧城市·光网红原”、“无线城市”建设和宽带普及提速工程，全面推进光纤入户，建设更畅通的信息高速通道，打造红原县智慧的全光网络。强化农村信息服务，搭建农产品信息平台，通过网站和手机短信免费向农牧民发布农产品市场等信息。

四、实施富民惠民工程，促进群众生活健康发展

坚持“以发展促稳定、以民生聚民心”的工作理念，统筹推进各项民生工程，把保障和改善民生的事情办好办实。

加强牧民定居行动计划和帐篷新生活后续管理。在巩固发展牧民定居成果的基础上，继续加大政策争取力度，做好未享受牧民定居行动计划政策的牧民群众定居房建设，进一步完善各定居点相关配套设施。逐步推进远牧点生产性住房建设，有计划解决生产点居住牧民群众用电、用水及通路难问题。按照《红原县牧民定居点公共服务与社会管理实施细则》和《红原县新型帐篷及篷内生产生活设施管理意见》要求，强化定居点及篷内设施的管理，在各定居点逐步配齐公益性岗位及管理人员。

巩固提升扶贫开发和综合防治大骨节病试点成果。编制完成《红原县农村扶贫开发实施规划（2011—2020年）》、《红原县区域发展与扶贫攻坚实施规划（2011—2015年）》和《红原县扶贫开发和综合防治大骨节病试点成果巩固提升工作规划（2013—2015年）》。在巩固扶贫开发和综合防治大骨节病试点成果的基础上，依托国家综合防治大骨节病的新政策，进一步落实国家扶贫政策，继续实施易地育人、更换粮食、社会保障、卫生防治和产业结构优化提升等项目，实施扶贫开发整村推进项目，建设现代草原畜牧业示范产业扶贫基地，积极扶持贫病区群众发展特色产业，拓宽贫病群众增收渠道，切实减少贫病区群众的贫困发生率。

大力实施“9+3”免费职业教育。深入推进“9+3”免费职业教育，加大宣传力度，积极输送符合条件的学生到内地就读，进一步强化在校“9+3”学生的管理，促使学生掌握知识技能，提高适应现代社会能力，引导学生科学选择有利红原发展、有利就业创业的专业。

完善社会保障体系。全面落实各项再就业扶持政策，积极拓宽就业渠道，切实增加就业岗位，新增城镇就业255人。整合培训资源，积极开展各级各类技能培训，完成劳务输出720人次，实现劳务收入750万元。完善城镇职工基本养老、医疗、失业、工伤、生育保险制度，城乡低保做到应保尽保。依法加大社会保险基金的征收力度，重点抓好民营企业的参保工作，健全农村五保户生活保障制度，推动农村医疗救助工作，扩大城乡医疗救助范围。解决好拆迁、征地、城市建设等涉及群众利益的问题。争取项目资金，加快推进干部职工周转房、公共租赁房及廉租房建设，解决低收入人群、困难人群住房难问题，积极稳妥推进干部职工住房制度改革。

五、健全公共服务体系，促进社会事业全面发展

从维护广大人民群众根本利益的高度出发，加快健全公共服务体系，共享改革发展成果。

教育事业方面。全面贯彻党的教育方针，全力推进民族地区教育发展第二个十年行动计划，巩固提升“两基”成果，着力提高教育质量，对全县7639名义务教育阶段学生实行“应免尽免”，为6399名寄宿制学生补助生活费928万元。扎实推进农村义务教育阶段学生营养改善工程。投资2000万元，建教师周转房，安曲小学学生宿舍及附属设施，维修中小学校舍，购置图书教学仪器设备。加强寄宿制学校标准化建设，加快发展乡村幼儿教育，优化高中教育。强化教师队伍建设，提高教师业务能力水平，增强教师教书育人的荣誉感和责任感，办人民满意教育。

科技人才方面。紧紧把握“整合科技资源，提升创新能力，加速成果转化”的原则，全力抓好“科技项目申报与实施、科技应用推广与普及、提高群众科学素质、提升科技服务水平”四项重点任务。切实抓好技术引进、成果转化，不断提高科技对经济增长的贡献率。进一步加强农村科技和科普工作，开展科普知识宣传和科技培训3000人次，推广实用技术3项。增加科技投入，加强知识产权保护，加快人才资源向人才资本转变，真正把全社会智慧和力量凝聚到创新发展上来。

卫生计生方面。深入推进卫生十年行动计划，进一步完善医疗卫生软硬件设施，优化人才结构，加大培养力度，强化医风医德教育；加快建设县人民医院住院楼和急救中心、县卫生执法所业务用房、乡镇卫生院、污水处理等附属设施，购置医疗设备，推进疾病预防控制中心、妇幼保健站、卫生执法监督机构及乡村卫生室标准化、规范化、制度化、科学化建设；实施基本药物制度，进一步规范药品采购渠道和程序，减少患者医疗负担；扩大参合农牧民受益面，提高新合参合率；提高慢性病、地方病及重点传染病的预防控制能力和医疗救治能力，加强艾滋病、结核病等重大传染病的防治；继续对脑瘫儿童、先天性心脏病患儿实施救助。加强中药资源的保护、研究，合理利用中药资源。推进农村药品“两网”建设，建立健全风险监控网络和预警平台，完善食品药品安全责任体系。严格执行现行生育政策，强化人口计生基层基础管理，落实人口和计划生育利益导向“三项制度”。

文化体育方面。加大对农村文化体育基础设施建设力度，完善公共文化服务体系，建县级图书馆1个、乡镇综合文化站2个、村级综合文化活动室15个、村村响4个、寺庙书屋3个。弘扬和传承红军长征文化，加强安多藏族文化研究，推进涵盖民风民俗、礼仪禁忌等内容的“乡土教材”的编撰和普及工作。积极挖掘民族民间传统文化，抓好非物质文化遗产传承与保护，积极开展非物质文化遗产申报工作。加大文化市场、“扫黄打非”、“查缴反宣品”和非法地面卫星接收设施的监管力度；推进藏区传统运动与现代竞技项目相融合，普及群众健身活动和专项体育运动；加大“西新工程”实施力度，抓好农村广播电视工作，提高广播电视节目质量。

精神文明创建。以创建民族团结进步和谐福地及文明村镇、文明社区、文明行业、文明单位、文明家庭等为载体，大力弘扬民族精神和时代精神，丰富人民群众精神世界。加强社会公德、职业道德、家庭美德和个人品德教育，弘扬中华传统美德和时代新风。加强诚信建设，引导人们自觉履行法定义务、社会责任、家庭责任，培育知荣辱、讲正气、作奉献、促和谐的良好风尚。

六、推进社会管理创新，促进社会政治和谐发展

健全基层组织，加强和创新社会管理，筑牢反分裂维稳斗争思想防线，促进社会政治和谐稳定，为经济建设保驾护航。

加强反分裂维稳工作。狠抓影响社会稳定的源头性、根本性、基础性问题，高度警惕、严密防范境内外敌对势力渗透破坏活动。坚持“打防结合、预防为主、专群结合、依靠群众”的方针，完善军警民联防机制，提高维稳整体协防水平和应急处置能力，持续做好反自焚防群体性事件专项工作，打击分裂祖国、危害国家安全、破坏民族团结、破坏经济社会发展的犯罪行为。严厉打击各类刑事犯罪活动，重点惩治暴力恶性犯罪和偷牛盗马等多发性侵财犯罪，集中整治突出的社会治安问题，保障人民群众的生命财产安全，保持良好的社会治安秩序。

加强民族宗教工作。全面贯彻党的民族、宗教政策，牢固树立“三个离不开”的思想，把握“共同团结奋斗、共同繁荣发展”的新时期民族工作主题，广泛组织各族群众深入开展民族团结进步和谐福地创建活动，巩固发展平等、团结、互助、和谐的社会主义民族关系。依法加强宗教事务管理，积极引导宗教与社会主义社会相适应，切实维护民族团结、社会稳定。

加强民主法制工作。坚持科学民主决策，完善重大事项专家咨询、社会公示和听证制度。深入开展“六五”普法教育，充分发挥县法制政策宣讲团的作用，切实推进法制进乡村、进社区、进学校、进机关、进工厂、进寺庙，充分发挥人民调解组织的职能优势，加大矛盾纠纷排查调处力度，及时将矛盾纠纷控制在萌芽状态，消化处理在基层。

加强国防建设工作。加大国防建设投入力度，不断提高后备力量建设水平，加强驻县部队和民兵应急分队建设，抓好民兵常态维稳应急分队建设，做好驻训部队保障工作。落实拥军优抚安置、军烈属和残疾军人优抚政策，做好征兵和转业复员退伍军人安置工作，巩固双拥成果，争创省级双拥模范县城。以红原机场建设为契机，加强人民防空基础设施建设，力争建设省级人民防空县。

加强安全生产工作。严格落实安全生产责任制，强化安全生产监管，完善重大公共安全事件预警、应急、救援体系，提高预防和处置突发事件能力，建立健全安全生产长效机制。重点整治建筑、采石场、消防、危险化学品、特种设备等行业、领域，落实防范和整改措施，及时消除重大安全隐患，遏制重特大事故发生。切实抓好森林、草原防火工作。加大校园周边环境整治力度，预防和杜绝较大以上事故发生。

七、加强政府自身建设，促进政府廉洁高效运转

坚持勤政、务实、高效、廉洁的施政理念，不断加强自身建设，进一步提高政府公信力和群众满意度。

建设服务型政府。牢记全心全意为人民服务宗旨，坚持问政于民、问需于民、问计于民，不断深化“三个零距离”服务，强化服务意识，增强服务本领，切实为群众提供便捷、优质、高效服务。加强政务服务中心建设，推进政府信息公开。加强部门作风整顿和行政效能建设，增强广大干部的纪律意识、敬业意识，打造优良政务环境，强化工作执行力，确保政令畅通。

建设责任型政府。树立“接受任务不讲条件、执行任务不打折扣、完成任务追求圆满”的工作理念，讲工作投入，真心谋事、潜心干事、坦荡处事、谨慎行事；讲雷厉风行，始终保持工作节奏快、效率高；要敢于较真，敢于正视和解决工作中的矛盾和问题，积极主动地去研究解决，不能等靠推诿、不能动不动就把矛盾上交，认真落实首问负责制、限时办结制和责任追究制。

建设法治型政府。坚持依法行政，加强行政执法监督，深化行政审批制度，扎实开展行政权力公开透明运行工作，推进政府工作的法制化、规范化、制度化建设，努力提高政府依法行政的能力和水平。加大政务和村务公开力度，强化重大工作的宣传、讲解和动员，保障群众知情权、参与权、决策权、监督权。推进依法治理，加强法律援助，维护社会公平正义。自觉接受县人大、县政协及社会各界监督，提高议案、提案办理质量。

建设廉洁型政府。全面落实《中国共产党党员领导干部廉洁从政准则》，严格执行党中央、省、州关于厉行勤俭节约、反对铺张浪费的各项规定，坚持不懈地开展反腐倡廉教育，筑牢拒腐防变的思想道德防线。进一步清理整顿“小金库”，加强公务用车管理，规范政府采购、项目工程招投标和公务接待，从源头上预防和治理腐败，强化权力制约和监督。

各位代表！过去的一年，全县上下万众一心，攻坚克难，用勤劳的双手和拼搏的精神收获了累累硕果；在充满希望的2013年，我们一定要满怀豪情，用智慧和汗水谱写更加光彩夺目的壮丽新篇。让我们紧密团结在以习近平同志为总书记的党中央周围，坚持以邓小平理论、“三个代表”重要思想和科学发展观为指导，全面贯彻党的十八大精神，以昂扬向上的锐气、敢为人先的勇气，为全面建成小康社会而奋斗！

中国人民政治协商会议
第十一届红原县委员会常务委员会
工作报告

——在政协第十一届红原县委员会第二次会议上

（2013 年 3 月 28 日）

副主席　罗尔基

各位委员、同志们：

我受政协第十一届红原县委员会常务委员会委托，向大会报告工作，请予审议，并请列席会议的同志们提出意见。

2012 年工作回顾

2012 年，是十一届县政协的开局之年。一年来，在中共红原县委的坚强领导下，在县政府的大力支持和州政协的指导下，县政协常委会高举中国特色社会主义伟大旗帜，以邓小平理论和“三个代表”重要思想为指导，深入贯彻落实科学发展观，牢牢把握团结和民主两大主题，动员和组织广大政协委员和社会各族各界人士，紧紧围绕县委、县政府中心工作，切实履行政治协商、民主监督、参政议政职能，协调关系、汇聚力量、建言献策、服务大局，为推动全县经济和社会科学发展做出了积极贡献。

一、学训结合，知行统一，履职能力不断提高

县政协常委会坚持把加强理论学习作为首要政治任务，通过学习，提高政治理论素养，自觉坚持党对政协的领导，确保与县委、县政府在思想上同心同德、目标上同心同向、行动上同心同行。

（一）抓好专题学习。按照建设学习型政协的要求，采取多种有效的形式，组织政协委员和机关干部深入学习贯彻党的十七大，十七届五中、六中全会精神和党的十八大精神，认真学习县委十一次党代会精神以及人民政协理论、法律法规和政协章程。注重把学习与运用、视察调研有机结合起来，与红原发展新阶段、新形势的实际结合起来，引导委员形成发展共识，使县委、县政府的重大决策部署在政协得到全面贯彻落实。

（二）抓好委员培训。换届后，针对新委员较多的实际，就政协的地位、性质、作用，委员的职责、任务进行了专题培训；结合各专委会专兼职人员的特点，由分管副主席召开学习会，就各专委会的职责职能进行专题讨论学习，确保专兼职政协委员尽快进入角色。同时，积极组织部分州、县政协委员参加省、州有关学习培训，有效地提高了新一届政协委员的履职能力和水平。

二、突出重点，积极协商，参政议政务实高效

县政协常委会紧扣县委、县政府总体部署，明确工作主攻方向，突出参政议政重点，努力为红原科学发展谋长远之计，建睿智之言，献攻坚之策，尽精诚之力。

（一）组织例会识大体、议大事。紧紧围绕全县发展、民生、团结、合作等重大事项，精心开好主席会、常委会等各种例会。邀请县人民政府通报经济运行情况；邀请县人民法院、县人民检察院通报工作开展情况；听取有关部门专题工作汇报，审议完善政协调研视察报告。通过努力提高例会质量，有效促进了全委会的整体协商、常委会的专题协商、主席会的重点协商、专委会的对口协商，协商程序进一步规范有序。在广泛开展政治协商的基础上，为县委、政府提出了具有参考价值的意见、建议，对党政科学民主决策提供了依据；同时，在协商议政工作中广泛汇集委员智慧、群策群力共谋大事，充分保障了政协委员规范合法的政治参与权利和人民群众正常有序的意愿表达权利。

（二）调研视察抓要事、献良策。今年以来，我们紧紧围绕全县的中心工作和群众普遍关注的热点问题，确定了卫生事业发展、旅游业发展两个方面的调研专题。经过深入调查研究，广泛听取意见，反复讨论，认真分析，形成了《关于县卫生系统建设情况的调研报告》等2篇。在《关于县卫生系统建设情况的调研报告》中，我们提出了引进专业人才、强化职业培训、加快基础设施建设等5条建议。在《我县旅游业发展情况的调研报告》中，重点提出了抓好规划、整合资源、繁荣市场、完善设施等5条建议。县委、县政府主要领导对调研报告给予了充分肯定，并作出了重要批示，要求相关部门结合实际，按照报告的意见建议，切实抓好贯彻落实。同时，协助配合州政协做好了在我县开展的调研视察活动，一方面对红原机场建设情况进行了委员视察；另一方面对全州银行业支持农牧业产业化进程和全州政法系统“双语”人才现状等议题进行了调研，提出了建设性的意见。

（三）提案督办抓落实、见实效。坚持把提高提案质量作为提案工作的立足点，注重引导委员从大局出发，在深入调查研究的基础上提出立意高、反映准、建议可行的提案。县政协十一届一次会议以来，立案88件提案，闭会后，及时召开了提案交办会，县政府高度重视，各位副县长参加了提案交办会。明确了提案的办理时限、责任和要求。分管提案的副主席带领提案委对相关提案的办理进行定期走访、跟踪，推动了提案办理进度和实效。截至8月底，提案全部办结，绝大部分委员对办理结果表示满意或基本满意。由于提案办理工作成效明显，红原县政协荣获了州2012年度提案办理先进单位荣誉称号。

（四）履职为民做好事、办实事。按照县委的统一安排，县政协领导、各委室负责人和干部职工以身作则、率先垂范，积极参与县委、县政府的中心工作。协力开好全省现代草原畜牧业发展现场会；协助抓好扶贫开发和综合防治大骨节病试点验收工作；协调做好县城自来水改造、县城集中供暖和红原机场协调等工作。扎实开展“挂、包、帮”活动。领导班子成员深入联系乡镇、寺庙开展调研和帮扶活动，多渠道呼吁帮助乡镇、寺庙解决基础设施建设、办公设备等问题，着力改善群众的生产生活条件。同时，在春节、元旦等重大节庆期间，坚持深入群众开展扶贫帮困活动，在建党91周年之际，组织全体干部职工深入到联系村开展共建活动，为农村困难党员送去慰问金，有效地密切了党群干群关系。

三、凝聚人心，汇集力量，促进社会和谐稳定

常委会坚持团结和民主两大主题，始终把团结各界、发扬民主、协调关系、凝心聚力的工作摆在突出位置，充分发挥政协联系广泛的独特优势和作用，全力维护社会的和谐稳定。

（一）围绕中心，全力抓好维稳工作。县政协根据县委的统一安排部署，3名副主席和3名委室负责人抽调到乡镇开展群众工作，主动协助乡镇党委、政府开展工作，坚持深入基层、深入群众、深入实际，通过群众大会、上门座谈、入户调查等方式，大力宣讲牧民定居、9+3藏区免费职业教育、扶贫开发和综合防治大骨节病等党在农村的富民惠民政策，让群众从看得见、摸得着的实惠中饮水思源、铭恩奋进，为全县大局的和谐稳定作出了积极努力。

（二）团结协作，做好圆寂活佛后事。原州政协常委、县政协副主席、康玛尔寺主持活佛琼查·丹贝尼玛因病住院期间，政协高度重视，多次看望，圆寂后，按照县委的安排，全力协助乡党委、政府和康玛尔寺民管会妥善办理后事，整个过程都始终体现出了高标准、高规格，赢得了康玛尔寺民管会、僧人和信教群众的满意。同时，对活佛医药费用等按相关政策及时给予了办理，赢得了活佛家属的满意。

（三）交心谈心，促进宗教关系和谐。人民政协由各族各界人士组成，在发扬民主、增进团结、促进和谐方面具有独特的优势和不可替代的作用。县政协常委会始终高度重视民族宗教工作，坚持深入寺庙，与寺管会、活佛、宗教界代表人士交朋友、谈心交心，大力宣传党和国家的民族宗教政策和《宗教事务条例》等，教育引导广大僧人遵纪守法，为信教群众服好务，为我县实现跨越发展和长治久安作出积极贡献。同时，向州民政局等部门争取物资，为全县10座寺庙的困难僧尼送去了被盖、电热毯等慰问品，广大僧尼表示满意，为促进团结，增进共识，维护稳定起到了积极作用。

四、打牢基础，提供保障，自身建设不断加强

常委会坚持在继承中创新，在传承中发展，大力弘扬历届政协优良传统和作风，不断创新工作，激发政协工作活力。

（一）健全机构，服务水平进一步提高。政协机关具有协调内外、组织运行、搞好服务的职能，及时补充调整了各专门委员会专兼职人员。按照县委的要求，狠抓机关干部作风建设，为政协履行职能提供了坚强的组织保障。同时，围绕“讲质量、讲效率、讲规范、讲协作”的要求，配套了全委会议、常委会议、主席会议工作规则和提案工作条例，完善了学习制度、财务制度、考勤制度等，促进了政协工作的制度化、规范化、程序化建设。

（二）强化宣传，对外影响进一步扩大。充分利用《四川政协报》、《阿坝日报》、阿坝政协网站、红原政府网站以及州、县有线电视台等新闻媒介，大力宣传报道县政协工作的特色和亮点，着力塑造政协委员参政议政的新风貌、新气象，有效地扩大了政协工作的社会影响力。

（三）主动对接，扩大对外联谊交往。热情接待了全国各地、兄弟市州政协来我县开展调研视察和参观交流活动。我县政协组团考察了江西、福建的旅游业和城市建设，交流了政协工作经验。通过交流联谊，加深了同各地政协之间的联系，学习了先进经验，开阔了视野，丰富了知识，推动了合作。同时利用对外联系交往的契机，宣传红原，推荐红原，让外地客人加深了对红原经济、社会、文化的了解，增进了友谊和感情，为营造利于我县发展的环境作出了积极贡献。

各位委员、同志们，过去的一年，县政协紧紧围绕县委、政府中心工作，服从、服务于改革、发展、稳定大局，做了大量扎实的工作，取得了一定的成效。这些成绩的取得，得益于县委的正确领导、县政府的大力支持、县人大的协同配合和社会各界的关心帮助，得益于全体委员、政协各界别的团结协作和共同努力。在此，我向所有关心和支持人民政协工作的各级领导和社会各族各界表示衷心的感谢并致以崇高的敬意！

各位委员，我们也要清醒地看到，我们的工作与群众的期待、与县委的要求仍有一定距离。主要有：履行职能的质量与实效有待于进一步提高和完善；界别在政协工作中的基础性作用有待于进一步增强；人民政协“制度化、规范化、程序化”建设和自我完善还需要进一步加强等。这些问题和不足，我们要正确对待、认真研究，同时衷心希望各位委员和同志们对常委会的工作多提宝贵意见，帮助我们创新思路、创新方法，更加齐心协力地探索解决发展中的困难和问题，共同推动我县政协工作迈上新台阶。

2013 年工作部署

各位委员，2013 年是我县实施“十二五”规划承上启下的关键之年，做好今年的各项工作，具有特殊重大的意义。政协工作的指导思想和总体要求是：高举中国特色社会主义伟大旗帜，坚持以邓小平理论、“三个代表”重要思想和科学发展观为指导，全面贯彻党的十八大和全国“两会”精神，深入贯彻省、州第十次党代会和县第十一次党代会精神，牢牢把握团结和民主两大主题，进一步强化服务意识、大局意识，切实履行好“政治协商、民主监督、参政议政”职能，按照州委“发展为要、稳定为重、民生为本、团结为根、党建为基”的总体要求，立足我县“加快发展、改善民生、增进团结、开放合作”四件大事，积极为建设“畅通红原、幸福红原、魅力红原、现代红原、和谐红原”献计出力，努力开创政协工作的新局面。

围绕上述指导思想和总体要求，今年，着力做好以下四个方面的工作。

一、把握发展新形势，更好地为经济社会发展奉献智力

推动我县加快发展是当前和今后一个时期人民政协工作的主基调。我们要按照“三生并重、协调发展，三牧兼顾、统筹发展，三产联动、转型发展，三化互动、科学发展”经济工作的思路，正确认识新一年我县经济面临的新形势、新挑战，进一步统一思想、积极进取，以新理念、新视角、新思维，善谋发展之计，多出创新之策，深研长远之道。要着眼于经济的稳中求进、好中求快，从政协的视角把脉我县经济社会总体和长远发展趋势，进行调研建言，努力推动经济实现平稳较快增长，要着眼于基础设施的升级提标，加快推进全县重点项目的实施，尤其对红原机场建设给予更多关注。要着眼于产业结构的优化，传统产业的改造提升，深入开展调查研究，特别是现代草原畜牧业的发展、提出对策建议。要着眼于民族团结进步与社会政治稳定，深刻分析研究如何创新社会管理，优化社会服务、谋划标本兼治的长久之计。

二、适应群众新期待，更好地为保障改善民生尽责尽力

保障民生、改善民生是发展经济的根本目的。人民群众对美好生活的向往和追求，既是党的奋斗目标，也是政府的执政归宿，更是政协的职责所系。我们要始终坚持以人为本理念，把服务民生作为一切工作的出发点和落脚点，倾注全力、倾情奉献，协助县委、政府做好暖人心、稳人心、得人心的工作，为我县改革发展营造良好的环境。要畅通渠道听民声，坚持群众路线，鼓励委员进一步密切联系群众，及时掌握人民群众的愿望、意见和诉求。要关注民生献良策，围绕就业再就业、城市管理、建设用地、扶贫解困等问题，认真开展调研和视察，多建利民之言，多谋利民之策。要心系民生解民忧，更加关注社会困难群体的帮扶效果，更加关注群众普遍反映的热点难点问题，积极协助做好排忧解难工作，确保发展成果更多地惠及人民群众，在党心和民心之间真正架起一座联通之桥，进一步打牢我县经济社会健康发展的群众基础。

三、顺应和谐新要求，更好地为“五个红原”建设凝心聚力

要按照构建社会和谐的新要求，进一步增强建设“畅通红原、幸福红原、魅力红原、现代红原、和谐红原”的大局意识、政治意识和责任意识，深刻领会“五个红原”建设的丰富内涵，充分发挥代表性强、联系面广、影响力大的优势，努力做好宣传诠释工作，最大限度地把全县各族人民的智慧和力量凝聚到加快“五个红原”建设上来。同时，要进一步发挥联系广泛、沟通各界的优势，认真做好与民族宗教界人士的沟通联系工作，促进各种社会力量良性互动。要进一步发挥位置超脱、渠道畅通的优势，及时准确反映社会舆情，大胆开展民主监督，推动县委、政府各项决策部署更加科学合理，促进社会更加公平公正，进一步巩固和发展我县民主团结、生动活泼、安定和谐的政治局面。

四、树立自身新形象，更好地为提升履职效能增强本领

坚持强基固本、搞好自身建设是政协工作不断适应新形势、完成新任务的重要前提。我们要更加从严要求自己，保持良好形象，进一步提高履行职责的自觉性。要继续抓好委员队伍建设，始终做到思想上不松懈、工作上不松劲，自觉主动地完成好自己所担负的职责。要继续抓好专委会工作，总结工作经验，研究工作措施，完善工作制度，进一步增强专委会工作的活力和成效。要进一步强化机关作风建设，不断加强学习、提升本领，珍惜缘分、增进团结，大力弘扬开拓创新的意识和奋发进取的精神，大力弘扬迎难而上的勇气和克难攻坚的锐气，大力弘扬勤政廉洁的传统和务实高效的作风，不断探索履职的新形式，为我县政协事业不断开拓创新提供更加坚强有力的保障。

各位委员，我们正处在一个大有希望、大有作为的新时期。让我们更加紧密地团结起来，在中共红原县委的正确领导下，在县政府的大力支持和社会各界的积极配合下，牢记神圣职责，不负人民重托，进一步解放思想、振奋精神、开拓进取、扎实工作，为开创我县政协工作新局面，促进红原跨越发展和长治久安，全面建成小康社会作出新的更大的贡献！

大事记

DA SHI JI

一月

2日　中央电视台节目主持人李瑞英以“央视记者在川西北牧场蹲点日记”、“一个草原新村的现代化牧业实践”形式，在红原采访牧民定居和帐篷新生活，专题在中央电视台13频道朝闻天下栏目播出。

5日　《四川省新农村建设示范片推进工作领导小组办公室关于对2011年度优、良档次省级新农村建设示范片所在县（市、区）的通报》红原获得2011年全省新农村示范片绩效考核“优秀”。

10日　副州长李为国率州相关部门到红原开展现代畜牧业调研，县委书记何飚陪同调研。

12日　县委副书记、县长嘉央罗萨，人大常委会主任张德海，政协主席赵正清，正县级领导黎格美到北京拜访十一世班禅。

同日　农历新年和藏历新年来临之际，县委书记何飚走访慰问红原仅有的两位百岁老人并送上节日祝贺。

13日　《中共阿坝州委阿坝州人民政府关于命名2011年度州级（最佳）文明单位、州级文明村的通报》，红原县委机关被命名为“州级最佳文明单位”，县中学被命名为“州级文明单位”，邛溪镇热坤村被命名为“州级文明村”。

19—20日　县长嘉央罗萨到安曲、麦洼、色地等乡慰问乡、村“两委”及“三老”人员。

22日　州委常委、州委秘书长罗振华到红原各窗口行业看望慰问值班工作人员。县委书记何飚，县长嘉央罗萨陪同慰问。

24日　副州长李为国到瓦切乡、邛溪镇慰问特困牧民，县委书记何飚、县长嘉央罗萨陪同慰问。

25日　红原召开干部回村过年“走亲戚、听民声、谋发展、促和谐”活动动员会。

28日　州政协副主席王明辉到瓦切乡达峨村看望慰问老村干部并送去党和政府的关心问候及新春祝福。县长嘉央罗萨和县委副书记卢晓军陪同慰问。

31日　县政协副主席、县佛教协会会长琼查·丹贝尼玛因病在成都华西医科大学圆寂，时年51岁。

二月

1日　红原宇妥公司全资收购北京万莱康国际生物科技有限公司，旗下“红景天灵芝胶囊”及9个保健品项目并入宇妥藏药公司，成为阿坝州第一个拥有保健食品（国食健）字号的公司。

9日　红原“送温暖、献爱心、为健康、促和谐”为60岁以上农牧民及僧尼免费健康体检在邛溪镇麻萨村卫生站拉开帷幕。

10日　中国浦东干部学院4名教职工专家、教授到红原开展志愿服务，举办基层组织建设专题培训讲座。

14日　州人大常委会主任王福耀到红原调研县人大常委会工作，县人大常委会主任张德海陪同调研。

15日　省总工会副主席胥纯到红原走访慰问困难职工并开展调研。州总工会副主席夏习斌，县委常委、宣传部长、工会主席向秋杰陪同慰问调研。

21日　红原开展走访慰问寺庙活动，为全县10座寺庙发放慰问金2万元，为35名宗教界代表人士发放慰问金1.05万元，为40名困难、残疾僧尼发放慰问金1.2万元，为810名“低保户”、“五保户”僧尼、寺管会成员及老、弱、病、残僧尼发放8.1万元慰问物资。

26日　省长助理、公安厅厅长侍俊和州委书记刘作明到红原视察，县长嘉央罗萨陪同视察。

29日　自贡市15名干部组成的援助红原群众工作组抵红原，拉开为期一年服务老区群众、推进民生“挂、包、帮”活动。

三月

1—5日　县长嘉央罗萨率相关部门到省级相关部门汇报工作；与成都龙腾集团、科创集团、川报报业投资集团、高原生态饲料厂洽谈，到牦牛乳业公司总部调研。

7日 县委常委、宣传部长、工会主席向秋杰到瓦纳沟尼姑寺将省州妇联资助的10万元送到寺管会，并看望慰问僧尼。

9—10日 四川电视台“巴蜀万里行”摄制组走进红原，对红原“草原骑警”和瓦切牧民定居点进行采访。

10—13日 州“扫黄打非”工作领导小组办公室到红原对出版物市场开展联合执法检查。

14日 州政协副主席王明辉到阿木、瓦切调研维稳工作，县政协主席赵正清陪同调研。

同日 新华社四川分社社长房方到红原开展“走基层听民声”活动，深入下哈拉玛村牧户与牧民拉家常、问冷暖，了解当地牧民实现定居后生产生活情况。

15日 州委副书记、州纪委书记王承先到红原检查基层党组织建设落实情况，了解牧民定居、畜牧业生产、教育事业等工作开展情况。县长嘉央罗萨，县委常委、纪委书记嘎尔玛甲陪同检查。

17日 州委副书记、州纪委书记王承先，自贡市政协副主席、统战部长、自贡赴红原群众工作组组长肖光俊深入邛溪镇达格龙村了解牧民定居冬季安全饮水工程使用情况。县委书记何飚陪同调研。

同日 红原县肺结核等疾病防治及寺庙公共建筑安全隐患排查工作启动仪式在麦洼寺举行。州委副书记、州纪委书记王承先，自贡市政协副主席、市委统战部长肖光俊，县委书记何飚，县长嘉央罗萨出席启动仪式。

18日 州人大常委会副主任周耀伍、高晓蓉深入红原开展精品旅游村寨建设和管理及城乡社会救助工作调研。

20—21日 州人大常委会副主任郝士昌对红原贯彻执行《中华人民共和国野生动物保护法》和《四川省〈中华人民共和国野生动物保护法〉实施办法》相关工作进行检查指导。

22日 省水利厅专家深入红原白河对流域重点堤防工程规划编制工作情况等进行现场踏勘。

27日 红原开展2012年“科技之春”实用技术培训。邀请省农业科技服务专家、自贡市农业局高级农业师详细讲授春耕前土地消毒、施用底肥、蔬菜品种选择种植、病虫害防治等农业实用技术，现场解答群众提问；发放《幸福美丽家园读本》、《红原科普手册》等科普资料300余份。

30日 红原工商业联合会（商会）第四次会员代表大会召开。

四月

1日 省公安厅交警总队来红原县就省客运交通安全检查整治月专项行动检查指导红原客运交通安全专项整治月行动工作情况。

3—13日 红原组成联合检查组，按“堵住源头、封住通道、管住市场”原则，在全县范围内深入开展打击野生动物及其制品网络犯罪和非法贸易活动专项行动。

14日 中共红原县委十一届二次全体会议暨县委经济工作会在县会议厅召开。

16日 青海省政协调研组来红原调研。

16—17日 州政协副主席王斌深入红原，督办州政协委员联名提出的《关于支持红原县推广实施现代畜牧业草畜平衡试点项目的提案》。

18日 青藏高原社区畜牧业行业科技（红原示范区）项目正式启动。

22日 红原举办大中专毕业生考前培训，县委书记何飚到县中学，看望县大中专毕业生考前培训的208名学员，勉励他们认清发展形势，担负时代使命，抓紧时间学习，实现人生理想，为建设祖国、建设红原做出更大贡献。

23日 “巴蜀万里行”大型媒体采访活动第五线路记者抵红原，对红原“三大民生工程”进行采访报道。

24日 全州2012年幸福美丽家园建设草地片区培训会在红原开班，州政协副主席昌荣河，县委书记何飚出席开班仪式并讲话。

25日 红原与中国电信集团阿坝分公司在县会议厅举行智慧城市建设暨十二五信息化战略合作框架协议签字仪式，拉开“智慧红原”建设的序幕。副州长蒋刚、县委书记何飚、电信阿坝分公司总经理贾书智出席签字仪式并讲话。

26日　四川庆祝“五一”国际劳动节暨劳动竞赛表彰会议上，红原卫生系统职工王修塔获“四川省五一劳动奖章”。

同日　省人大常委会法工委课题调研组到红原进行《大力推进基层政权组织建设，促进藏区长治久安》课题调研。州人大常委会副主任王顺清陪同调研。县委书记何飚对红原基层政权组织建设情况进行专题汇报，县人大常委会主任张德海参加调研。

五月

1日　红原将2011年度“慈善·福彩”帮困助学金2.36万元送到6名贫困大学生手中。

2日　红原在阿木乡小学启动义务教育学生营养改善计划仪式。

6日　州委农工委在红原县主持召开“全州牧区四县定居点冬季给排水防冻试点工作培训会”。

9日　共青团红原县第十三次代表大会在县会议厅召开。县委书记何飚出席大会并讲话，红原志愿者协会成立。

10日　州委副书记、州长吴泽刚主持召开专题会议，听取红原机场航站楼方案初级评审后调整汇报。州委常委、副州长赵平，副州长杨长清、蒋刚，州政府领导李川及红原和州直相关部门负责人出席会议。

11日　自贡市援助红原群众工作组组长、市政协副主席、市委统战部部长肖光俊，县委书记何飚到安曲乡S302线红原段施工现场、安曲乡卫生院、小学调研。

同日　县长嘉央罗萨主持召开编制《青藏高原牧区草原生态保护与经济可持续发展红原示范区建设规划》工作会议。

14日　副州长蒋刚到红原，就红原工业企业运行情况进行实地考察调研。

19日　州人大常委会副主任何文涛率州相关部门到红原开展《中华人民共和国农民专业合作社法》、《四川省〈中华人民共和国农民专业合作社法〉实施办法》执法检查。县人大常委会副主任泽斯甲、县人民政府副县长俄萨陪同检查。

22日　红原3名先天性心脏病儿童赴深圳接受免费治疗。成为全县首批享受“爱藏的心”慈善项目救助人员。

23日　州政协主席杨克宁，副主席张燕、王明辉到红原调研并看望县政协全体职工。

24日　中央文献研究室第一编研部主任唐洲雁赴红原调研。

25日　青藏高原社区畜牧业行业科技（红原示范区）项目在安曲乡正式启动。

26日　州委常委金吉昌率队赴江茸乡茸日玛村绵羊养殖合作社、刷经寺鑫欣土鸡养殖合作社开展农牧业综合调研。

28日　省委宣传部和中国报业协会联合主办“百名党报总编走四川”活动采访团赴红原县采访，聚焦牧民定居新生活。

同日　州政协副主席昌荣河率州农行、州畜牧兽医局到红原专题调研银行业支持农牧业产业化进程相关情况。

六月

1日　州政协副主席牛培刚、王明辉率州直相关部门到红原就政法系统“双语”人才现状开展调研，并听取红原政法系统工作汇报。

2日　州委第六考核组赴红原开展领导班子及成员动态跟踪考核民意调查会。

4日　县长嘉央罗萨带县畜牧局、县交通局、县民宗局负责人到江茸乡重点对茸日玛村养羊合作社运行情况和郎玛桥改道工程和江宫寺迁建项目进展情况进行实地检查。

7日　省委常委、副省长钟勉到红原调研，县长嘉央罗萨陪同调研。

9日　第五届全国少儿曲艺大赛四川赛区选拔赛暨首届四川省少儿曲艺大赛决赛中，红原选送的曲艺小品《草原喜事多》荣获三等奖、优秀组织奖、创作奖等多项殊荣。

同日　州委常委、副州长、交通运输部对口

扶贫帮扶组组长朱传生深入红原交通重点项目和农村公路项目工地调研。县委书记何飚、县长嘉央罗萨陪同调研。

11 日　改变干部作风漂浮，克服庸、懒、散、拖，红原召开干部作风整顿会议，启动干部工作作风整顿。

7—13 日　红原组织 10 名尼姑参加全国妇联在北京举办的“全国四省一区藏传佛教尼姑培训”学习。

13 日　贵州省遵义市政协来红原调研。

14 日　省人大常委会党组书记、副主任李崇禧到红原调研，强调要深入贯彻省委“一条主线、三个加强”藏区工作总体思路，扎实推进藏区“三大民生工程”，充分发挥综合效应，进一步改善群众生产生活条件，努力推进牧区跨越发展和长治久安。州领导王福耀，县领导何飚、嘉央罗萨、张德海等陪同调研。

17 日　州第七届中小学生艺术节暨第五届青少年艺术节在马尔康举行。红原深圳福田希望小学选送的舞蹈《腾飞吧！希望》获大赛一等奖。选送的大合唱《布谷鸟》、《卓玛》也荣获声乐类比赛一等奖。获奖节目将代表州参加省第七届中小学生艺术节比赛。

18 日　红原邀请天府三产职业技术学校教师在刷经寺镇举办技能（电工）培训班。

18—19 日　省畜牧食品局组成联合调研组在副州长李为国陪同下，赴红原开展调研现代畜牧业示范工作，县长嘉央罗萨陪同调研。

19 日　副州长杨星到色地乡小学视察。

20 日　中国科协、财政部《关于表彰 2012 年科普惠农兴村先进单位和带头人的决定》，瓦切乡达峨村泽郎夺尔基获 2012 年度全国“科普惠农兴村计划”农村科普带头人称号，获奖补资金 5 万元。

19—20 日　省军区政治部副主任李荣贵大校率省军区对口定点扶贫工作组深入安曲乡、麦洼寺开展扶贫调研，与县委、县政府研究扶贫和省军区挂包帮项目，明确“援建两个中心、建好一支队伍、帮扶一座寺庙”对口定点扶贫暨挂包帮任务。

23 日　首届红原大草原越野车趣味赛拉开帷幕，来自全省多家越野车俱乐部的 20 多辆越野车在千里草原、万亩花海中体验驾驶乐趣，感受 3 万亩浩瀚花海之美。

24 日　“同在阳光下——中国国际广播电台记者藏区行”大型报道活动采访组深入红原采访民生工程。

26 日　国家发改委以发改基础〔2012〕1335 号文批复阿坝州红原民用机场可研报告。新建红原机场为国内支线机场，按满足 2020 年旅客吞吐量 35 万人次、货运吞吐量 1050 吨的目标设计。飞行区等级指标 4C，项目总投资为 7. 88 亿元。

27 日　县委宣传部被中央宣传部、中央统战部、国家民族事务委员会、国家宗教事务局授予“全国民族团结进步创建活动示范单位”。

28 日　绵阳市与阿坝州在绵阳富乐山酒店举行对口支援工作座谈会，与红原县签署对口支援框架协议，县领导何飚、嘉央罗萨出席会议。

同日　国家气象局副局长于新文，财政部农业司副司长卢贵敏赴红原考察草原生态保护补助奖励政策落实情况，到县气象局检查指导工作。

七月

1 日　省政协副主席陈杰赴红原就湿地生态保护，畜牧业可持续发展进行调研。

4 日　四川华体灯业有限公司为红原县藏文中学捐助价值 10 万余元设备支援学校建设。

6 日　绵阳市 42 名对口援藏干部人才抵达红原。

7—8 日　州人大常委会副主任何文涛率调研组到红原调研牧民定居行动计划工作情况。

8 日　州长吴泽刚到红原，就现代草原畜牧业工作展开调研。

同日　州人大常委会副主任高晓蓉到红原就《中华人民共和国各级人民代表大会常务委员会监督法》、《四川省〈中华人民共和国各级人民代表大会常务委员会监督法〉实施办法》贯彻落实情况进行调研。

9 日　举行红原县文化体育广播影视新闻出

版局、红原县广播电视台授牌仪式。

同日　原省政府妇儿工委办专职副主任甘华兰一行专家在红原开展“两癌及不孕不育”知识讲座。

10 日　州政协副主席昌荣河率州级相关部门到红原调研藏系绵羊发展情况，县政协主席赵正清、副主席罗尔基陪同调研。

同日　红原县与山东省泰安市泰山区友好结对共建座谈会在县会议厅圆桌会议室举行。

11 日　川北医学院青年马克思主义学会暨“心系藏爱”志愿服务队，到红原为敬老院五保老人义务体检。

13—16 日　省红十字会组织多家红十字医院专家、红十字医疗志愿者来红原，开展“红十字博爱进藏区”义诊活动。

16 日　州人大常委会主任王福耀、副主任周耀伍到红原调研 2012 年上半年国民经济和社会发展计划执行情况、财政预算执行情况。县长嘉央罗萨向调研组专题汇报，县人大常委会主任张德海、县委副书记卢晓军、县人大常委会副主任林桦、泽斯甲、牟全友、刘健、县政协副主席旭东参加座谈会。

同日　崇州浩康医院医疗队到红原开展为期 10 天的义诊活动，发放价值 10 万元药品。

17 日　州人大执法检查组在副州长杨绍林陪同下到红原检查贯彻实施《四川省人口与计划生育条例》、《阿坝州实施〈四川省人口与计划生育条例〉变通规定》情况。

18 日　阿坝军分区司令员夏春喜、政委张力率工作组赴安曲乡实地调研省军区援建安曲乡夺龙村村民体育活动中心、下哈拉玛村民文化活动中心选址和建设情况。军分区领导表示：支持四川省军区援建项目建设资金 30 万元，并要求军分区机关加大与两级军区协调力度，支持红原民兵应急机动分队 30 辆摩托车。

19 日　州人大常委会副主任高晓蓉到红原开展《中华人民共和国禁毒法》和《四川省禁毒条例》执法检查并召开座谈会。县人大常委会主任张德海，副主任林桦、牟全友、刘健参加座谈会。

20 日　省旅游市场综合执法交叉检查组赴红原检查指导工作。

21 日　州政协副主席张锐到瓦切乡调研。

21—22 日　受财政部、水利部委托由吉林省财政评审中心和长江委水科院组成的专家，对麦洼乡哈曲防洪堤护岸工程进行绩效考评，考评结果为优秀。

21—22 日　州委副书记谷运龙到红原调研扶贫开发和综合防治大骨节病试点、重大产业发展、重大项目推进情况，县委书记何飚，县长嘉央罗萨陪同调研。

24 日　国家、省、州疾控专家组赴红原乡镇开展大骨节病与氟骨症之间交互作用研究。

25 日　省委常委、副省长钟勉在《红原县现代草原畜牧业发展情况调研报告》上就红原发展现代草原畜牧业作出重要批示。批示要求，省畜牧食品局要帮助红原制定完善发展现代草原畜牧业的总体规划，所有建议多数都应体现在规划中；省畜牧食品局提出实施规划的省上支持事项，促进红原先走一步，全面试点示范，并以此争取国家有关部门支持。

同日　红原召开 2012 年上半年经济运行分析暨农牧民增收工作会。县委书记何飚、县长嘉央罗萨出席会议并讲话。

同日　红原在全州第二轮修志工作中荣获先进单位。

26 日　副州长杨长清深入红原调研道路交通建设、两资项目建设工作情况，县委书记何飚陪同调研。

27 日　州政协副主席陈钢到红原调研寺庙管理工作。

28 日　深圳市女人心百年内衣有限公司和深圳市孙逸仙心血管医院联合发起“爱藏的心”慈善项目，救助 10 名红原先天性心脏病儿童。

同日　红原县第一个民间锅庄队在麦洼乡正式成立。

29 日　省委宣传部、四川电视台选送的红原希望小学童声合唱团节目《小卓玛》在北京 2012 年全国儿童歌曲大奖赛中获由中央电视台、中国音乐家协会共同颁发的歌曲大赛儿童组银奖。

同日　红原县召开基层组织建设年暨“强乡

兴村”工作推进会。

30日　省财政厅检查验收组深入刷经寺镇检查验收农业综合开发项目实施情况。

同日　县委书记何飚接受民航候机读物《空·客》杂志专访。

八月

1日　应西南民族大学邀请，国家“千人计划”引进专家教授——中国工程物理研究院成都绿色能源与绿色制造技术研发中心主任刘焕明到红原进行太阳能等绿色能源研究开发项目的前期调研，县委常委、常务副县长白世强在政府常务会议室主持召开座谈会并听取情况介绍。

4日　省委常委、省军区政委叶万勇到红原检查指导援建安曲乡群众文体中心项目建设情况、县领导何飚、嘉央罗萨等陪同检查。

2—5日　“文轩杯”省第七届中小学生艺术节在西昌市落幕，红原中小学生代表队表演合唱《卓玛》、《布谷鸟》、舞蹈《腾飞吧，希望》分别获得本次展演一等奖。

8日　红原“快乐乡村幸福生活”群众体育活动暨第十一届农牧民男子篮球运动会在县体育馆拉开帷幕，来自各乡镇18支代表队参加本届运动会。

9日　绵阳市敲定2012年援助红原援助资金和援助项目：投入1600余万元援建资金助力红原县城供暖工程、暖棚建设工程、牧道（桥涵）建设工程、牧民饮水入户工程、人才培养培训工程和“1+5”规划编制工程等6项民生工程。

10日　红原茸日玛村党支部受到中央组织部表彰，荣获2010—2012年全国创先争优先进党组织。

同日　省人防办副主任邵文福率队到红原检查指导人防工作。

13—14日　省科技厅副厅长周孟林到红原调研产业化治沙科技示范基地建设情况。

15日　副省长甘霖率省直相关部门赴红原调研商务、招商引资、金融等工作。

同日　绵阳市委书记罗强在红原调研，慰问援藏干部。

20日　红原、阿坝两县边界协调会在阿坝县召开，协调解决阿坝县查理乡与红原县查尔玛乡草场资源利用争议。

22日　州政协组织部分省、州政协委员视察红原机场工程建设情况。

27日　康巴卫视在县藏文中学进行民歌民曲歌手选拔。红原选出16名优秀歌手参加省级青少年民歌大赛选拔活动。

28日　州长吴泽刚，副州长、州财政局长单木真赴红原调研草原现代畜牧业工作。吴泽刚强调，红原县推进草原现代畜牧业发展的路径符合实际，有特色，有成效，发展态势十分喜人，希望坚定不移地走草原现代畜牧业路子，促进产村相融，促进群众增收致富。

同日　县委书记何飚、县长嘉央罗萨到邛溪镇热多村红原县牦牛肉食品有限责任公司有机牦牛养殖基地实地调研。

同日　东航旅业投资集团有限公司副总经理兼东航国旅董事长肖国伍赴红原考察，县委常委、常务副县长白世强、县人大常委会副主任泽斯甲、阿坝·红原机场公司董事长刘平和县旅游局有关人员参加座谈，商谈阿坝·红原机场和东航旅业合作事宜。

29日　省委常委、副省长钟勉赴色地乡调研牧民定居工作。

30—31日　全省现代草原畜牧业发展工作会议在红原召开，省委书记、省人大常委会主任刘奇葆，省委副书记、省长蒋巨峰专门作出重要批示。现场考察哈拉玛村草畜平衡示范点、下哈拉玛村牧民转产示范点、德香村防沙治沙示范点。

九月

1日　省水利厅副厅长朱兵到红原检查水利工作开展情况。

3日　县长嘉央罗萨主持召开实施《红原现代草原畜牧业示范县建设规划（2013—2015年）》工作推进会议。

4日　红原县科学技术协会第六次代表大会

在县会议厅举行。

6日　中共中央政治局常委李长春到红原视察深入瓦切乡日干乔、安曲乡下哈拉玛村视察了解帐篷新生活情况。省委书记、省人大常委会主任刘奇葆，省委副书记、省长蒋巨峰陪同视察。

9日　国家灌排中心副主任闫冠宇和省农田水利局副局长张磊，对红原牧区饮水、灌溉工作进行调研。

11日　国务院参事室组成调研组，深入红原对扶贫开发和综合防治大骨节病试点工作进行实地调研考察。

16日　省档案局副局长张新赴红原对红原档案工作进行检查指导。

同日　住建部稽查处朱长喜到红原巡查2012年保障性安居工程建设。

17日　省民开办副主任蔡钦、刁定德率省民开办、省财政厅深入红原检查指导两项资金建设项目。

同日　州人大常委会副主任田晓丹对州十一届人大一次会议代表建议、意见办理情况、人大代表联系群众、人大信访等工作进行调研指导。

20日　国家民委、国家发改委、卫生部、国土资源部、水利部、民政部等16部委专家深入红原下哈拉马村、邛溪镇易地育人学校、社会救助福利服务中心和瓦切乡、色地乡，对五年的扶贫开发和综合防治大骨节病工作进行考察验收。

21日　省政府重点项目稽查组赴红原开展项目稽查。

22日　州政协副主席张锐到“挂包帮”活动联系点查尔玛乡查龙村开展调研。

24—25日　州第三专项检查小组到红原，就系统推进惩防体系建设、《农村基层干部廉洁履行职责若干规定》贯彻落实及“三项建设”活动开展情况进行专项检查。

25日　红原召开纪念干部离退休制度建立30周年暨2012年度中秋、国庆慰问退休人员座谈会。县委书记何飚出席座谈会并讲话。

同日　绵阳市政府办公室向县委办、政府办捐赠办公设备仪式在祥和广场举行。捐赠6万元办公设备，其中上网本10台、一体打印机2台、取暖器80台、电暖玻板100套、音箱50套。

25—30日　县长嘉央罗萨率团参加第十三届西博会，与四川科创控股集团签订中藏医药产业园框架协议。

30日　红原新车站投入试营业使用。

十月

3日　州委书记刘作明在州委常委、州委秘书长罗振华陪同下，深入红原查真梁子、月亮湾、日干乔景区及省道209、301、302线沿途各乡镇检查旅游工作。

10—12日　州政协副主席王明辉到红原寺庙管理处和部分乡镇调研维稳、宗教、民生等工作情况。

12日　国家中医药管理局副局长马建中率调研组赴红原县藏医院调研。省中医药管理局副局长冯兴奎，副州长杨绍林，县委书记何飚、县长嘉央罗萨陪同调研。

14日　红原马术队亮相成都温江中国马术节，红原马术队表演跑马捡哈达、飞马跳鞍、飞马采格桑花等项目。

15日　雅克夏雪山隧道通车。

同日　县长嘉央罗萨陪同绵阳市长林书成调研对口援建工作。

15—16日　州长吴泽刚在州委常委、常务副州长赵平，州委常委、副州长朱传生，秘书长王全陪同下赴红原开展旅游产业发展和重大项目建设调研。

17日　新疆自治区党委政府政策研究室副主任樊晓林赴红原考察调研草原现代畜牧业工作。

18日　经省政府批准，红原撤销瓦切乡设立瓦切镇，镇政府驻德香村，辖原乡所属行政区域。

19日　《红原县旅游发展规划（修编）》征求意见稿座谈会在县会议厅举行。县委书记何飚，县长嘉央罗萨出席会议并讲话。

同日　黄金周期间，红原接待游客74863人次，实现旅游社会收入6903万元。90%为自驾游游客，成、渝游客占75%以上。

同日　红原文学艺术界联合会成立。

20—21 日　刷经寺镇色隆村、查尔玛乡查龙村、色地乡壤里村通过州 2012 年度幸福美丽家园建设首批验收，标志着红原幸福美丽家园建设实现全覆盖。

22 日　四川宇妥藏药药业有限责任公司生产“肝苏胶囊”已入围四川卫生厅公布的“国家基本药物四川省补充药物优化调整目录”。

23 日　省国土资源厅巡视员郭嘉率省政府保障性安居工作建设专项督查组赴红原县对保障性住房建设情况进行全面检查督导。

24 日　州政协副主席王明辉到刷经寺调研。赵正清主席陪同调研。

同日　绵阳市对口支援红原“项目管理培训班”在家园宾馆举行，围绕项目收集、筛选、包装、申报、建设基本程序和投资项目资金管理等内容，培训 65 人。

25 日　省政府督查室主任鲁兰到红原调研。

26 日　省草原科学研究院、红原共同建设的四川省藏绵羊原种场工程项目完成全部建设任务，验收合格。县委书记何飚，县长嘉央罗萨，县委常委、副县长李洪泉，副县长泽旺参加验收。

29 日　红原开展“读史明志，我爱家乡，喜迎十八大”专题讲座。州委党校高级讲师陈岗应邀作“像先辈们支援红军长征那样助推红原跨越发展”专题讲座。

同日　红原县文史普查整理和抢救工作启动，对县域内民间文学、民间音乐舞蹈、传统手工技艺等十五类文史资料进行抢救性挖掘整理。

26—29 日　红原组织牦牛乳业、国中食品和遛遛牛三家食品加工企业，选定红原奶粉、牦牛肉制品等特色产品参加在成都举办的第八届中国食品博览会。

29—31 日　州人大常委会副主任何文涛率调研组，对红原草原生态保护、草畜平衡试点、发展现代草原畜牧业工作进行调研。

十一月

1 日　省军区副政委李立中率工作组在阿坝军分区副政委何禹陪同下深入红原，检查省军区“援建两个中心、建好一支队伍、帮扶一座寺庙”项目推进情况。

同日　州委书记刘作明在邛溪镇元宝山牧民定居点调研时强调，红原要借鉴学习松潘上磨村经验，在推进乡村旅游开发中要科学规划、注重特色，促进牧民向居民转变，增加牧民财产性收入，从根本上减轻草原生态压力，取得最大生态效益，早日建成现代草原畜牧业示范县。

同日　红原寺庙广播电视“舍舍通”工程卫星电视地面接收器发放仪式在麦洼寺举行。

2 日　州长吴泽刚到红原调研幸福美丽家园建设工作。

11 日　县委常委、县总工会主席杨国光到成都、郫县、都江堰等地探望慰问县纪委、公安局、城建局、畜牧局、麦洼乡政府 6 名患病困难职工，了解治疗、恢复情况，送去 1.9 万元大病困难救助金。

12 日　省社会科学院副院长杨钢来红原调研，县长嘉央罗萨陪同调研。

20 日　红原第一次全国水利普查档案管理工作进行验收，综合评分 90.5 分，评为优秀。

26 日　州人大常委会副主任高晓蓉到红原调研指导工作，县委书记何飚陪同调研。

26—28 日　省畜牧食品局免费组织红原农牧民产业带头人进行现代畜牧产业发展培训。

26—29 日　红原县口述历史办公室摄制组前往北京经济日报总部对口述历史纪录片《红色草原》进行外地采访拍摄，采访《红军长征追踪》作者罗开富。

28 日　州委书记刘作明到红原调研。

同日　县委书记何飚主持召开县委第十六次常委会专题学习党的十八大精神，研究通过《红原县学习宣传贯彻党的十八大精神工作方案》，会议传达学习省委书记王东明 11 月 24 日来州调研时的重要讲话精神和州委书记刘作明在贯彻落实王东明书记来州调研讲话精神会议上的讲话精神。

同日　香港港丽酒店举行由联合国环境规划基金会、中国环境保护协会、香港环境保护协会、澳门环境保护协会、台湾环境保护协会、香港文汇报联合主办“绿色中国—2012”颁奖晚会，红原牦牛乳业有限责任公司获得“绿色中国—2012 环保成就杰出绿色健康食品奖”。

十二月

3 日　廉租住房（二期）项目全面完工进行竣工验收。

4—5 日　阿坝军分区政委张力在阿坝军分区副政委何禹，县委书记、县人武部第一书记何飚陪同下率队赴红原深入开展十八大精神进乡村进寺庙进学校活动。

5 日　红原红十字会举行“四川省红十字会关爱红原困难学生物资发放仪式”，为 154 名孤儿和特困学生发放冬装，送去温暖。

10 日　县委书记何飚到刷经寺镇、瓦切镇调研村集体经济、基层组织建设和民间藏艺作坊运行情况。

11 日　红原第十一届妇女代表大会在会议厅召开。

12 日　阿坝红原机场 2012 年建设重点—跑道和联络道土石方及地基处理的填筑及碾压工作全面完成。

13 日　省委常委、省委政法委书记刘玉顺在省长助理、省公安厅厅长、党委书记侍俊，阿坝州委书记刘作明，州委常委、州委政法委书记尼玛木陪同下，深入红原县壤口乡派出所慰问干警。

17 日　红原县教育系统 113 名干部人才赴绵开展跟岗培训及考察学习。

18 日　县长嘉央罗萨带四川省科创集团、县医院、住建局、林业局等相关单位和部门前往藏医院进行视察，并对藏医院目前新院建设情况、存在的困难、下步工作进行了解，强调藏医院要加强与科创集团的合作，保护好藏医药文化，同时促进全县经济发展。

19 日　圣保堂集团吉海荣到红原洽谈合作项目。县长嘉央罗萨，副县长郑子强、刘昆及县级相关部门主要负责人参加洽谈。吉海荣参观红原道路、城市和旅游建设情况，并举行相关投资项目洽谈会。

20 日　县长嘉央罗萨到邛溪镇检查 2012 年目标任务完成情况，调研督促 2013 年工作部署情况。县委常委、统战部长俄萨陪同检查。

25 日　三台树元爱心协会捐赠棉被到麦洼寺、尼姑寺等 5 个藏传佛教寺院开展送温暖献爱心活动，为 25 位年老僧人送去棉被 60 床。

26 日　《中共四川省委办公厅四川省人民政府办公厅关于第一轮省级新农村示范片建设情况的通报》确定红原为省级优良新农村示范片。

是年　红原争取到全国第四批小型农田水利重点县牧区饲草地灌溉建设项目。项目建设为三年，投资 5280 万元，2013 年开始实施。

是年　红原整合各方面资金，建成现代化、标准化、钢架结构牲畜暖棚（带草料库）294 个。

县情概况

XIAN QING GAI KUANG

【地理位置】　红原位于四川省西北部，阿坝藏族羌族自治州中部，东邻松潘县，东南靠黑水县，北与若尔盖县相连，西接阿坝县，西南依马尔康县。地理坐标北纬 31°51′～33°33′，东经 101°51′～103°22′之间。县城位于北纬 32°48′，东经 102°33′。面积 8398.23 平方公里，南北长 154 公里，东西宽 55 公里。县城距州府马尔康 190 公里，距省府成都 450 公里。

【地质地貌】　红原地处青藏高原东南部川西北高原，地形地貌有山地向高原过渡特征，地势由东南向西北倾斜。红原处于秦岭东西向构造带、龙门山北东向构造与马尔康北西向构造之间的三角地块内。被称作松潘甘孜褶皱—阿坝地块。一般海拔在 3500～4000 米，平均海拔约 3700 米，最高点位于东南部，海拔为 4857 米，最低点在位于梭磨河谷的刷经寺镇刷马路口，海拔 3210 米，县城所在地邛溪镇海拔为 3540 米。

【土壤】　全县土壤分为 8 个土壤类型（草甸土、沼泽土、亚高山草甸土、高山草甸土、暗棕壤、高山寒漠土、风沙土、石炭岩土），16 个亚类，27 个土属。

【气候】　红原属高原寒温带半湿润季风气候，长冬无夏，无绝对无霜期，春秋相连，干雨季节分明，干季（11 月至次年 4 月）平均气温在 0 摄氏度以下，气候干燥寒冷，多大风、风沙、浮尘等。降雨（雪）很少，雨雪日数为 44.6 天。雨季（5—10 月）气候暖和，光照较强，雨水集中，雨季日达 122.9 天，在 5—10 月，冷暖空气交锋较多，极易产生局地暴雨、冰雹、雷暴、阵性大风等强对流天气，也是易造成农业灾害的主要月份。由于地形关系，本地冰雹频繁，年均降雹日达 13.1 天，是全州雹日最多之冠。

【山脉】　主要有鹧鸪山（属邛崃山脉，海拔 4200 米）、亚口夏山（为鹧鸪山余脉，海拔 4700 米）、垭口山（海拔 4152 米）、查针梁子（属岷山山脉，海拔 4345 米）。

【河流】　县境内主要分布长江、黄河两大水系的支流。总流域面积 8400 平方公里，横亘中部的查针梁子是这两大水系的天然分水岭。黄河水系包括麦洼、色地、阿木柯河、龙壤、安曲、江茸、查尔玛等绝大部分区乡在内，流域面积 6816 平方公里，占全县流域面积的 79%。主要分布白河、黑河两大支系。长江水系主要分布在刷经寺镇、壤口乡及江茸乡、查尔玛乡一部分。属大渡河上游梭磨河支系。水系呈树枝状发育。主要河流有梭磨河、查龙河等。流域面积 1624 平方公里，占全县流域面积 19.2%。

【湖泊、沼泽】　境内沼泽、零星湖泊、弘潭湿地约 2.9 万公顷。

【水能资源】　全县天然地表径流量 27.84 亿立方米。由于河流普遍呈蛇曲发育，可利用落差小，水力资源相对贫乏，可开发水能资源 1.14 万千瓦。

【植物资源】　森林资源主要有 18 科 92 种。主要树种包括松科（紫果云杉、川西云杉、云杉、红杉等），柏科（祁连圆柏、高山柏等），桦木科（川白桦），杨树科（筐柳、康定柳等），杜鹃花科（紫丁杜鹃、黄毛杜鹃等），五加科，豆科等。牧草资源丰富，牧草种类分属 70 科 225 属 463 种，可食植物 299 种。优良牧草 20 科 69 属 154 种，为草场主要植被构成成分。中草药资源丰富。全县有植物药类 67 科 458 种，动物药类 20 科 38 种，中医、藏医药用类 182 种。主要有冬虫夏草、贝母、甘松、大黄、秦艽、羌活、川党参、红毛五加、扁蕾、独活、点地梅、龙胆草、前胡、木通、水黄连、老鹤草等。

【动物资源】　动物资源——家畜（牦牛、马、麦洼马、河曲马、草地型藏绵羊、猪）；野生动物（梅花鹿、盘羊、野驴、黑熊、狼、藏狐、黑颈鹤等）。有国家、省一级保护野生动物 22 种，国家、省二级保护野生动物 51 种。

【旅游资源】　全县旅游资源按自然资源、人文文化资源来划分为五大版块（原始生态的湿地大草原自然风光；悲壮不朽的红军长征文化史诗；奇异多彩的安多藏牧民风情；神秘浩瀚的藏传佛教文化；古老深厚的游牧部落文化）。按地理片区分为七大旅游风景区（月亮湾自然生态风景区；瓦切日干乔湿地红军文化旅游区；达格则宗教文化生态旅游区；麦洼寺宗教文化旅游区；刷经寺雪山森林红叶彩林旅游区；色阿柯河原始游牧风情旅游区；喜玛格勒登山探险特种旅游区）。

【矿产资源】 红原县矿产资源主要有：泥炭，又称泥煤、草煤，是县境内分布面积最大（达76797.38公顷）、储量最丰富的矿产资源，总计储量超过16亿立方米。褐煤：主要分布在县境内江茸乡和查尔玛乡以西甲乙坝。石灰岩：分布在壤口乡南西的姜莫。金矿：分布在阿木乡多隆塘和刷经寺镇及红原县与松潘县接界的哲波山。非金属矿：该矿主要为建筑用灰岩、砖瓦用黏土岩和建筑用砂岩。

【历史沿革】 魏晋南北朝以来，县境地是少数民族活动地域。县境地尽没于吐蕃。1253年，建立土司制，设松州、潘州，辖地包括红原中北部大部。明朝时，县境中北部仍置松州，有松潘草地之称；南部置杂谷安抚司。清朝时，县境西北部属松州，东南部属四土梭磨土司辖地，后又属理番厅。“中华民国”时期，红原南部和北部分别由理潘县和松潘县管辖。中华人民共和国建立后，红原属四川省阿坝藏族自治州，县境地分别归理县、马尔康、阿坝3县管辖。1960年8月，经国务院批准建县，命名为红原县（意为：红军长征走过的草原）。

【行政区划】 辖8乡（阿木、麦洼、色地、安曲、壤口、龙日、江茸、查尔玛），3镇（邛溪、刷经寺、瓦切），3个社区居委会，33个村民委员会。

【人口】 年末户籍人口45242人，其中男22627人、女22615人，农牧业人口35178人。

【经济状况】 地区生产总值达79493万元，同比增长13.0%。第一产业实现增加值27978万元，同比增长6.2%；第二产业实现增加值21762万元，同比增长29.1%；第三产业实现增加值29753万元，同比增长10.5%。

【工业】 全社会工业实现增加值14255万元，同比增长41.4%，规模以上工业增加值9027万元，同比增长41.4%。

【商业】 在第十三届西博会上红原签约项目资金达8亿元。四川龙腾集团投资建设红原国际大酒店项目到位资金3259万元，红贸宾馆改扩建完成投资800万元，川西北高原草地沙化治理生态经济新模式研究与示范项目完成投资1160万元，月亮湾景区开发项目前期规划设计完成投资500万元；与四川日报报业、圣保堂、科创、新希望、宽庭、新联集团和新疆广汇能源公司等企业达成意向性投资协议。

【教育】 全面实施《国家中长期教育发展规划纲要》及民族地区教育发展第二个十年行动计划，全面落实教育“三个增长”和“两免一补”政策，深入推进教育“三个转变”，巩固提高“两基”成果，对全县7381名义务教育阶段学生实行“应免尽免”，为6145名寄宿制学生补助生活费891万元。实施农村义务教育阶段学生营养改善计划，免费发放营养餐。完成投资1970万元，续建藏文中学教学综合楼，县中学、城关小学学生食堂和宿舍等5个项目，新建色地、麦洼幼儿园和教师周转房等6个项目，维修改造村级幼儿园2所。组织各级各类教师培训840人次。输送46名异地藏汉双语学生到水磨就读。在高考招录中，各类高等院校录取71人，在中考中，有考生以657分的成绩名列全州180名。成功举办红原县第五届中小学生艺术节，童声合唱《小卓玛》在2012年“全国少儿歌曲大奖赛”中获国家级银奖，希望小学篮球队在“2012姚基金希望小学篮球季”活动中获得第二名。

【计划生育】 全年出生479人，比上年增加60

人。死亡 62 人，比上年减少 41 人。出生率 10.8‰，比上年增加 1.1 个千分点，男孩出生 257 人，女孩出生 222 人，男女出生婴儿性别比为 115∶100。一孩出生 204 人，占出生人数 42.6%；二孩出生 156 人，占出生人数 32.6%；多孩出生 119 人，占出生总人数 24.8%。计划内出生 450 人，计划外出生 29 人，符合政策生育率 94%，比上年同期增长 1.6 个百分点。全年，特别扶助 110 人，其中独生子女死亡家庭 102 人，新增 2 人，死亡退出一人（奖励金为每人每年 1620 元，比往年增加 420 元），独生子女伤残家庭 8 人（奖励金为每人每年 1320 元，比往年增加 360 元），农村计划生育家庭奖励扶助对象 322 人，新增 28 人（奖励金由往年每人每年 720 元增加至每人每年 960 元）；计划生育家庭少生快富项目户 92 户（每户一次性享受 3000 元奖励金），并将个案进行一人一档归档。全额发放农村独生子女父母奖励金 110 人 13662 元。全额发放村计生员工资 3.648 万元。全年完成三结合帮扶户 391 户，落实帮扶基地 22 个。其中新增 57 户、联系户 88 户、帮带户 139 户。

【交通】 全年交通基础设施建设完成投资 7832 万元。其中查尔玛乡通乡公路改建工程全长 15.8 公里，设计为沥青砼路面，路基宽 6.5 米，路面宽 4.0 米。龙日乡通乡油路改建工程全长 12.032 公里。安曲乡夺龙村通畅工程全长 8.4 公里。工程一段为 938 米水泥路面，剩余 22.16 公里为泥夹石路面。邛溪镇麻萨尔村通畅工程全长 15 公里。查尔玛乡达尔龙村通村通达工程全长 8.4 公里，工程属 2011 年度藏区彝区通村通达工程。投资 600 万元新建县汽车站于 2012 年 9 月 30 日投入试营业使用。

【广播】 全年在上级台站播出新闻 236 条，两个专题。其中：送央视 18 条，专题 5 个；川台 43 条；州台 187 条。藏语节目送康巴卫视 32 条。完成县城金珠小区光纤、电缆主干线入地工程。全县新安装有线电视用户 135 户。

【党史·地方志】 完成《红原县党史大事记》（2012 年）收集、整理。完成《中国共产党阿坝执政实录（2011 年）》红原篇资料上报工作。《执政实录（2011 年）》红原篇资料用 3500 余字概括 2011 年工作情况，采用大事记方式记述省、州及县上主要领导重要活动，收集县内领导干部有关执政经验论述文章两篇，搜集图片资料 53 张。完成《中华人民共和国政区大典》四川·阿坝州红原卷编纂资料的整理、审核和业务指导工作。《中华人民共和国政区大典》四川·阿坝州红原卷达 2 万字。完成《阿坝州建州 60 周年口述历史》组织协调和报送选题背景资料、红原县口述历史纪录片拍摄等工作。完成历史人物资料收集、整理、上报工作。编纂完成《红军长征经过的大草原——红原》初稿。成立红原县文史普查办公室。年内完成全县高龄、濒失文化传承人对口述部分进行抢救收集工作。完成 2012 年省、州年鉴红原篇资料收集、整理、编纂、上报。编纂完成《红原年鉴》（2010—2011）初稿。

【档案】 宣传贯彻档案法，开展与生活、工作密切相关的《档案法》、《四川省〈档案法〉实施办法》等法律法规的学习宣传贯彻活动。做好全县机关档案室基础工作和档案立卷归档的监督、指导工作，到各机关单位指导达 300 余人次。专门抽派业务人员对各县级机关、乡镇档案管理人员进行了两期的档案业务培训，培训 100 余人次。先后派三个检查组，分片区对全县各乡镇、各单位县级各部门、企事业单位开展档案执法检查工作。按照《重大建设项目档案验收办法》验收县上相关重点项目工程档案，并移交进馆管理。截至 11 月中旬，接待社会各界档案利用者 560 余人次，查阅档案 780 余卷（册），接待查档率 100%，查到率 95%，满意率 100%。1—11 月，永久和长期档案接收进馆 300 余卷（册）。

【农牧业】 《红原县加快建设现代草原畜牧业试点示范县规划（2013—2015 年）》获得省政府批复，规划争取中央和省级补助资金 40011.9 万元，涉及草原生态保护、畜牧业基础设施、现代家庭牧场示范、牧民转产创业和产业化体系建设

5个大类18个支撑项目。落实草原生态保护奖励补助政策，完成草场禁牧补助31.73万公顷、草场平衡奖励42.88万公顷，奖补生态监测点3个，建抗灾保畜打贮草基地0.13万公顷、贮草库1980平方米、户营打草地0.26万公顷；新建牧道47公里、板涵12道、维修牧道100公里，建牲畜暖棚294个、防疫巷道圈17个，完成退牧还草4.93万公顷、草原鼠虫害防治3.34万公顷；设冻精改良点42个，改良牦牛7718头，建麦洼牦牛选育场3个，牲畜良种补贴500混合头。推进社区特色生态畜牧业，建优质牧草生产示范基地72.67公顷、天然草地培育示范基地82公顷，申请专利3项；设立四川红原示范社区牧民田间学校，培训牧民340人次。发展扶持江茸茸日玛绵羊养殖、瓦切唐日牦牛养殖和邛溪玛萨藏羊养殖等农牧民专业合作组织15个，吸收农牧户入社1350户，辐射带动4100户农牧户增收，户均增收较全县平均水平高800元。年末，各类牲畜存栏37.9万混合头，出栏11.4万混合头，出栏率28.7%，商品率23.5%；肉类产量10190吨，鲜奶产量28210吨，冬草储备10.9万吨。种植优质蔬菜165.27公顷，栽培高原中低温食用菌1661万袋，转移农村剩余劳动力160人。

【林业】 实施森林管护14.93万公顷，生态公益林补偿面积1.04万公顷，封山育林200公顷，沙化治理466.7公顷，植灌35.7公顷，种草100公顷，义务植树6500株。

【财税金融】 地方财政一般预算收入2283万元，同比增长26.6%；地方财政一般预算支出78165万元，同比增长5.8%。金融机构各项存款、贷款余额分别达41052万元和171831万元，同比分别增长34.4%和156.8%。城镇居民人均可支配收入达2.2502万元，同比增长15.0%；牧农民人均纯收入6780元，同比增长23.3%。

【卫生】 对4761名大骨节患者进行对症治疗及疗效追踪，完成5个监测点病情监测工作；对全县农牧民群众及僧尼开展肺结核病普查32089人，普查率88.2%；对全县60岁以上农牧民群众及僧人免费进行健康体检3530人，检查率94.77%；对65岁以上老年人登记管理2700人，老年人保健9800人次；实施以农村妇女妇科病免费普查普治为主要内容的“关爱草原母亲行动”，对7484名农村妇女进行普查，普查普治率50.73%；送5名先心病儿童到深圳市孙逸仙心血管医院进行手术治疗；完成36个单位1300名干部职工和423名环卫工人、困难职工体检工作，建立健康档案41253份；新农合参合32926人，参合率98.54%。开展药品安全专项整治工作，开展药用空心胶囊铬超标清查工作。

【文化】 完成县文化体育广播影视新闻出版局和县电视台的平稳组建，成立县文学艺术界联合会，举办摄影、书法、绘画、唐卡、祥巴和文学艺术作品成果展。开展文化下基层活动，配套完善33个农家书屋建设，为全县11个乡镇综合文化中心配送办公用品，发放便携式太阳能数字电视机4463台和广播电视“舍舍通”卫星直播接收器550套。保护传承麦洼锅庄等非物质文化遗产，成立红原县第一个民间锅庄队。投入65万元，完成对全县口头文学、传统习俗、宗教文化及山水传说等文化资源普查，成立红原县民间马术队和草原之心艺术团。围绕“读史明志、我爱家乡，喜迎十八大”主题，开展全县唱红歌比赛、藏汉双语演讲比赛、读《阿坝历史1000问》、《阿坝历史通俗读本》书籍、知识竞赛等活动。启动“历史的记忆、和谐的家园”口述历史活动，完成口述历史纪录片《红色草原》、《牦牛之乡》制作，5部阿坝州运用典型经验调研成果开展案例教学片获佳绩。组队参加“唱响山歌——四川首届传统民歌大赛”活动，2名民间歌手入决赛并荣获传承奖。

【体育】 红原马术队15名队员应邀参加中国马术节民族马术特技表演。举办以“快乐乡村，幸福生活”为主题的群众体育活动暨第十一届农牧民男子篮球运动会，丰富了广大农牧民群众的业余生活。组织红原县30名骑马、赛马爱好者和25匹马，到甘肃省玛曲县参加玛曲县第六届格萨尔赛马大会。安装全民健身路径8条、农民健身工程4个。

【科技】 完成专利申请4项，新增专利成果转化3项，实现新增专利成果转化产值350万元。实施省、州科技计划项目7个，到位资金122万元。完成刷经寺镇老康猫村道地中（藏）药材和邛溪镇川贝母人工种植任务，新增道地中（藏）药材人工种植8.33公顷，保有量达93.67公顷。

【旅游】 修编《红原旅游产业发展总体规划（2012—2020年）》，树立"天上草原、心灵家园、创业乐园、幸福红原"旅游形象，打造红色旅游、自驾旅游和牧家旅游品牌，与四川日报报业集团签订旅游战略合作协议，与成都"宝中旅游自驾旅游世界俱乐部"合作开展"端午节红原大草原穿越集结、欣赏盛开万亩花海"活动，举办中国·红原第一届摩托车旅游节。完善邛溪热坤和安曲下哈拉玛2个自驾游营地建设。加强旅游市场执法，规范旅游经营行为，提高旅游服务质量，引导乡村旅游向规范化、规模化、特色化方向发展，建成规模牧家乐18家、家庭旅游示范户170户，带动700名牧民转产转业。端午、中秋、国庆等重大节假日期间全县旅游呈现"井喷"态势。全年接待游客85万人次，实现旅游总收入75869万元，同比分别增长37.0%和51.8%。

【人事】 新增城镇就业258人，安置"9+3"毕业生和困难人员133人到公益性岗位，培训下岗失业人员、农民工和农村实用技术人才12856人次，完成劳动力转移输出806人，实现劳务收入810万元。

【社会保险与社会保障】 城乡医疗救助18863人次，兑现补助391.9万元。保障城乡低保13551名，发放低保金1552.6万元。集中供养"五保"老人和大骨节病Ⅲ度患者64名。城镇职工基本养老保险、基本医疗保险、失业保险、工伤保险、生育保险参保16113人次，征缴1994万元，支出2000万元。城乡居民社会养老保险覆盖7783人，发放基础养老金198万元。

【扶贫】 投资38385万元，其中国家投资24143万元、农牧民自筹资金14242万元，实施易地搬迁、易地育人、更换粮食、饮水安全、社会保障、移民安置、调整结构、卫生防治等八大工程，完成扶贫开发和综合防治大骨节病试点五年规划任务，并通过国家、省、州验收。投资500万元，实施江茸——查尔玛藏区连片扶贫开发项目；投资400万元，实施邛溪镇达格龙村、瓦切镇日干村、刷经寺镇色隆村、麦洼乡滚塘村扶贫开发整村推进项目。

【固定资产投资】 全社会固定资产投资135060万元，同比下降10.0%。

【基础设施建设】 申报重点项目109个、储备80个、开工77个，列入省、州重大建设项目11个。积极协调配合阿坝红原机场建设、省道302线安曲乡至阿坝县城段公路改造工作，建查尔玛、龙日乡通乡油路27.9公里，完成县政务服务中心、县人民医院整体搬迁门诊大楼主体建设，完成县城供暖工程（一期）主厂房、热力站主体建设和供热主管网铺设，县汽车站竣工并投入使用，县城第二自来水厂主厂房建设基本完成，公共租赁房第一期40套竣工并陆续入住、第二期40套完成主体建设，廉租房第二期24套竣工并验收，建城乡防洪堤5600米，在刷经寺铺设农田灌溉引水管道2.6万米，阿拉基至县城饮水工程已获省发改委批复立项。

【党校】 3月3日，为绵阳援藏特警宣传讲解民族宗教政策1期，50人参加培训。4月19日至22日，与县人事劳动和社会保障局联合举办红原县未就业大中专毕业生培训班，208名学员。6月20日，与县信用联社联合举办送党课下乡培训班1期，23人参加培训。6月20日，与纪委联合举办农村基层干部廉洁履行职责若干规定（试行）培训班1期，70人参加培训。7月24日至8月1日，红原县基层年轻干部藏汉"双语"培训班1期和新参加工作的干部培训班1期，140人次参加培训。10月9日至10月13日，举办一期入党积极分子培训班，67 人参加培训。

【通信】 完成红原县城至安曲、龙日坝、壤口、加当村、刷经寺等网络（波分）改造，提升相关乡镇通信能力。完成县城部分新建道路管道建设。完成县财政局、国税局、工商局住宿、城关二小、藏文中学住宿等 FTTH 光网建设。完成县公安局、法院、检察院、农行、新华书店、红贸宾馆电缆整治。

完成红原家园宾馆等综合布线；完成县公安局机房、全球眼、三四级网、宽带固话搬迁；完成政法三级网搬迁，完成农行通信搬迁；完成红原县飞机场电路提升改造；完成维稳等重点保障工作。完成 100% 乡镇通宽带和 80% 村通宽带；完成 100% 乡镇天翼手机覆盖和重点乡镇 3G 无线宽带网络建设。完成重点小区光纤到户建设，完成所有单位光纤到楼建设。

【牧民定居行动】 全年完成投资 69230 万元，其中定居房建设 44854 万元、公共基础设施建设 24376 万元，发放新型帐篷及篷内“九大件”5089 套。在全州率先制定《红原县牧民定居点公共服务与社会管理实施细则》和《红原县新型帐篷及篷内生产生活设施管理意见》，将定居点公共服务与社会管理写入村规民约，实行群众自我教育、自我管理、自我服务、自我监督制度。每个行政村村干部在原有职数上增加 1 名，专门负责牧民定居点管理日常工作；按 50 户配备 1 名卫生公益岗位标准配备卫生保洁员，对村内垃圾进行无害化处理；在每个定居点配备治安员和司法调解员，实行常态管理。

【对口受援】 全年绵阳市对口支援红原财政投资 1641 万元，建牧道 20 公里、牧道板涵 12 道、维修牧道 70 公里，补助建设牲畜暖棚 200 个，县城供暖工程已安装厂房和热力站内部设备，完成 4 个旅游公厕选址和前期设计工作，培训党政管理人才和教育、卫生专业技术人员 987 人次，“1 +5”规划编制（修编）已完成，按相关程序报省级有关部门审批后组织实施，完成计划外援助物资及资金 151. 6 万元。省军区投资 160 万元，帮扶建设安曲乡夺龙村、下哈拉玛村群众文化活动中心和麦洼寺书院项目。

党　政

DANG ZHENG

中国共产党红原县委员会

【领导目录】

书　记　何　飚

副书记　嘉央罗萨　　卢晓军
王　斌

常　委　向秋杰　　嘎尔玛甲
刘长志　　白世强
雷建新（8月起）（援藏）
李洪波（8月起）（援藏）
李洪泉（8月起）
杨　军　　余松荣
俄　莎
杨国光（5月起）
张险峰
施东良（8月止）
王晓虎（5月止）

【县域经济发展】　全年，实现地区生产总值79493万元，增长13.0%，其中第一产业27978万元，增长6.2%；第二产业21762万元，增长29.1%；第三产业29753万元，增长10.5%。全社会固定资产投资13.506亿元，招商引资协议签约8.8亿元。规模以上工业增加值9027万元，增长41.4%，增幅居全州第4位。接待中外游客85万人次，实现旅游总收入75869万元，分别增长37.0%和51.8%。社会消费品零售总额18715万元，增长16.3%；地方财政一般预算收入2283万元，增长26.6%，增幅居全州第4位。城镇居民人均可支配收入2.2502万元，增长15.0%；农牧民人均纯收入6780元，居全州第一位，增长23.3%。承办省、州现代草原畜牧业现场会，全面启动现代草原畜牧业示范县建设。协调支持红原机场、省道302线公路红原段改造等省州重点项目建设。发展红色旅游、自驾旅游、乡村旅游、牧家旅游。

【社会稳定】　落实州委“主动治理、攻心为上，综合施策、标本兼治”的工作部署，用群众工作统领和支撑维稳工作，推进群众工作与发展联抓、与民生联动、与寺庙联管、与稳定联手、与党风联建，增强群众工作实效。坚持“两个绝大多数”的基本判断，坚持“相信群众、依靠群众、发动群众、为了群众”，形成以群众为主体，以干部、民兵为骨干，以公安政法干警为尖兵，以驻县武警为后盾的维稳力量布局。在全县范围内开展群众期盼的严打整治专项行动。抓实州委“依法治寺、以戒管僧”为总要求的寺庙管理各项工作，提高寺庙管理规范化、法制化和社会化水平，建立乡镇属地管理、宗教团体自我管理、寺庙民主管理的寺庙管理长效机制。领导干部与宗教代表人士真心交朋友争取群众、干部深入乡村服务群众、坚持正确的舆论宣传引导群众、实施民生工程关怀群众、开展警民共建系列活动联系群众，构建起覆盖县、乡、村三级的立体化群众工作网络。在全县干部尤其基层干部中开展“四带头四带动”活动，在全县农牧民群众中开展“四比四看”活动，引导农牧民群众融入现代文明生活，巩固并发展党的执政之基。

【民生工程建设】　代表阿坝州接受国家、省关于扶贫开发和综合防治大骨节病试点工作、牧民定居行动计划验收，受到好评，争取到相关延续政策。在全州率先制定《牧民定居点公共服务与社会管理实施办法》、《新型帐篷及篷内“十大件”管理办法》并写入村规民约。首批168名“9+3”毕业生实现全部就业。新农合参合32443人、参合率98.54%。在全县农牧民、僧尼和干部中开展健康体检，实施建县以来最大规模的农村妇女妇科病免费普查普治，7484名农村妇女参加，普查率50.73%。两次开展大中专毕业生考前免费培训班，101人被考录，提供和安排公益性岗位307人，开展培训班12期、培训917人，推进闲散青年就业和创业。城乡居民社会养老保险达7783人，14014名城乡困难群众纳入最低生活保障，实现动态应保尽保。

【文化扬县】　十一届县委二次全会通过《中共红原县委关于深化文化体制改革加快建设文化强县的实施意见》，完成县文化体育广播影视新闻出版局、县广播电视台机构设置、人员编制和职责设定。成立县文学艺术界联合会，开展“读史明志、我爱家乡，喜迎十八大”主题活动。“历史的记忆，和谐的家园”口述历史活动纪录片《红色草原》、《麦洼牦牛》进入后期制作阶段。

【党的建设】 实施基层党建“四个新突破、一个新改善、一个新台阶”工程。在全州率先提高农村“三老”人员政治和生活待遇。建立1300名农牧民青年入党积极分子人选库，教育系统、卫生系统、企业、“两新”组织党建工作迈出新步伐。培育一批先进乡村，江茸乡茸日玛村党支部荣获全国创先争优先进党组织荣誉称号，走出一条“党建引领+政府扶助+群众参与”示范路子。落实农村干部“一定三有”、社区“三有一化”和非公企业党组织“六个一”政策措施。

贯彻执行《干部选拔任用工作条例》，严格把好初始提名、民主推荐、重点考察、组织酝酿、讨论决定、任前公示、试用期七道关口，开展“两推荐三差额”竞争性选拔补充9名副县级后备干部工作，全年新提拔38名正科级领导干部、78名副科级领导干部、8名交流到相对重要领导岗位。利用高等院校资源和人才优势，合作培训管理人员68人次、技术人员329人次、牧民1036人次。通过绵阳市对口支援培训340名党政干部及专业技术人才。公开选拔4名科级领导干部、155名公务员和事业工作人员，选聘15名大学毕业生到村任职。落实省委《八条意见》和“五支队伍”建设要求，更加关心干部生活，在全州率先制定基层科级干部享受上一级工资待遇政策，全县110名干部受益。

【勤政廉政建设】 开展拒腐防变教育，推进体制机制制度改革，强化权力制约和监督，拓展从源头上防治腐败工作领域，推进全县惩治和预防腐败体系建设及党风廉政建设责任制。加强各级干部政治纪律、组织纪律、财经纪律和保密纪律教育，落实《廉政准则》和《农村基层干部廉洁履行职责若干规定》。党政主要领导履行党风廉政建设第一责任人职责，始终做到“四个亲自”。首次将党风廉政建设纳入单项目标考核。形成以“三大体系”、“七大机制”为主要内容的红原县惩防体系框架图和县、乡两级惩防体系框架图，构建反腐倡廉“大宣教”工作格局，落实“三早”机制。出台《红原县县级财政性资金审批管理办法》，开展民生工程资金、项目自查自纠工作。启动构建党风廉政建设社会评价工作，两次通过省委督导检查。针对干部作风上存在“庸、懒、散、拖、浮”等突出问题，开展干部作风整顿，给予1人党内警告处分，对工作不实、纪律松弛现象作严肃批评。

（负责人：杨国光　撰稿人：付艳敏、余明辉）

县委办公室

【领导名录】

主　任　杨国光（7月起）
副主任、保密局局长　泽　旺（1月起）
副主任、农工办主任　杨宣发
副主任、群众工作局局长　马　铭
副主任、接待办主任　谷　莫
副主任　陈志刚
李　静（8月起）（援藏）
督查室主任　王　伟
督查室副主任　张晓竞
保密局副局长　鄢玉琼（7月起）
接待办副主任　卓　玛（1月起）

【机构设置】 设秘书股、综合调研股、信息股、行政后勤股、政策研究室、县委机要局（县密码管理局）、县委政府督查室、县委保密委员会办公室（红原县国家保密局）、县委农村工作领导小组办公室。单位总人数26人。

【理论学习】 组织办公室全体干部职工学习中国特色社会主义理论体系。学习传达7月17日全州党委、政府办公室主任会议精神，全面掌握《党政机关公文处理工作条例》、《关于加强和改进党委信息工作的意见》，安排部署“能力建设、制度建设、作风建设”活动，强调工作纪律和要求，增强干部的政治意识、精品意识。

【协调沟通】 搞好县委领导之间协调，及时汇报工作，听取指示意见，统筹安排协调，使各位县委领导之间工作联结成一个有机整体。加强“四办”和接待办之间的沟通，发挥牵头揽总作用，及时就各班子重大决策部署和困难问题进行沟通，取得理解与支持，保证工作有序协调运转。强化县级部门之间的联系，经常与部门交流情况，避免矛盾分歧，形成团结一致求发展、齐心协力抓落实良好氛围。畅通县乡之间传递，及时把县委各个阶段重大决策和重要部署传达到乡镇，把乡镇工作情况、意见和建议反映给县委，并根据领导意见及时认真给予答复。

【队伍建设】 全年，办公室3名干部被提拔为科级领导干部，1名干部在全州统筹公选科级领导干部活动中脱颖而出，成功考录为红原县团委副书记。积极培养和大胆使用年轻干部，主动出题目、压担子，提高他们在工作中早挑大梁、独当一面的能力。树立良好服务意识，坚持以制度管事、用情感管心。

【业务能力】 围绕“提高文秘质量，强化服务能力”主线，改进工作作风，按《党政机关公文处理工作条例》等要求处理公文，制订完善相关制度，开展“公文处理无差错”活动，规范公文起草、审核、签发、印制、传递、归档等环节工作。在发文上，严格控制数量，规范办文程序，提高文印质量，做到及时、准确、安全、高效。在综合协调上下功夫，全体干部职工端正服务态度，树立公仆意识和服务观念。工作热情细致、高度负责、步调一致、配合默契，齐心协力地完成领导交办的任务。采取多种形式加强调研，准确把握形势，想在领导之前，谋在领导之先，主动思考，积极探索，揭示本质，预测趋势，为县委领导决策提供前瞻性、有效性服务。发挥督促检查职能，强化督查手段，推动县委、县政府决策部署全面落实。针对整县推进新农村建设、扶贫开发和综合防治大骨节病、牧民定居行动计划、“三百”示范工程、城乡环境综合治理等重点民生工程，多次组织工作人员进行动态跟踪督查，反馈情况，提出意见。高度重视机要保密工作，以密码保护为核心，强化责任，注重防范，确保密码安全和通信畅通，确保县委与上级党政机关工作联系和信息畅通，保障涉密信息及时、安全、准确传送。

【信息】 办公室打破股室壁垒，整合壮大信息工作力量，落实文秘人员收集、编发、报送信息职责，使每位文秘人员成为“信息员”。围绕“五个红原”建设和全县经济社会发展总体情况，搞好信息上报工作。确保上报信息全面、准确和真实，全年，上报信息1140条，被省、州党委系统采用107篇，获得全州党委系统信息工作一等奖。抓好信息队伍建设，形成以乡镇藏、汉文书为主体纵向信息网络和以机关企事业单位办公室为主体横向信息网络，确保信息网络横到边、纵到底，拓宽信息流通渠道。下发《关于进一步加强信息报送工作通知》，实行信息工作目标管理责任制。从提高信息质量入手，按“真、快、准、全、要、精”六字原则，挖掘深层次信息，反映新事物、新典型、新经验，拓展信息广度和深度。坚持喜忧兼报，从微观上反映问题，从宏观上概括情况。

【宣传工作】 依托“中国红原”网站、红原微博、微红原和红原旅游微博加大对外宣传力度，让外界知道红原、认识红原、了解红原，为在全国藏区牧区县率先实现全面小康奠定宣传平台。整合县委办、政府办、宣传部力量，政务外网和党政内网力量强强联手，保证“中国红原”网站建设技术力量。信息资源共享，保证对外宣传信息时效性。依托县政府与中国电信阿坝分公司签订“智慧红原”战略合作框架协议平台，加快“中国红原”网站建设，形成以“中国红原”网站、红原微博、微红原和红原旅游微博为宣传主阵地。县委县政府督查室定时通报信息工作进度，纳入年度目标考核。

【调研】 针对整县推进新农村、牧民定居行动计划、“三百”示范工程等重点、难点问题进行调研，撰写多篇调研文章，被《阿坝日报》和《阿坝信息》采用。由县委办牵头的典型经验课题《高举团结旗帜建设和谐红原》成功申报为州级研究课题。安排办公室新进文秘人员对县委书记联系点邛溪镇热坤村和查尔玛乡查龙村进行调研。

【后勤保障】 修订完善《办公室工作规则》。加强办会的预见性和计划性，周密做好筹备和服务工作，做到各环节联系紧密细致、无疏漏，保证会议顺利召开并圆满完成。狠抓办公室清洁卫生和精神文明建设工作，巩固州级“最佳文明单位”成果。严格车辆使用、车辆定点维修等小车管理制度，强化安全教育，确保安全行车。完善财务制度，做到开源节流，增收节支，不断提高资金使用效率，不断降低行政成本，保证机关高效有力的运行。

【信访】 对群众来访做到文明接待，热情服务，做好耐心细致解释说服工作，做到件件有落实，事事有回音。按“分级负责，归口办理”原则，加大对各乡镇、各有关部门信访督办力度，督促有关部门限期办理领导批示的信访件和反映突出、带有普遍性信访问题。全年受理群众来信来访3件（批）次，结案率100%。

（负责人：杨国光　撰稿人：付艳敏、余明辉）

纪检监察

【领导名录】

书　记　嘎尔玛甲
副书记、监察局局长　林　晖
副书记　李　銮
常委、副局长　邹　毅（1月起）
纪委常委　冯远军　红霞　罗宁智
监察局副局长　三郎头
邛溪片区纪工委
书记、监察分局局长　吴健华
副书记、监察分局副局长　青雪玫
副书记　夺尔基扎登
刷经寺片区纪工委
书记、监察分局局长　田　贵
瓦切片区纪工委
书记、监察分局局长　尚木科

【机构设置】 设办公室、党风廉政室、信访举报室、案件检查室、审理法规室、执法监察室、纠风效能室。派出机构：邛溪片区纪工委、刷经寺片区纪工委和瓦切片区纪工委。单位人数为30人。

【廉政建设】 制发《2012年度惩治和预防腐败体系建设工作任务》、《2012年度农村党风廉政建设工作要点》、《红原县2012年行政监察工作要点》文件，首次将党风廉政建设情况纳入单项目标考核，协调充实县党风廉政建设和惩防体系建设领导小组成员，将2012年度党风廉政建设责任制工作任务细化为7大项77个小项，并按班子成员所分管业务范围，分别由14名县级领导干部主抓各领域党风廉政建设工作，明确27个牵头单位、52个协办单位任务，细化2012年惩治和预防腐败体系建设工作任务6大项34个小项。制发党风廉政建设工作“提醒卡”，与各乡镇、县级各部门逐级签订《党风廉政建设责任书》88份。

【宣传教育】 发挥反腐倡廉“大宣教”工作格局作用，通过县委中心组学习、县电视台《廉政时空》专栏、举办培训班等宣传教育渠道，及时播放廉政教育专题片、廉政公益广告，加大对《廉政准则》、《党内监督条例》、《农村基层干部廉洁履行职责》等法规制度宣传学习，提升全县干群反腐倡廉意识，营造反腐倡廉舆论氛围。通过在县城主干道、人员密集处及瓦切镇建设大型户外廉政宣传广告牌、设置廉政道旗、张贴廉政警语以及利用县纪检监察手机信息平台发送廉政短信等形式，拓展廉政文化宣传面。深化廉政文化示范点建设，推进廉政文化“八进”活动。强化警示教育，组织全县科级干部集中收看警示教育专题片，以干部作风集中整顿为契机，落实州纪委、州监察局“四不准”和县委“五严禁”要求，开展学习王瑛、李林森、陈超英、文建明等先进事迹和创先争优、基层组织建设年等活动。

【制度建设】 对2008年以来所建制度，从合法性、科学性、可操作性等方面进行全面清理，清理制度238项，评估制度93项。形成以“三大体系”、“七大机制”为主要内容“红原县惩防体系框架图”和“县、乡（镇）两级惩防体系框架图”，同时，对两个基本框架示意图进行系统分析和审查。

【监督检查】 成立维稳监督检查工作领导小组，制定维护稳定监督检查实施方案，细化责任，明确任务，形成县纪委主要领导亲自抓，负总责，分管领导具体抓，县纪检监察机关和片区纪工委分片抓和乡镇党委政府直接抓工作格局。全年，会同县委组织部、人社局以及组织片区纪工委等对全县各乡镇、各单位进行定期监督检查和随机抽查76次。通过设置行政效能投诉电话96960标牌，开通“96960”电话，畅通诉求渠道，推动机关效能建设。全年，会同县财政、发改、住建等部门对全县2009—2011年民生工程建设及资金管理等进行监督检查，督促相关单位及时整改发现的问题，为顺利推进藏区政策落实工作夯实基础。全年派员参加招标监督13次，最高限价10195.01万元，中标价8497.88万元，节约资金1697.13万元，节约率为16.7%。参加政府投资工程建设施工项目固定价比选监督29次，最高限价4885.83万元，固定价4514万元，节约资金371.83万元，节约率为7.7%。参加其他各类比选监督18次。参加政府采购监督52批次，财政预算金额1558.65万元，实际采购金额1383.95万元，节约资金174.7万元，节约率11.2%。

【述职述廉】 全年，领导干部执行个人重大事项报告382人次，领导干部述职述廉382人次，廉政谈话162人次，诫勉谈话7人。纪委负责人同下级党政主要负责人廉政谈话47人次，检查考核单位88个。

【纠风工作】 结合自身实际制定《2012年纠风工作实施意见》，从人大代表、政协委员、基层群众聘请16名行风监督员和6名特邀监察员，建立完善政风行风民主测评长效机制。

发挥纠风工作保障作用，以民生工程和藏区政策落实为重点，以解决损害群众利益突出问题为重点，切实解决食品药品安全，庆典、研讨会、论坛过多过滥，公路“三乱”，教育乱收费，领导干部违反规定收送礼金、有价证券、支付凭证等人民群众反映强烈突出问题。开展“小金库”和公务用车专项治理，推行单位公务卡。以行政执法部门和基层站所、窗口部门为重点继续深入开展民主评议政风行风工作。密切党群干群关系，搭建“三平台一机制”，在全县范围内发放《致全州各族群众的一封公开信》（藏汉双语）4500份，宣传“阿坝民声”诉求平台，开展“挂包帮”、基层组织建设年及为期四个月工作作风集中整顿活动。

【信访】 受理群众来信、来电、来访20件（次），涉及监察对象30个，党员20人，办结18件，办理中2件，办结率90%。其中立案3件，失实4件，适当处理4件，业务范围外8件，线索筛选出1件。给予开除党籍2人，党内警告1人。

【队伍建设】 全年，增设纪检监察机关内设机构1个（纠风效能室），配齐配强各室主任，恢复乡镇纪委11个，设立村务监督委员会36个。

（负责人：林晖　撰稿人：甲央热布丹）

组　织

【领导名录】

部　长　余松荣

副部长、老干部局局长

邓　涛（8月起）

副部长、党建办主任　文成建（1月起）

副部长、县直机关工委书记

齐均措（6月起）

副部长、编办主任　唐孝国（1月起）

副部长、人事劳动和社会保障局局长
杨剑军（7 月起）
副部长 张涛（7 月起）（援藏）

【机构设置】 设办公室、组织股、干部股、干部监督股、老干部股。挂靠单位有县委老干部局、县直机关工作委员会、县委党建领导小组办公室、县委“两新”组织党工委、县人才工作领导小组办公室、县委党员干部现代远程教育中心（参公）、农村党员干部现代远程教育管理中心（事业）、信息中心（事业）。其中县委老干部局下设都江堰玉堂干休所（参公）、红原县老干部活动中心（事业）。单位人数 18 人。

【干部队伍建设】 按照省委《关于加强藏区乡村干部队伍建设的意见》、省委组织部《关于进一步加强藏区组织和政权建设确保社会稳定八条意见》和州委组织部《关于进一步加强保稳定抓发展“两套班子”建设的实施意见》，调整县级部门班子，涉及 55 个县级部门，204 人。抓好“五支队伍”建设，调整教育系统领导班子，涉及 10 人，其中提拔任用优秀干部 5 人；增配乡镇维稳工作领导力量 32 名，公开招录乡镇机关公务员和事业人员 59 名，新聘大学生村官 15 名；重组寺管会，32 名驻寺干部按期入驻 3 座重点寺庙，切实配齐配强基层工作力量。抓住“千名干部人才援助藏区行动”大好契机，争取到绵阳援藏干部教育培训专项资金 60 万元和涉及“五类干部人才”359 人的 7 个专题培训项目，完成全县干部教育培训综合智能化信息管理平台基层信息的录入，提高干部教育培训的科学性和针对性。全年，全县各级各类培训 1300 余人次。6 月以来，全面启动干部作风整顿，集中整顿了干部作风中存在的“慵懒散浮拖”等问题，按照《全省组织部门贯彻落实“四度十一条”工作方案》，设立举报电话，发挥社会监督作用，提高选人用人公信度。做好干部人事档案改版工作，规范干部档案管理工作。建立全县科级后备干部（74 名正科，171 名副科）专卷，各单位相应建立后备干部库，切实做好定期考核、思想分析、变动材料和对接等工作，实现后备干部的精细化动态管理。推荐 5 名优秀非党干部作为副县级后备干部，按要求开展“两推荐三差额”竞争性选拔补充推荐副县级后备干部工作，补充推荐 9 名副县级后备干部。

【老干部工作】 邀请老干部参加重大节庆活动和重要会议，向老干部通报全县经济社会发展情况，让老干部见证牧区新变化，感受牧民新气象，为推进红原跨越发展和长治久安谏言献策。落实好老干部政治生活待遇，以建好老干部活动室、征订报刊杂志和不定期慰问看望老干部等形式，不断丰富离退休干部晚年政治文化精神生活；组织懂“双语”、威望较高老干部深入乡村、寺院和牧民群众开展宣传教育工作。国庆期间，专程看望慰问跨省易地安置 2 名离休老同志。建立老干部整岁生日台账，目前已为 5 名离退休老干部寄送生日贺卡和慰问金，以纪念干部离退休制度建立 30 周年为主题，组织离退休干部观看红原文艺轻骑队精彩表演。

【基层组织建设】 进行全县乡镇、村（社区）、机关事业单位、“两新”组织等 145 个党组织分类评估定级，其中先进党组织 53 个，占党组织总数 37%，一般 82 个，占党组织总数 57%，后进 10 个，占党组织总数 6%。以“四一一”工程为主线，全力破解党员总量不足，农村党员年龄偏大、文化偏低、党组织（党员）覆盖率不足问题。全年，有 216 名同志向党组织递交入党申请书，农牧民 176 名、教育系统 25 名、乡镇卫生院 15 名。建立 1000 余名的农牧民青年入党积极分子人选库。出台《关于进一步做好农村“三老”同志工作的决定》，为 94 名“三老”同志新增六项措施提高政治待遇，完善五项措施提高生活待遇。“七一”，在全县范围内，开展对“三老”人员和贫困党员的走访慰问活动。把注重培育示范村、农民专合组织作为“强乡兴村”战略重要措施来抓，江茸乡茸日玛村党支部荣获全国创先争优先进党组织称号。8 月，县委组织全县乡、村两级党务工作者到村实地学习取经，召开现场推进会。抓好党员干部现代远程教育，将村“两委”成员纳入站点管理人员队伍，举办全县远程教育骨干培训班，并开展对站点管理员的轮训工作，增强远教管理人员操作水平；不定期对全县11个乡镇47个远程教育站点进行督促检查和保养维护，组织开展“三学三强”党员素质提升工程和远程教育“百千万”示范站点创建活动。结合不同党员文化水平、岗位特点，建立以“三会一课”为基础，以现代化远程教育为平台，以党校教育为主体，以“马背宣讲”为支撑“思想政治+现代知识+实用技能+法制教育”四位一体教育培训架构。在全县推行党员积分制、党员星级管理等模式，开展党员“设岗定责、岗位服务”活动，设立45个党员先锋岗、25个党员示范窗口，组建36支党员服务队，29支马背巡回宣讲团等服务机构，在全县创先争优总结表彰大会上集中表彰18个先进基层党组织，30名优秀共产党员，掀起“比学赶超”的浓厚氛围。制定《在创先争优活动中开展基层组织建设年的实施方案》，将党建工作纳入单位年度综合目标考核内容，成立县工作领导小组，明确工作职责。细化量化目标任务，县委书记与11个乡镇党委书记签订党建工作责任书。推进“四议两公开一监督”、“一事一议”、“文建明工作法”和党员干部直接服务群众台账、记民情日记、外出请假报告、请假轮休公示、日常出勤等工作制度落实，规范和完善基层党组织联系群众、服务群众的议事、决策、监督体制、机制。加大农村办公费的投入力度，每个村落实村公务费2万元。

【人才队伍建设】 利用“西部全面开发开放”、“千名干部人才援助藏区行动”等大好机遇，通过招录、招聘、挂职等方式，拓宽人才引进管道，引进和聚集优秀人才。全年，争取到绵阳市42名优秀干部人才到红原挂职开展援建工作，并从县内抽派7名优秀干部到成都、绵阳挂职锻炼，招录招聘公务员和事业人员155人。同时，拿出5个副科级职位面向全州公开选拔，拿出一个公务员职位面向优秀村干部进行考试。全年申报“双百”人才培养对象5人，千名紧缺人才培训项目3个和百名专家智力援藏项目4个。

【群众工作】 成立县委书记、县长为双组长“保稳定、抓发展”两套班子和县群众工作领导小组，抽调38名县级干部（含15名自贡市援助红原干部）和209名熟悉基层工作干部组成13个群众工作组，构建起覆盖县、乡、村（寺庙）三级立体化群众工作网络。结合“挂包帮”和“千名干部下基层”活动，组织58个县级部门、41名县级领导干部、248名科级领导干部、97名一般干部与11个乡镇、36个村（社区）、10座寺庙和538户重点人员或困难群众、35名宗教界代表人士结成帮扶对子，主动深入牧民帐篷、寺庙僧舍，访贫问苦，服务群众。发挥县法制宣讲团作用，组建马背宣讲支队29支，不定期深入乡村牧户、远牧帐篷，开展形势教育、法制教育和感恩教育。制定和落实《红原县深入开展寺庙法制宣传教育活动方案》。在全县党员干部中开展“四带头四带动”活动，在农牧民群众中开展“四比四看”活动。表彰21个民族团结进步模范集体和56名民族团结进步先进个人；开展“争做守法僧尼、争创和谐寺庙”活动；成立三个片区，对全县10座寺庙、1343名僧尼实行网络化管理；扎实稳妥开展藏传佛教寺庙依法管理制度创新工作和寺庙“四送”（消防知识、技能、服务、温暖）第二批试点工作，巩固和提升寺庙“五化”建设；加强群防群治管控，号召农牧民群众组成治安联防队，联合民兵应急连队做好重点区域、重要卡点和辖区内布控工作，加强联防巡逻。召开红原县边际协作会议，分别与周边6县签订《平安边界协议书》。推进“三大民生工程”、“四项帮扶行动”和“五项关怀行动”。完成扶贫开发和综合防治大骨节病试点工作八大工程目标任务。向义务教育阶段7325名学生发放营养餐；32445名农牧民参加新型农村合作医疗，参合率98.54%；完成1371名僧尼及30718名农牧民群众肺结核病普查，普查率分别为99.13%和91%；完成60岁以上3530名农牧民群众及僧人免费健康体检，检查率94.77%；举办农牧民实用技术培训4050人次；调查摸底全县未就业大中专毕业生现状，举办208名大中专毕业生免费考前培训班，采取措施推进闲散青少年就业和创业；64名“9+3”学生被录取，第三批28名已投档；首批168名“9+3”毕业生实现全部就业；对全县农村妇女进行妇科病免费普查普治。

（负责人：邓涛 撰稿人：郭琦美）

宣 传

【领导名录】

部 长 向秋杰

副部长、精文办主任 吴本智

副部长、对外宣传办公室主任

汪德云

副部长、县文联主席 刘培玉

副部长、文体广新局局长

尼美多杰（12月起）

副部长、广播电视台台长

李 坤（1月起）

网络管理建设办公室主任

向 菲

对外宣传办公室副主任 贡波华清

文联副主席、秘书长

谢宏程（11月起）

【机构设置】 设办公室，理论、党员教育、学校教育股，新闻宣传股（挂外宣办、政府新闻办牌子），精文办，单位人数11人。

【理论工作】 建立健全理论学习制度。加强对乡镇和部门理论学习指导，将学习考核纳入县委工作目标，并与领导干部提拔、任用挂钩。全年，县委中心学习组集中学习9次，中心组成员撰写心得体会56篇，撰写理论文章13篇，邀请州委党校、州县领导等资深理论专家5人次到红原开展理论宣讲，全年辅导宣讲5次。开展理论宣传教育进机关、进社区、进学校、进企业活动，开展理论宣讲14场次，受众人员1万余人次，在电视台开设理论学习园地，在各乡镇、机关设置理论学习专栏。开展调研活动，形成理论调研文章《牧民定居后的三个不适应》被省委采纳，《春雷唤大地，马背送真情》被中宣部采纳，《高举团结旗帜，建设和谐红原》被确定为全国民族团结创建活动总结表彰大会交流发言稿。

【宣传工作】 把牧民定居行动计划和帐篷新生活、扶贫开发和综合防治大骨节病试点、“9+3”藏区免费职业教育、红原机场建设、城乡环境综合治理等一系列重大民生工程作为宣传重点，深入基层一线、深入牧户进行采访报道。邀请和接待境外媒体采访团、中央电视台、中央人民广播电台、中国新闻网、《中国民族》、四川电视台、四川康巴卫视、西藏电视台、青海人民广播电台、四川人民广播电台、《阿坝日报》、《四川手机报》、《新华网》等多家媒体记者400余人次。接待“全球华文媒体采访团”、“全国网络媒体采访团”、“百名党报总编走四川”等多批大型媒体采访团赴红原采访报道。截至11月26日，全县在州以上报刊（台）发表新闻报道617条，较上年增加13.8%。其中州级报刊（台）上稿452篇；省级报刊（台）上稿143篇，国家级报刊（台）22篇。其中在《四川日报》上稿59篇，《四川经济日报》上稿6篇，《民族》杂志上稿6篇，《阿坝日报》上稿141篇；在中央电视台播出22条，四川电视台播出53条，康巴卫视播出33条，州电视台（电台）播出180余条；在新闻网、手机报、阿坝分频道等网络媒体发表稿件300余条。办好以“红原微博”、“微红原”、“新浪微博”为主网络宣传平台。举办“长征路上新红原有您更精彩”网上签名寄语活动和“相约草原花海”旅游宣传活动，受到3万余全国各地网友关注。加强阿坝手机报宣传普及，特别是藏语手机报推广宣传。全年发布微博5000余条，回复“粉丝”信息400余条，向州委宣传部报送舆情信息500余条。马背宣讲团坚持“以民为本、立足牧区、服务牧民”宗旨，不断拓展宣讲内容，在春节期间深入开展“走亲戚、听民生、谋发展、促和谐”干部下村过年活动。

【精神文明建设】 贯彻落实《公民道德建设实施纲要》，以社会公德、职业道德、家庭美德、个人品德为内容，开展“我推荐我评选身边的好人”活动；围绕“我们的节日”，组织开展春节、元宵、清明、端午等传统节日为主题一系列活动；以“破陋习、树新风、促和谐”为主题，结合城乡环境综合治理工作，在全县开展“清洁家园”和“四带头四带动，四比四看”活动。发挥“三基地一窗口”功能作用，在瓦切乡建立牧区第一个“三基地一窗口”展示基地，在安曲乡建立牧区第一个“帐篷三基地一窗口”流动展示平台。深化“同升一面旗，共爱一个家”活动，在城乡开展国旗悬挂活动。开展“讲文明树新风”活动，以“高举旗帜跟党走、喜迎党的十八大”为主题，成功举办红原县干部职工歌咏比赛，红原县青年演讲比赛，“童心向党爱国歌曲”大家唱，“情暖牧家、和谐草原”文化三下乡活动，“八一”军警民联欢活动，“读史明志、热爱家乡，喜迎党的十八”等系列活动。以“做文明有礼的红原人”为主题，进一步深化“九环线千里文明走廊创建活动”，开展城乡环境综合治理、宣传普及礼仪知识、倡导文明言行，组织开展“弘扬雷锋精神、开展志愿服务”活动，倡导机关干部职工、学校师生、社会青年利用节假日开展义务劳动、扶老助残、洁净家园等活动，大力弘扬“奉献、友爱、互助、进步”志愿服务精神。加强对各级文明单位动态管理，完成对三个省级文明单位复查登记，制定印发《关于印发红原县文明单位创建考评细则的通知》。全县申报创建州级文明单位3个、县级文明单位3个，3个州级文明单位已通过州文明办检查验收。加强农村精神文化阵地建设，向广大牧户赠送便携式太阳能电视机，向基层综合文化中心赠送“绿色电脑进西部”电脑，开展文艺下乡、送书进村、送电影到家等活动。完成中央彩票公益金支持该县瓦切中心小校乡村学校少年宫建设工作。开展以《未成年人保护法》、《预防未成年人犯罪法》、《民族团结宣传教育》为主要内容法制宣讲进校园活动，开展形式多样法制宣传与教育活动；开展“扫黄打非”，净化学校周边环境；开展“童心向党”少儿文化活动，举办全县第五届青少年艺术节；开展优秀童谣征集、学习雷锋读书征文等活动，向上推荐读书征文、绘画20多篇；希望小学组织藏族童声合唱团参加全国儿童歌曲大赛获得银奖。城关小学被确定为全省未成年人工作联系点。争取西部助学工程，1名考入一本红原籍贫困生被纳入2012年“西部助学”工程。实施金秋助学工程，21名贫困学生受益。

【文化工作】 完成县文体局和广播电视局整合改革，成立县文体广新局和县电视台；成立红原县艺术界联合会；组建成立红原县“草原之星”艺术团和红原县民间马术队。启动红原县文史普查和抢救工作，完成龙日乡、安曲乡、江茸乡、查尔玛乡文史普查，收集本土锅庄舞11个、山歌民谣200余首、谚语400余条、民间谜语170余条。在全县开展感恩歌曲传唱、爱国短信传播、红歌大家唱、军警民共建、送欢乐进基层、广场文化等活动。在党的十八大会议召开之前，举行“十八大精神双语讲解员”培训班，在十八大开幕时和召开后，深入到远牧点为牧民群众讲解十八大精神。

（负责人：向秋杰　撰稿人：杜晓宇）

统　战

【领导名录】

部　长　王小虎（5月止）
俄　莎（5月起）

常务副部长、麦洼寺管理委员会主任
华尔央（5月起）

副部长、康玛尔寺管理委员会主任
觉　巴（5月起）

副部长　桑　多

副部长、工商联党组书记　张里皓

【机构设置】 设办公室、综合股和对国外藏胞领导小组办公室。

【组织建设】 开展业务理论学习和业务技能比拼活动，及时组织单位干部职工学习中央、省、州相关文件、会议精神，并对宗教管理相关法律法规进行系统学习。按“党风廉政责任制”相关要求，及时调整充实以单位“一把手”为组长的党风廉政建设和反腐败工作领导小组，确定专人负责日常工作，签订《廉洁自律承诺书》，制定监督制约机制，注重日常宣传教育，召开民主生活会进行批评与自我批评，查找存在问题和整改方向，从源头进行教育、防范和治理。

【维稳工作】　把反分裂维稳及宗教工作纳入年度工作目标考核，制定相应奖惩措施，实行责任追究和一票否决制，明确乡镇党委、政府“一把手”在维稳工作中“第一责任人”职责。始终突出“寺庙管理是关键”这个工作基础，落实“县委书记和县长落实藏传佛教寺庙管理责任制”和“副县级以上党员领导干部联系寺庙和宗教界代表人士制度”，安排35名副县级以上党员领导联系10座寺庙、11名活佛、24名宗教界代表人士，实施县委、县政府分管宗教领导包责任片区，寺庙管理机构和寺庙工作组包寺，统战、民宗、佛协干部“一对一”联系寺庙的点面结合、上下联动的工作体系，加强组织领导和责任落实，党员领导干部时常深入寺庙广交朋友，解决寺庙和僧众存在问题和困难。

【民族宗教】　推行常规性佛事活动台账式管理制度、重大佛事活动和非常规性佛事活动特事特批管理制度，探索寺庙管理的新举措，通过实践创新，制定完善“临时性佛事活动管理办法”、“寺庙及僧人服务信教群众管理办法”，严格执行“活佛月报制度”和“红原县宗教教职人员外出请销假制度”。全年协调和投入资金600余万元，用于寺庙公共基础设施建设和公共建筑补助性投入，着力改善寺庙公共基础设施。实施藏传佛教寺庙广播电视覆盖工程，向麦洼寺、茸塔寺、江宫寺等寺庙发放卫星接收设备500余套。完成达格则寺地质灾害防治建设项目。春节期间开展“送温暖、献爱心、谈真话、交朋友”亲情关爱活动暨送文化、卫生、科技、法律“四下乡”活动，向全县10座寺庙、35名宗教界人士、40名困难僧人、810名寺管会成员及老弱病残僧尼发放慰问金4.1万元和价值8.1万元的慰问物品。派出医疗队21批次133人次，开展僧尼肺结核等疾病防治。完成全县藏传佛教寺庙公共建筑安全隐患排查工作，并通过州宗教局等部门的复核。热戈寺发生水灾，及时赶赴寺庙，开展抢险救灾，确保僧人生命财产安全。安排县法制政策宣讲团、教规戒律释义组，邀请德高望重的教育督学、“三老”人员、法制宣讲骨干深入乡镇和寺庙，用僧众喜闻乐见、通俗易懂的形式，创新方法，宣传党的富民惠民政策和国家法律法规，宣传红原变化和“十二五”美好前景，教育引导僧尼做守法公民。组织宗教界代表人士外出学习培训，参观考察民生工程。

【寺庙管理创新】　4月，组建以县委书记、县长为双组长的红原县寺庙工作领导小组，设三个寺庙管理处。同时，针对藏传佛教各寺庙地理位置、信教群众分布等特点，将全县10座寺庙划分为三个片区，以对三个重点寺庙的管理为依托，将其他7座寺庙纳入新的寺庙管理机制管理之中，进行网格化辐射管理。9月，各寺庙管理处分别更名为麦洼寺管理委员会、康玛尔寺管理委员会、茸塔寺管理委员会，成立5个乡镇寺庙管理所。梳理公安、民宗、寺管会原有档案，重新分类、归档，建立新工作台账，核对现有人员情况，全面、准确地掌握第一手资料，熟悉寺庙情况、熟悉寺管会人员及工作流程，和僧人交心谈心交朋友，讲究方式方法、把握工作尺度。熟悉惠民利民政策，使更多僧尼享受到党和政府更好更大实惠。针对寺庙基础设施开展专项调查，掌握各寺庙急需建设的基础设施项目，核实哪些项目正在实施或已纳入规划，建立项目库，向上争取项目。为各寺庙管理处购置工作用车，并拨出专项经费保障藏传佛教寺庙管理创新工作需要。

【国外藏胞】　对全县国外藏胞情况进行再摸排、再核实，夯实国外藏胞基础数据，建立健全档案。截至10月27日，受理审批回国探亲申请27人次。受理人员中已回国探亲8人，在接待中了解国外藏胞们在国外生产、生活情况，掌握其思想动态。向回国藏胞宣传国家相关政策法规和党的富民惠民政策，并随时掌握其动态。

【党外干部】　对全县党外领导干部、副高级以上职称党外知识分子均建立健全档案。5月，推荐3名党外干部为党外县级后备干部，推荐6名党外干部为党外副县级后备干部。

【非公有制经济】 加强对非公有制经济人士、工商业界人士管理，完成非公有制经济企业各类数据收集。3月底完成县工商联换届，选举产生新一届县工商联领导班子。企业“两个普遍”完成州下达目标任务。6月省物流商会、通安达集团再次向红原捐赠电脑32台、现金5万元及校服、体育用品等物资。8月，绵阳市工商联向查尔玛乡小学、瓦切乡小学赠电脑40台，各捐建设一间多媒体教室。9月，21家非公有制经济企业为麦洼寺病重僧尼捐款3.16万元。10月，县牦牛乳业有限责任公司向寺庙捐赠价值50万元物资。

（负责人：华尔央　撰稿人：张伟）

党史、地方志

【领导名录】
主　任　杨文明

【机构设置】 设综合办公室、业务指导股、档案室。单位人数7人。

【党史】 完成《红原县党史大事记》（2012年）的收集、整理。按大事记记述要求，本着工作从细、不乱记、不漏记，手勤、腿勤、嘴勤，从各个渠道广泛收集全年红原县党史大事记。完成《中国共产党阿坝执政实录（2011年）》红原篇资料上报，采用大事记方式记述省、州及县上主要领导重要活动，收集县内领导干部有关执政经验的论述文章两篇，搜集图片资料53张按要求及时报送州委党史研究室，对解读红原、宣传红原、总结历史都有着重要现实意义。完成《中华人民共和国政区大典》四川·阿坝州红原卷编纂资料的整理、审核和业务指导工作。完成《阿坝州建州60周年口述历史》组织协调和报送选题背景资料、红原县口述历史纪录片拍摄。县口述历史工作领导小组办公室设于党史地方志办公室。确立“红色草原”、“牧民定居与帐篷新生活”、“州府变迁”、“草地平叛”等选题进行研究和认真讨论，建言献策，协调配合州口述历史工作领导小组办公室口述历史工作。查阅资料，理顺历史脉络，对“红色草原”、“牧民定居与帐篷新生活”、“州府变迁”、“草地平叛”协助州口述历史办公室完成采访原州委书记李崇禧关于天然林禁伐内容相关事宜。完成州定选题《红色草原》、《牦牛之乡》前期拍摄任务，进入后期制作阶段。完成年度工作任务。完成历史人物资料收集、整理、上报。建州60年文化工程文库建设要求，把红原历史名人、红色名人、当代名人资料上报州，为建州60周年《阿坝州名人研究丛书》提供资料。编纂完成《红军长征经过的大草原——红原》初稿。

【地方志】 完成2012年省、州年鉴红原篇资料收集、整理、编纂、上报。协办《阿坝州年鉴》（2012年）年鉴资料专题工作。编纂完成《红原年鉴》（2010—2011）初稿，力显红原地方特色和年度特色。《红原县志》（1992—2005）获四川省地方志编纂优秀成果二等奖，红原县党史地方志办公室第二轮修志工作获得中共阿坝州委办公室、阿坝州人民政府办公室通报表扬。被评为第二轮修志工作先进单位，杨文明、姜炜荣获先进个人。

（负责人：杨文明　撰稿人：陈晓君）

信　访

【领导名录】
局　长　马　铭
副局长、群众工作中心主任　陈丽君
副局长　周格洛

【机构设置】 设办公室，群众工作中心。单位人数5人。

【来信来访】 在全县范围内强化“党委政府领导、信访部门协调、职能部门参与”齐抓共管的“大信访”工作格局。把信访维稳工作摆上重要议事日程，与经济工作同研究、同部署、同检查、同考核。1—11 月受理群众来信来访 27 件，已办结 23 件，同比减少 25%，办结率 85%。受理信访事项主要为：拖欠工程款及农民工工资 8 件；涉及农村农业问题 6 件；涉及其他劳动保障问题 3 件；涉及困难救助问题 4 件；涉及私人债务纠纷问题 3 件；涉及其他方面 3 件。未化解 4 件信访问题均为拖欠工程款及农民工工资。截至 11 月，县信访联席会议办公室召集相关部门听取信访汇报，研究、处理信访重大问题 5 次。加大对敏感时期越级上访者控制力度，对重点涉案人员进行训诫谈话，向其讲清楚政策，帮助分析利害关系，把越级访人员稳控在当地。县信访联席会议办公室先后印发《关于做好当前和省第十次党代会期间信访和维稳工作的通知》、《党的十八大全县群众信访维稳工作实施方案》、《关于做好当前和党的十八大期间信访和维稳工作的通知》。全年，在全国“两会”、省第十次党代会、党的十八大期间和相关部门抽调人员组成工作组在成都等周边地区开展稳控工作。及时排查红原县在蓉务工经商人员和居住成都周边改制企业人员、军转人员、退休人员等群体中矛盾隐患，做到“随有随接、随接随返”，及时劝返接回该县上访人员，防止倒流重访。为妥善化解疑难信访问题，和相关部门组成工作组，多次到简阳市、江油市了解信访人情况，协调信访问题的化解。向上级主管部门争取中央、省解决特殊疑难信访问题专项资金 14 万元和县级地方配套资金 1 万元。解决 2 件特殊疑难信访问题，全部息诉息访，案结事了。对全县矛盾纠纷和非正常上访、越级访、重复访对象进行全面摸排，开展横向到边、纵向到底“拉网式”矛盾排查。全年，全县排查矛盾纠纷 441 件，成功调解 439 件，化解率 99.55%。全年，县委书记、县长、其他县级领导接访群众 115 批次 180 人次；县级部门领导参与接访、下访 76 人次，接访群众 190 人次。疑难复杂的信访问题实行县级领导包案制度，全年县级领导包案 2 人次 2 件次，5 个责任单位。回访 7 次，使已化解信访问题不出现反弹。开展领导干部下访活动和回访，拓宽政府与群众沟通渠道。建立重大项目社会风险评估机制。制定并推行《红原县社会稳定风险评估实施方案（试行）》。7 个重大项目工程责任单位和 1 个重大活动责任单位按规范程序对其合法性、合理性、可控性、可行性等方面进行全面评估和研判，切实抓好稳定分析按评估，从源头上预防不稳定因素。

【群众工作】 抽调 3 名工作人员到不同群众工作组开展回村过年“走亲戚、听民生、谋发展、促和谐”活动。有针对性解决生活困难群众实际困难和问题，全面掌握所在乡村各类人员情况，对重点人员和人群，全面落实稳控措施。和县委办一起为联系村——红原县瓦切乡色永村争取项目、资金。在色永村远牧草场牧户较为集中地方修建篮球运动场一个，成为县第一个远牧草场篮球场。发放《村级党组织建设情况问卷调查表》34 份，完成联系村党支部评估定级工作，并制订对联系村帮扶实施方案和帮扶措施。

（负责人：马铭　撰稿人：陈丽君）

党　校

【领导名录】

校　长　卢晓军
副校长、牧业技术学校书记　庄　伟
副校长　袁森林

【机构设置】 设办公室、教研室、财务室，单位人数 21 人。

【干部培训】 3 月 3 日，受县公安局邀请为绵阳援藏特警宣传讲解民族宗教政策 1 期，50 人参加培训。4 月 19 日至 22 日，与县人事劳动和社会保障局联合举办红原县未就业大中专毕业生培训班，为期 3 天，208 名学员，聘请四川行政学院两位资深的辅导专家——严丹硕士和郭明义博士。6 月 20 日，与县信用联社联合举办送党课下乡培训班 1 期，到刷经寺革命烈士陵园现场开展爱国主义思想教育专题讲座，23 人参训。6 月 20 日，与纪委联合举办农村基层干部廉洁履行职责

若干规定（试行）培训班1期，70人参训。7月24日至8月1日，红原县基层年轻干部藏汉“双语”培训班1期和新参加工作干部培训班1期，140人次参训。10月9日至10月13日，举办一期入党积极分子培训班，入党积极分子67人参训。

【精神文明建设与自身建设】 开展“公民道德宣传日”活动和“告别不文明言行，走向美好新生活”宣传教育活动，组织教职工学习《公民道德建设实施纲要》等。在校内开展“党员示范岗”、“送温暖、献爱心”等道德实践活动。教学综合楼建设6月开工建设，建筑面积1987.35平方米，投入资金600万元，主体工程规划建设3层，预计2013年7月31日完工。

（负责人：庄伟　撰稿人：兰卡卓玛）

机构编制

【领导名录】

主　任　唐孝国（1月起）

副主任　董慧芳

事业单位登记管理局　马　明

【机构设置】 设综合股、机构编制股、机构编制督查股，下设县事业单位登记管理局、县委编办电子政务中心。单位人数9人。

【乡镇机关事业单位管理】 对各乡镇开展规范机构、工作职位（岗位）设置、人员编制核定、竞争上岗和编制实名制管理登记等工作。对各乡镇行政事业单位机构编制空缺编情况进行调研，采取招聘用工作人员和安置“9+3”学生等方式对乡镇工作人员进行补充。全年，为各乡镇招录公务员22人，招聘事业干部42人（其中面向应届“9+3”毕业生考试录用公务员7人，招聘事业干部32人；上半年公开招录（聘）公务员、事业干部各10人，从基层招录公务员5人）。

【机构编制】 落实编制实名制，严格按核定编制数额、性质和结构要求确定在编人员，对全县行政事业单位干部职工实行编制实名制管理，年底完成全县行政工作人员（政法行政人员除外）实名制录入工作。完成全县政法系统等维稳重点工作部门人员、编制等情况调研工作，并按要求上报增编请示，上级编制部门为红原增加政法专项编制15名（公安局10名、检察院2名、司法局2名、法院1名）。推行网上登记管理。全年，登记法人单位74个，其中新登记单位4个，变更登记单位7个，法人单位年检率100%。开展事业单位清理规范工作，对全县205个事业单位进行清理和规范，规范后保留202个。

（负责人：唐孝国　撰稿人：马　明　周成钰）

人民代表大会常务委员会

【领导名录】

主　任　张德海

副主任　林　桦　泽斯甲

　　　　　牟全友　刘　健

正县级领导　龙庆东

【常委会议】 红原县第十三届人大常委会第一次会议于2012年1月7日在县人大常委会会议室召开。会议传达州第十一届人民代表大会第一次会议精神（书面）；审议通过红原县人大常委会关于设立县第十三届人民代表大会常务委员会代表资格审查委员会的决定；会议任命县人大常委会各工作机构负责人，决定任命23个政府组阁部门负责人，作出关于同意撤销瓦切乡设立瓦切镇决定。红原县十三届人大常委会第二次会议于2012年4月25—26日在县人大常委会会议室召开。会议传达州第十一届人大常委会第二次会议精神（书面）；审议通过红原县人大常委会2012年工作要点；听取《红原县城市总体规划实施评估报告2005—2020）》；审议通过《关于红县城市总体规划实施评估报告的决定》；听取和审议县政府关于“五五”普法基本情况及“六五”普法规划编制说明，并通过“六五”普法规划报告；审议通过县人大常委会关于红原县全民法制宣传教育第六个五年（2011—2015 年）决议（草案）；听取和审议县政府关于 2007—2011 年治安管理工作情况报告；听取和审议县政府关于科技工作情况报告；会议表决通过相关工作报告审议意见；会议还依法进行人事任免。红原县十三届人大常委会召开第三次会议于 6 月 1 日在县人大常委会会议室召开。会议听取和审议县人民政府关于民族宗教工作情况报告；听取和审议县人民检察院关于侦查监督工作情况报告；听取和审议县政府关于保障性住房建设工作情况报告；听取和审议县政府关于旅游发展情况报告；审议通过县政府关于红原生态县建设规划（2011—2020 年）草案；审议通过红原县人民代表大会代表联系群众工作办法；会议还依法决定免去俄莎县政府副县长职务，决定任命罗雨松、孟世雄为县政府副县长。接受张春秋辞去县第十三届人大常委会委员职务。红原县十三届人大常委会召开第四次会议于 7 月 20 日在县人大常委会会议室召开。会议听取和审议县政府关于红原县 2012 年上半年国民经济和社会发展计划执行情况报告；听取和审议县政府关于红原县 2011 年财政决算情况和 2012 年上半年财政预算执行情况报告；听取和审议县政府关于红原县 2011 年财政预算执行及其他财政收支情况审计工作报告；听取和审议县政府关于促进就业工作情况报告。会议还依法决定任命泽旺为县人民政府副县长，哈祥为县文化体育广播影视新闻出版局局长、杨剑军为县人力资源和社会保障局局长。决定免去杨国光县人力资源和社会保障局局长职务。红原县十三届人大常委会召开第五次会议于 8 月 24 日在县人大常委会会议室召开。会议还依法决定任命雷建新、李洪波、李洪泉为县政府副县长。红原县第十三届人大常委会第六次会议于 10 月 26 日在县人大常委会会议室召开。会议传达学习州第十一届人大常委会第四次会议精神，会议听取和审议县政府《关于县十三届人大一次会议代表议案、建议和意见办理情况的报告》、《关于推进教育三个意识工作情况的报告》、《关于扶贫开发和综合防治大骨节病试点工作情况的报告》，听取和审议县法院《关于民事审判工作情况的报告》，审议县政府关于办理科技工作和社会治安管理情况审议意见的情况报告。会议还审议通过《红原县人大常委会规范性文件备案审查办法》。红原县第十三届人大常委会第七次会议于 11 月 2 日在县人大常委会会议室召开。会议依法决定任命哈祥为县农牧局局长、尼美多杰为县文化教育广播影视新闻出版局局长职务；决定免去泽旺县农牧局局长、哈祥县文化教育广播影视新闻出版局局长；任命罗让扎西、华尔丹、岗巴、甲科为县人民法院人民陪审员。免去华尔准县法院人民陪审员职务。红原县第十三届人大常委会第八次会议于 12 月 18 日在县人大常委会会议室召开。会议听取和审议县政府关于文化强县、文化大发展情况报告；听取和审议县政府关于办理《县人大常委会对红原县旅游发展审议意见》情况报告（书面）；听取和审议县政府关于办理《县人大常委会对红原县民族宗教工作审议意见》情况报告（书面）；听取和审议县人民检察院关于办理《县人大常委会对侦查监督工作审议意见》情况报告。会议依法决定任命杨海滨为县人民法院副院长；指南甲为县人民法院审判员、审判委员会委员、副院长；奉梅为县人民法院审判委员会委员；泽东为县人民检察院副检察长。

【主任会议】 全年召开 16 次主任会议，讨论决定常委会召开时间和会议内容，讨论会议提请审议通过人事任免事项。

【执法检查】 配合州人大常委会开展《城市民族工作条例》、《野生动物保护法》、《专业合作社法》、《禁毒法》、《人口与计划生育条例》、《监督法》等执法检查和调研。

【工作监督】 听取和审议县政府关于全民法制教育宣传教育第六个五年规划、治安管理工作、科技工作、民族宗教工作、保障性住房建设工作、旅游发展情况、2012 年上半年国民经济和社会发展计划执行情况、2011 年县本级财政预算执行和其他财政收支情况审计工作、2011 年财政决算和 2012 年上半年财政预算执行情况、促进就业、办理县十三届人大一次会议代表建议、批评和意见、推进教育三个意识工作、扶贫开发和综合防治大骨节病试点、文化扬县和文化大发展情况报告、办理县人大常委会对治安管理、科技、民族宗教工作审议意见报告；听取和审议县法院关于民事审判工作情况报告；听取和审议县检察院关于侦查监督工作情况报告和办理县人大常委会对侦查监督工作报告审议意见的报告等专项工作报告。

【来信来访办理】 全年受理群众来信10件，接待群众来访30人次，办结率100%。协调督促有关机关和部门依法办理信访事项，针对群众反映突出问题，走访、跟踪督办，督促有关部门解决群众生产生活困难和涉及改革、发展、稳定大局突出问题，取得成效。

【建议、批评、意见办理】 县十三届人大一次会议期间代表提出的85件建议、批评和意见，全部在规定期限内办结。代表满意和基本满意率100%。

【人事任免】 依法任免国家机关工作人员79人次，其中：任命25人次、免去10人次、决定任命35人次、决定免去8人次、接受辞职1人次。

【代表活动】 修订和完善有关代表工作制度，充实代表工作措施，加强活动指导。邀请县人大代表列席常委会议，拓展人大代表管理国家事务当家做主渠道。坚持常委会组成人员每人联系3名县人大代表制度。将各级代表划分为7个活动小组，组织人大代表开展"进万家、送温暖、树形象"、"办实事、做好事、解难事、做贡献"代表联系群众活动、"思发展、谋跨越"督政支招活动和"人民选我当代表，我当代表为人民"主题活动。组织代表开展视察、调研、执法检查等活动，拓宽代表履职渠道，积极发挥代表作用。落实代表活动经费，为代表征订、寄送报刊、杂志和人大工作信息资料等。

（负责人：张德海　撰稿人：张　琪）

县人大常委会办公室

【领导名录】

主　任　刘合明
副主任　张　琪　杨红英
教科工委主任　措　白
法制工委主任　纪坤明
财经工委主任　赵　治
人代工委主任　马　芸

【概况】 全年完成8次人大常委会会议，16次党组会议、16次主任会议和其他会议筹备及会务工作。加强与机关各委室、县级各部门联系，落实常委会及主任会议议定事项，按时保质上报各类文字材料。

【文秘、信息】 按人大公文行文要求，做到内容充实，语言精练、文体规范。全年编辑常委会公报8期，人代会专辑4期，主任会议纪要16期，县人大常委会大事记23条，起草常委会文件28件，办公室文件12件；起草会议主持词、议程、日程23份；起草各类讲话稿、研讨文章等50余篇。启动编纂《人大志》，已完成初稿。

【调研】 开展调查研究，参加常委会组织的视察、执法检查等活动，起草视察、调查报告，向常委会领导提出建议和意见，为领导决策当好参谋和助手。

【督查督办】 加强公文督查、督办和催办工作。向"一府两院"转送会议决议、决定和审议意见，配合有关工作委员会落实常委会做出的决议、决定。根据《红原县人民代表大会常务委员会审议意见监督办理办法（试行）》，配合有关工作委员会督促"一府两院"对审议意见的办理落实。

【信访】 明确信访工作职责，坚持"分级负责、归口管理"原则，规范信访办理程序。督促信访工作人员加强法律法规学习，提高信访工作质量，为上访群众提供法律咨询和帮助。及时向州人大常委会信访办报送信访统计月报表，做到报表数据真实、可靠，不定期进行信访综合分析。全年受理群众来信 10 件，接待群众来访 30 人次，办结率 100%。

（负责人：刘合明　撰稿人：张　琪）

县人民政府

【领导名录】

县　长　嘉央罗萨

副县长　白世强

雷建新（8 月起）（援藏）

李洪波（8 月起）（援藏）

李洪泉（8 月起）

郑子强　吕　波　刘　昆

马智勇　泽旺措

罗雨松（6 月起）

孟世雄（6 月起）

泽　旺（7 月起）

【综合经济】　实现地区生产总值 79493 万元，同比增长 13.0%；全社会固定资产投资 135060 万元，同比减少 10.0%；地方公共财政预算收入 2283 万元，同比增长 26.6%；社会消费品零售总额 18715 万元，同比增长 16.3%。第一产业实现增加值 27978 万元，同比增长 6.2%；第二产业实现增加值 21762 万元，同比增长 29.1%；第三产业实现增加值 29753 万元，同比增长 10.5%。

【农牧】　《红原县加快建设现代草原畜牧业试点示范县规划（2013—2015 年）》获得省政府批复，规划争取中央和省级补助资金 40011.9 万元，涉及草原生态保护、畜牧业基础设施、现代家庭牧场示范、牧民转产创业和产业化体系建设 5 个大类 18 个支撑项目。落实草原生态保护奖励补助政策，完成草场禁牧补助 31.73 万公顷、草场平衡奖励 42.88 万公顷，奖补生态监测点 3 个，建抗灾保畜打贮草基地 0.13 万公顷、贮草库 1980 平方米、户营打草地 0.27 万公顷；新建牧道 47 公里、板涵 12 道、维修牧道 100 公里，建牲畜暖棚 294 个、防疫巷道圈 17 个，完成退牧还草 4.93 万公顷、草原鼠虫害防治 3.34 万公顷；设冻精改良点 42 个，改良牦牛 0.7718 万头，建麦洼牦牛选育场 3 个，牲畜良种补贴 0.05 万混合头。积极推进社区特色生态畜牧业，建优质牧草生产示范基地 72.67 公顷、天然草地培育示范基地 82 公顷，申请专利 3 项；设立四川红原示范社区牧民田间学校，培训牧民 340 人次。发展扶持江茸茸日玛绵羊养殖、瓦切唐日牦牛养殖和邛溪玛萨藏羊养殖等农牧民专业合作组织 15 个，吸收农牧户入社 1350 户，辐射带动 4100 户农牧户增收，户均增收较全县平均水平高 800 元。2012 年末，各类牲畜存栏 37.9 万混合头，出栏 11.4 万混合头，出栏率 28.7%，商品率 23.5%；肉类产量 1.019 万吨，鲜奶产量 2.821 万吨，冬草储备 10.9 万吨。种植优质蔬菜 165.27 公顷，栽培高原中低温食用菌 1661 万袋，转移农村剩余劳动力 160 人。实施森林管护 14.93 万公顷，生态公益林补偿面积 1.04 万公顷，封山育林 200 公顷，沙化治理 466.7 公顷，植灌 35.7 公顷，种草 100 公顷，义务植树 6500 株。

【工业企业】　启动阿坝牦牛乳业公司破产重组。扶持牦牛乳业、国中肉食品、宏原红等畜产品加工企业 6 家。全年生产乳制品 1636 吨、肉制品 6609 吨、中藏药 56 吨，全部工业实现增加值 14255 万元，同比增长 41.4%，规模以上工业增加值 9027 万元，同比增长 41.4%。

【旅游】　修编《红原旅游产业发展总体规划（2012 — 2020 年）》，树立“天上草原、心灵家园、创业乐园、幸福红原”旅游形象，打造红色旅游、自驾旅游和牧家旅游品牌，与四川日报报业集团签订旅游战略合作协议，与成都“宝中旅游自驾旅游世界俱乐部”合作开展“端午节红原大草原穿越集结、欣赏盛开万亩花海”活动，举办中国·红原第一届摩托车旅游节。完善邛溪热坤和安曲下哈拉玛2个自驾游营地建设。建成规模牧家乐18家、家庭旅游示范户170户，带动700名牧民转产转业。全年接待游客85万人次，实现旅游总收入75869万元，同比分别增长37%和51.8%。

【城乡居民收入】 实现城镇居民人均可支配收入2.2502万元，同比增长15.0%；农牧民人均纯收入0.678万元，同比增长23.3%。

【财税金融】 实现地方公共财政预算收入2283万元，同比增长26.6%。实现税收收入1644万元，同比增长38.7%。加强重点领域和薄弱环节的信贷支持，制定《红原县牧民定居担保贷款还款奖励办法》。实现存款余额137194万元，贷款余额171831万元，同比分别增长34.4%和156.8%。

【重点项目】 申报重点项目109个、储备80个、开工77个，列入省、州重大建设项目11个。协调配合阿坝红原机场建设、省道302线安曲乡至阿坝县城段公路改造工作，建查尔玛、龙日乡通乡油路27.9公里，完成县政务服务中心、县医院整体搬迁门诊大楼主体建设，完成县城供暖工程（一期）主厂房、热力站主体建设和供热主管网铺设，县汽车站竣工并投入使用，县城第二自来水厂主厂房建设基本完成，公共租赁房第一期40套竣工并陆续入住、第二期40套完成主体建设，廉租房第二期24套竣工并验收，建城乡防洪堤5600米，在刷经寺铺设农田灌溉引水管道26000米，阿拉基至红原县城饮水工程已获省发改委批复立项。

【招商引资】 修订完善《红原县鼓励外来投资若干规定》，细化项目引进和项目落地等一系列优惠政策，储备招商引资项目20个。在第十三届西博会上红原签约项目资金8亿元，积极跟踪西博会意向协议签约项目落地。四川龙腾集团投资建设的红原国际大酒店项目到位资金3259万元，红贸宾馆改扩建完成投资800万元，川西北高原草地沙化治理生态经济新模式研究与示范项目完成投资1160万元，月亮湾景区开发项目前期规划设计完成投资500万元，与四川日报报业、圣保堂、科创、新希望、宽庭、新联集团和新疆广汇能源公司等企业达成意向性投资协议。

【对口受援】 全年绵阳市对口支援红原财政投资1641万元，建牧道20公里、牧道板涵12道、维修牧道70公里，补助建设牲畜暖棚200个，县城供暖工程已安装厂房和热力站内部设备，完成4个旅游公厕选址和前期设计工作，培训党政管理人才和教育、卫生专业技术人员987人次，“1+5”规划编制（修编）已完成，按照相关程序报省级有关部门审批后组织实施，完成计划外援助物资及资金151.6万元。省军区投资160万元，帮扶建设安曲乡夺龙村、下哈拉玛村群众文化活动中心和麦洼寺书院项目。

【城乡建设】 建设市政道路4250米、城区桥梁2座（在建）。启动“智慧红原”建设工程，城市基础设施进一步完善。有序推进农牧民宅基地、定居房土地、房产确权颁证工作。完成瓦切撤乡建镇。

【民生工程】 牧民定居行动计划超额完成。按照《阿坝州牧民定居行动计划实施意见（2009—2012）》规定，完成投资69230万元，其中定居房建设44854万元、公共基础设施建设24376万元，发放新型帐篷以及篷内“九大件”5089套，超额完成省、州下达的牧民定居建设任务。在全州率先制定《红原县牧民定居点公共服务与社会管理实施细则》和《红原县新型帐篷及篷内生产生活设施管理意见》，将定居点公共服务与社会管理写入村规民约。每个行政村村干部在原有职数上增加1名，专门负责牧民定居点管理的日常工作。按照50户配备1名卫生公益岗位的标准，配备卫生保洁员，对村内垃圾进行无害化处理。在每个定居点配备治安员和司法调解员，实行常态管理。扶贫开发和综合防治大骨节病试点工作全面完成。投资38385万元，其中国家投资24143万元、农牧民自筹资金14242万元，实施易地搬迁、易地育人、更换粮食、饮水安全、社会保障、移民安置、调整结构、卫生防治等八大工程，完成扶贫开发和综合防治大骨节病试点五年规划任务，顺利通过国家、省、州验收。投资500万元，实施江茸——查尔玛藏区连片扶贫开发项目。投资400万元，实施邛溪镇达格龙村、瓦切镇日干村、刷经寺镇色隆村、麦洼乡滚塘村扶贫开发整村推进项目。落实“9＋3”藏区免费职业教育优惠政策，向内地输送符合条件学生97名，派驻管理教师7人，引导“9＋3”毕业生转变就业观念，推荐、安排71名毕业生顶岗实习，首批168名“9＋3”毕业生全部实现就业。新增城镇就业258人，安置“9＋3”毕业生和困难人员133人到公益性岗位，培训下岗失业人员、农民工和农村实用技术人才1.2856万人次，完成劳动力转移输出806人，实现劳务收入810万元。城乡医疗救助18863人次，兑现补助391.9万元。保障城乡低保13551名，发放低保金1552.6万元。集中供养“五保”老人和大骨节病Ⅲ度患者64名。城镇职工基本养老保险、基本医疗保险、失业保险、工伤保险、生育保险参保16113人次，征缴1994万元，支出2000万元。城乡居民社会养老保险覆盖7783人，发放基础养老金198万元。

【教育事业】 对全县7381名义务教育阶段学生实行“应免尽免”，为6145名寄宿制学生补助生活费891万元。实施农村义务教育阶段学生营养改善计划，免费发放营养餐。完成投资1970万元，续建藏文中学教学综合楼，县中学、城关小学学生食堂和宿舍等5个项目，新建色地、麦洼幼儿园和教师周转房等6个项目，维修改造村级幼儿园2所。组织各级各类培训840人次。输送46名异地藏汉双语学生到水磨就读。在高考招录中，各类高等院校录取71人，在中考中，红原一考生以657分名列全州180名。成功举办红原县第五届中小学生艺术节，童声合唱《小卓玛》在2012年“全国少儿歌曲大奖赛”中获国家级银奖，希望小学篮球队在“2012姚基金希望小学篮球季”活动中获得第二名。

【科学技术】 完成专利申请4项，新增专利成果转化3项，实现新增专利成果转化产值350万元。实施省、州科技计划项目7个，到位资金122万元。完成刷经寺镇老康猫村道地中（藏）药材和邛溪镇川贝母人工种植任务，新增道地中（藏）药材人工种植8.33公顷，保有量达到93.67公顷。

【卫生】 实施民族地区卫生发展十年行动计划，推进医药卫生体制改革，促进基本公共卫生服务逐步均等化，医疗保障基本实现全覆盖。强化传染病、重大疾病防控，完成脊灰及麻疹强化免疫工作，通过国家、省、州督导评估。对4761名大骨节患者进行对症治疗及疗效追踪，完成5个监测点病情监测工作；对全县农牧民群众及僧尼开展肺结核病普查3.2089万人，普查率88.2%；对全县60岁以上农牧民群众及僧人免费进行健康体检3530人，检查率94.77%；对65岁以上老年人登记管理2700人，老年人保健9800人次；实施以农村妇女妇科病免费普查普治为主要内容“关爱草原母亲行动”，对7484名农村妇女进行普查，普查普治率50.73%；送5名先心病儿童到深圳市孙逸仙心血管医院进行手术治疗；完成36个单位1300名干部职工和423名环卫工人、困难职工的体检工作，建立健康档案41253份；新农合参合32926人，参合率98.54%。开展药品安全专项整治工作，开展药用空心胶囊铬超标清查工作。落实人口和计划生育利益导向“三项制度”，特别扶助110人、奖励扶助322人、少生快富92户，全额兑现奖励金76.5万元，“三结合”帮扶391户。

【文化体育】 完成县文化体育广播影视新闻出版局和县电视台组建，成立7个协会组成的县文学艺术界联合会，举办摄影、书法、绘画、唐卡、祥巴和文学艺术作品成果展。开展文化下基层活动，配套完善33个农家书屋建设，为全县11个乡镇综合文化中心配送办公用品，发放便携式太阳能数字电视机4463台和广播电视“舍舍通”卫星直播接收器550套。保护传承麦洼锅庄等非物质文化遗产，成立红原第一个民间锅庄队。投入65万元，完成对全县口头文学、传统习俗、宗教文化及山水传说等文化资源普查。成立红原县民间马术队和草原之心艺术团。围绕“读史明志、我爱家乡，喜迎十八大”主题，开展全县唱红歌比赛、藏汉双语演讲比赛、读《阿坝历史1000问》、《阿坝历史通俗读本》书籍、知识竞赛等活动。启动“历史的记忆、和谐的家园”口述历史活动，完成口述历史纪录片《红色草原》、《牦牛之乡》制作，5部阿坝州运用典型经验调研成果开展案例教学片获佳绩。组队参加“唱响山歌——四川首届传统民歌大赛”活动，2名民间歌手入决赛并荣获传承奖。红原马术队15名队员应邀参加中国马术节民族马术特技表演。举办“快乐乡村，幸福生活”为主题的群众体育活动暨第十一届农牧民男子篮球运动会。

【民族宗教】 首次表彰民族团结进步模范集体22个、先进个人56名；投资600万元，实施寺庙基础设施和地质灾害治理改造；投入两项资金1041万元，实施“四小工程”、小流域现代农牧业增收工程、民族团结新村建设和社会事业等项目；投资546万元，完成江宫寺整体迁建；组织宗教界代表人士赴县内重大民生工程现场和县外发达地区学习考察，在佛事活动和群众集会中安排高僧大德参与宣讲，发挥正面作用；成立红原县寺庙工作领导小组和3个重点寺庙管理委员会，将10座寺庙划分为三个片区进行管理。自2008年以来，全县10座寺庙、所有僧人未参加任何分裂破坏活动。

【社会管理】 举办各类普法培训班和法制讲座95期，发放各种藏汉宣传资料3.5万份，受教育人数达到2.7万人次。制定《加强和创新社会管理工作实施方案》和《红原县“十二五”社会管理创新发展规划》。深化“大调解”工作，有效化解各类矛盾，指导全县各村健全完善村规民约，强化村民自治自律。加大对乡（镇）村社会管理、公共服务、行政能力的建设和保障力度，每个村安排4万元办公经费。实施以追逃涉案人员、清查外来人员为主的“金剑”系列专项整治行动，依法严厉打击盗抢牲畜等违法犯罪活动，全年刑事案件48件，破案43件，挽回经济损失87.6万元，受理治安案件88起，查处88起，处罚104人。

【国防建设】 双拥和优抚安置工作不断加强，健全双拥工作组织体系，完善《红原县双拥工作制度》和《红原县拥军优属办法》，落实优抚安置相关政策，安置城镇退役士兵7人，军政、军民关系更加融洽，创建省级双拥模范县工作取得新进展。

【安全工作】 落实安全生产工作领导和部门负责制，层层签订《安全生产目标管理责任书》，以排查整治隐患工作为重点，重点加强道路交通运输、建筑施工、石油、液化气、旅游景点、宾馆饭店、学校、菌场等行业和场所的安全生产综合检查，草原森林防火工作得到加强，安全生产形势持续稳步好转，无重特大安全事故发生。

【廉政工作】 开展“小金库”治理、公务用车清理。加强重点工程、重点领域、重点环节的审计监督，牧民定居行动计划、扶贫开发和综合防治大骨节病两大民生工程项目资金顺利通过上级审计部门的审计。完成政府采购金额1622.9万元，结余资金194.9万元，综合节支率10.7%。清理全县39个单位行政权力事项3568项。加强机关行政效能建设，设置行政效能投诉电话96960标牌，开通“96960”电话，畅通诉求渠道。办理人大代表意见、建议85件，答复85件，答复率100%，办理政协提案、建议92件，答复92件，答复率100%。

（负责人：吴宁　撰稿人：阳伟）

政府办公室

【领导名录】

主任、应急办主任　吴　宁
副主任、法制科长　温　泉
副主任、政务中心主任　孙　浩
副主任、采购办主任　巴　文

副主任　王　浪
驻蓉办主任　欧阳宇军
法制科副科长　杨正志

【机构设置】　设秘书股、财务室、机要室、后勤室，政府办公室挂县法制办、县外事办牌子，县政府专职消防队、县政府采购办公室、县人民防空办公室、县政府信息公开工作办公室属县政府办直属事业机构，县政务服务中心属县政府办直属行政机构，县应急办、县驻蓉办为县政府直属事业机构。单位人数53人。

【办文】　完善《红原县人民政府办公室职责》，对办公室人员岗位职责、财务、车辆、出勤等进行规范，对公文处理工作程序进行规范，严格按标准把好公文内容关、格式关、印制关，保证公文严密性、严肃性和权威性及公文制作、收发、送批高效、快捷。同时，严格审核以政府和政府办名义发布的公文，大力压缩文件数量。为提高全县公文整体质量，结合新出台公文规范，主动参与到党校等部门举办公文写作培训班，进行授课，规范政府各单位、各部门公文格式，提高文秘人员公文写作水平。在提高公文质量同时，重视公文保密，建立健全保密工作制度，加强对互联网、内部网络、软硬件及通信和办公自动化方面安全管理工作，确保公文安全保密。加强值班安全保密工作，记好值班日志及电话记录。按程序收发文件，对紧急文件和机密文件及时进行处理，整理规范当年文书档案。

【应急管理】　抓好《突发事件应对法》学习宣传活动。开展《突发事件应对法》学习宣传活动，做到人人知晓《突发事件应对法》。开展全县性应急大演练，对各类应急预案进行检验。拟《2012年红原县防灾救灾演练总体方案》、《2012年全县防灾救灾大演练筹备工作方案》、《红原县2012年防灾救灾综合应急演练实施方案》，4月15—27日，相继组织全县各中小学校举行地震、火灾逃生演练14次，参与6400人次，让学生懂得正确使用灭火器和熟练掌握逃生自救、互救方法。4月23日至5月6日，组织各乡镇（村）开展地质灾害应急演练10次，参与人员3700人次。5月7日，组织开展全县性防灾救灾草原防火大演练，参加演练人员200人，观摩人员300余人。对相关应急预案进行检验，对相关应急部门工作进行磨合，形成覆盖全县、配套衔接应急预案体系。加强信息报告和预警工作。实行24小时值班制度，畅通信息报送渠道，在突发公共事件发生后，第一时间向县政府报告，并将县政府领导指示迅速传达到各有关乡镇和部门，迅速处置突发事件。

【政务督察督办】　县政府办牢固树立抓落实的意识，始终把督促检查作为一项经常性的工作来抓，做到领导布置的工作有检查、有督促、有实效，确保决策部署落到实处，确保政令畅通。围绕县政府年度主要工作任务分解表、县政府常务会议、县长办公会议议定事项和县长、副县长的批示、交办事项及各乡镇承诺为民办实事情况，开展一系列专题督查，并及时反馈督查情况，有力地促进各项工作的落实。

【后勤服务】　全年，承办全县经济工作会、县政府全体会议、政府常务会议、县长办公会议，协办全州牧区草原牲畜业现场会、省现代草原牲畜业示范工作会及全省综合防治大骨节病检查验收、牧民定居及帐篷新生活检查验收，做好会前、会中和会后的各项后勤服务工作，保证会务质量和效率，得到省、州、县各级领导一致认同。本着精简效能原则，严格会议审批程序，尽量控制会议规模、次数，能开小会不开大会，可开可不开坚决不开，降低会议成本。协助县接待办公室做好接待工作。加强车辆管理和财务管理。坚持“节本增效、安全行驶”原则，重新制定“车辆管理制度”，合理调配使用车辆，控制车辆费用，确保安全行驶。在财务管理上实行“一支笔审批”制。

（负责人：吴宁　撰稿人：阳伟）

政协红原县委员会

【领导名录】

主　席　赵正清

副主席　罗尔基

琼查・丹贝尼玛（1 月止）

梁　斌　旭　东

调研员　章忠祥

【常委会议】　政协第十一届红原县委员会第二次常委会议于2012年4月6日在县政协常委会议室举行，县政协主席赵正清，副主席罗尔基、梁斌，秘书长李廷雁及16位常委出席会议。县委副书记王斌，县委常委、常务副县长白世强，县人大常委会副主任林桦及本会各委室负责人列席会议。会议由赵正清主席主持。会议传达全国“两会”精神；通报县政协领导班子分工情况；审议通过《县政协常务委员会2012年工作要点》；协商各专委会机构组成人员；政协第十一届红原县委员会第三次常委会议于8月10日在县政协常委会议室举行，县政协主席赵正清，副主席罗尔基、旭东，秘书长李廷雁及13位常委出席会议。县委常委、统战部长俄萨，县人大常委会副主任林桦，县政府副县长孟世雄及本会各委室负责人列席会议。会议由罗尔基副主席主持。会议听取县人民政府关于红原县2012年上半年经济运行情况通报；听取县人民法院关于2012年1—7月工作情况通报；听取县检察院关于2012年1—7月工作情况通报；审议通过县政协关于县卫生系统建设情况的调研报告；审议通过县政协常委会工作规则。政协第十一届红原县委员会第四次常委会议于10月19日在县政协常委会议室举行，县政协主席赵正清，副主席罗尔基、梁斌、旭东，秘书长李廷雁以及10位常委出席会议。县委常委、工会主席杨国光，县人大常委会副主任牟全友，县政府副县长罗雨松及本会各委室负责人列席会议。会议由旭东副主席主持。会议审议通过县政协关于红原旅游业发展情况调研报告；学习全国政协主席贾庆林在全国地方政协工作经验交流会上讲话；学习省政协主席陶武先在2012年省政协学习会上讲话。政协第十一届红原县委员会第五次常委会议于12月19日在县政协常委会议室举行，县政协主席赵正清、副主席罗尔基、梁斌、旭东，秘书长李廷雁及9位常委出席会议。县委副书记王斌，县人大常委会副主任林桦，县政府副县长郑子强及本会各委室负责人列席会议，会议由副主席梁斌主持。会议听取县政府关于县政协十一届一次会议以来提案办理情况通报；听取县纪委关于2012年度党风廉政建设的情况通报；学习传达党的十八精神。

【主席会议】　政协第十一届红原县委员会第二次主席会议于3月6日在县政协主席会议室举行，县政协主席赵正清，副主席罗尔基、梁斌、旭东及秘书长李廷雁出席会议。县政协各委室负责人列席会议。会议由赵正清主席主持。会议传达全国“两会”精神；审议县政协领导班子分工情况；审议通过《县政协常务委员会2012年工作要点》；协商各专委会机构组成人员；协商研究机关支部、工会和妇代小组人员改选事宜。政协第十一届红原县委员会第三次主席会议于8月8日在县政协主席会议室举行，县政协主席赵正清，副主席罗尔基、旭东及秘书长李廷雁出席会议。县政协各委室负责人列席会议。会议由县政协主席赵正清主持。审议通过县政协关于县卫生系统建设情况的调研报告；审议通过红原县政协常委会工作规则；审议通过红原县政协主席会议工作规则；协商县政协2012年干部职工轮休事宜。政协第十一届红原县委员会第四次主席会议于10月17日在县政协主席会议室举行，县政协主席赵正清，副主席罗尔基、旭东及秘书长李廷雁出席会议。县政协各委室负责人列席会议。会议由主席赵正清主持。会议审议通过县政协关于红原旅游业发展情况调研报告；学习全国政协主席贾庆林在全国地方政协工作经验交流会上讲话；学习省政协主席陶武先在2012年省政协学习会上讲话；协商县政协组织部分县政协常委及干部职工外出考察事宜。政协第十一届红原县委员会第五次主席会议于12月18日在县政协主席会议室举行，县政协主席赵正清，副主席罗尔基、旭东及秘书长李廷雁出席会议。县政协各委室负责人列席会议。会议由赵正清主席主持。学习传达党的十八大精神；协商十一届二次常委会议议程及时间。

【专门委员会】 协助办公室完成政协例会服务和委员学习培训工作；完成常委会议、主席会议和领导交办的其他工作。重点完成以下工作：经济科教文卫体委员会负责牵头完成卫生事业发展情况调研工作；文史提案委员会完成提案收集、整理、审查、交办工作；起草提案工作报告；牵头完成文史资料收集整理工作及旅游业发展情况调研；民宗委完成对寺庙走访调研工作。

【协商】 十一届一次全委会议期间，委员们围绕“一府两院”工作报告、国民经济和社会发展计划等进行协商讨论，委员们从加快发展、改善民生、促进和谐、开放合作等方面积极建言、共谋良策，提出许多具有建设性和前瞻性意见和建议，受到县委、县政府领导充分肯定和积极采纳；常委会专题听取县政府领导关于县政协十一届一次会议以来提案办理情况通报和2012年上半年经济运行等情况通报，充分发挥政协优势，为红原经济社会发展建言献策；召开专题协商议政会，就推进五个红原建设进行专题议政协商，拓宽委员参政议政渠道，提高参政议政实效。听取县纪委关于党风廉政建设工作情况通报；听取县法院、县检察院工作情况通报。主席会议对年度重要工作和县委、县政府交办及委托办理各项工作进行研究、部署，抓好工作落实。各专门委员会围绕常委会议题，开展调查研究，主动加强与对口部门联系，互通信息，共同协商，工作领域不断拓展，较好地发挥基础作用。

【调研视察】 县政协围绕“十二五”规划纲要贯彻落实和五个红原建设，选择关系发展全局、党委和政府关注、部门需重点解决、人民群众关心的重要课题，开展调查研究，提出有针对性、可操作性意见和建议，为县委、县政府相关决策提供参考。参与全县群众工作，对重大项目红原机场建设进行视察、调研，深入了解情况，全面细致地分析问题，形成视察调研报告2份，提出意见和建议10余条。

【民主监督】 县政协主席、副主席通过列席县委常委会、人大常委会，在重大事项、重要决策、重要人事任免等方面发表意见、提出建议，得到重视和采纳。组织政协委员对党政关注、群众关心、涉及民生的重点工程和工作进行调研、视察，如实反映困难和问题，提出意见、建议，同时运用政协提案、列席党政工作会议、反映社情民意、参与专项检查等形式开展民主监督，达到监督就是支持的目的，提高监督质量和成效。

【提案文史】 县政协十一届一次会议以来收到提案92件，立案88件，办复率100%。向省、州政协报送各种文史资料，发挥文史工作资政育人、对外宣传作用。

【联谊】 接待省、州政协、兄弟市县（区）政协来红原检查、视察、考察25批次。组织县政协常委赴江西、福建等省实地考察城市建设和旅游发展情况，学习好经验好做法，相互交流政协工作情况，加强联系，增进友谊，宣传推介红原。

（负责人：罗尔基　撰稿人：宋顺琼）

政协红原县委员会办公室

【领导名录】

秘书长　李廷雁
主　任　陈时英
副主任　张　琳（7月止）
宋顺琼（7月起）
经科委主任　杨雪梅
文史提案委主任　张　琳
民宗委主任　华尔旦

【办文】 严把公文文字关、格式关和质量关，开展文件、简报、信息等签收、分发、传递、清退、归档及销毁工作。全年完成红协文件3件，红协函文件2件，红协党组文件10件，红协办文件16件，红协办函文件3件，红原政协简报和信息25期，领导讲话7篇，视察调研报告2篇。归档文件8卷，资料7卷，提供利用20卷次。规范文件运转程序，严格遵守保密纪律，全年无泄密、失密事件发生。

【办会】 承担十一届县政协二次全委会议、十一届第2至5次常委会会议。完成会议材料准备、会场布置、后勤保障和安全保卫；会间进行会议记录、简报编写和新闻宣传；会后编写会议信息，整理相关材料，向有关部门转发会议文件及建议和意见。

【协调服务】 围绕中心工作，加强与县委办公室、县人大办公室、县政府办公室及县级相关部门联系，互通情况，交流信息，密切合作，提高工作成效。协调联系各专门委员会和相关部门到基层开展调研相关事宜，统筹安排机关人员，与各专门委员会共同完成调研任务。完成省、州政协来红原县调研、视察、检查接待服务工作。强化服务委员、服务基层意识，加强同委员联系和交往，帮助解决工作和生活中实际问题。在春节期间开展看望慰问退休干部职工和联系村困难群众。

【信访】 处理群众来信2件（次），接待来访2人次，倾听意见和要求，提供帮助。

【机关事务管理】 加强财务管理，搞好会计核算，严格经费支出，按时完成财务结算、工资调整、干部统计等工作。完善机关安全、消防和社会治安综合治理各项管理措施，及时排查、整治办公区、宿舍区存在的治安和消防隐患。加强驾驶员和车辆管理，开展经常性安全警示教育活动，保持机关防火、防盗及安全行车“零事故”。

（负责人：陈时英　撰稿人：宋顺琼）

社会团体

SHE HUI TUAN TI

县总工会

【领导名录】

主　席　向秋杰（7月止）
　　　　杨国光（7月起）
常务副主席　索　伦
副主席　麦多吉

【机构设置】　设综合办公室。

【工会组织建设】　全县有正常生产经营企业35家，建立基层工会组织34个，建立完善基层工会女职工组织和经费审查委员会34个，涵盖企业法人35个，基层工会组建率100%，基层工会女职工组织和经费审查委员会组建率100%。督促企业签订《集体劳动合同》、《工资集体协商协议》。全县35家正常生产经营企业中，31家企业开展工资集体协商工作，与职工签订集体劳动合同、女职工权益保护专项集体合同和工资集体协商协议，工资集体协商工作认定完成率100%，女职工权益保护专项集体合同签订率100%。通过工资集体协商，企业职工工资普遍上涨，劳动权益得到充分保障。如县牦牛乳业公司通过开展工资集体协商工作，职工工资上调370元/月，并特别落实女职工特殊津贴30元/月；县牦牛肉食品公司生产期间职工工资月平均上调220元，落实女职工特殊津贴30元/月，非生产期间职工工资月平均上调550元。全县其他企业职工工资涨幅均上涨5%以上，部分企业职工工资涨幅20%。

【扶危济困】　完善困难职工帮扶电子档案，按实际情况对帮扶系统进行整理，确保每一位有困难职工能记录在数据库。通过建立帮扶工作长效机制，将工会帮扶工作纳入常态化、制度化建设轨道，推动工会困难职工帮扶工作常态化发展。结合“面心实”活动，在省、州总工会的大力支持下，开展系列进企业送温暖活动，对全县企事业单位、社区572名困难职工进行帮扶，发放帮扶金额36万余元，超额完成年度385名困难职工帮扶工作任务。困难职工帮扶中心继续对红原县原集体企业28名困难人员按最高标准（120元/月）、最低标准（80元/月）发放生活困难补助金，发放补助金8万余元。结合开展“走亲访友”活动和工会“面对面、心贴心、实打实，关爱困难外出务工人员（家庭）活动”，对色地乡4名历任村支书、村主任进行走访慰问，了解生产生活状况和所思所盼，送去价值1500余元生活物品。开展“金秋助学”和临时性助学救助，帮助全县困难职工、农民工家庭子女完成学业。筹集资金2.55万元，对21名考上大学和高中的困难职工、农民工家庭子女实施助学帮扶。在“六一”儿童节之际，组织开展慰问困难职工子女活动，向来自企业、社区9名困难职工子女发放慰问金1800元。与对口支援的三台县总工会联系，通过多方争取，将2名困难职工子女落实到三台县中学就读高中，并减免5万余元学习费用，将2名困难学生纳入三台县金秋助学和困难帮扶范围。协调四川华电金川水电开发有限公司向邛溪镇热坤村贫困学生罗日卓玛、色尔措各捐赠现金1000元。

【维护职工合法权益】　牵头县国土局、县城建局将原政府招待所6户下岗职工居住土地划拨给下岗职工用于职工自筹资金建房，已动工建设。县牦牛乳业公司职工从2009年起缴纳医保参保金，近3年退休70名职工未缴纳完10年参保年限，无法享受住院报销。县总工会牵头县人事局、县医保局就公司自筹资金一次性缴纳完已退休职工未完年限参保金额进行协商，要求公司负责人在董事会上提出并积极办理。按覆盖全面、公示公告原则，通过困难职工申请、企业汇总上报等程序，协调县城建局、县邛溪镇、社区等将全县15套廉租房按企业困难职工家庭收入和困难程度，确定出15户困难职工申请廉租房家庭，进行公示，目前15户困难职工家庭已住进廉租房。协调县财政局、国资公司对县建筑公司自来水工程进行建设，解决公司80余名职工长期“吃水难”问题。

【促进就业】 联合县就业部门开展以“搭建劳务平台、帮您尽早实现就业”为主题春风行动专场招聘会，发放宣传资料160余份。全县10家企业提供83个岗位，现场招聘40人，签订就业意向协议27人，解决5名残疾人就业。邀请成都三产职业培训学校教师赴红原对全县旅游行业从业者和电工30余人次进行2天技能培训，受训职工提升自身从业素质和能力。

（负责人：杨国光 撰稿人：范斌）

共青团

【领导名录】

书 记 高 兵

副书记 杨 莉（12月起）

【机构设置】 设办公室和综合股，下属青少年宫。单位人数6人。

【青少年思想道德工作】 开展“唱红歌、读经典，喜迎党的十八大”、“爱说家乡变化，爱祖国、建家乡”等主题教育活动，举办“读史明志、我爱家乡，喜迎党的十八大”爱国歌曲大家唱比赛和藏汉双语演讲比赛，会同教育部门举办全县中小学生“胸怀祖国、热爱红原”征文和演讲比赛活动，组织“9+3”学生、异地双语教学学生等召开座谈会，进行爱国主义教育，开展扶贫助困、文化体育等志愿服务活动，组织开展学习胡锦涛总书记“五四”重要讲话精神活动，举办“青春之花红原绽放”——庆祝中国共产主义青年团成立90周年暨红原县第十三次团代会文艺晚会，开展对青少年进行国情、州情、县情和党史、团史教育，开展“党旗辉映团旗红·助力红原新跨越”、“迈入青春门·走好成人路”、“红领巾心向党”、“争当四好少年”等主题教育活动，开展青少年学雷锋活动，弘扬雷锋精神，倡导文明新风。组织希望小学学生篮球队参加“姚基金2012希望小学篮球季”比赛，获得全国第二名，组织希望小学3名师生赴新加坡参加学习交流活动，帮助青少年树立“三个离不开”思想，增强“四个认同”思想意识。

【创优争先】 全县7个集体、10名个人先后受到省、州表彰。在五四期间，对全县近年来年工作突出10个先进集体和35名先进个人进行表彰。

【团的自身建设】 制定《关于加强新形势下党建带团建工作的实施意见》，建立“财政预算、单位支持、团组织帮助”相结合经费保障机制。在全县基层团组织开展“一团一品”创建活动，推动形成“一团一品”发展格局，采取“以奖代补”方式，给予项目实施基层组织资金支持。5月8—9日，召开共青团红原县第十三次代表大会，全县101名代表参加会议，选举产生共青团红原县第十三届委员会。新建团支部3个，其中非公有制经济团组织2个，机关单位团组织1个。实施乡镇实体化“大团委”建设工作，将在年底前，新建99个团支部。全年，新发展团员620名，推荐优秀团员入党105人。年初，筹措资金6万元，用于加强基层团组织建设。开展团中央支持乡镇团委工作经费试点工作，解决邛溪镇等2个乡镇工作经费各1万元，合计2万元。完善红原共青团QQ群、飞信群，开通红原共青团微博，推进团内信息资源共享利用。

【培训】 加大团干部培训力度，抓好新任职乡（镇）团委书记，中学团委书记和新成立非公企业、驻外团工委书记，及乡（镇）、村团干部培训。举办团队干部培训班2期，组织11个乡镇团委专职副书记赴州委党校参加轮训，推荐一名基层团干部赴中央团校参加培训，全年培训基层团队干部120人次。会同相关部门开展农村青年技能培训，为农村青年提供就业培训和岗位信息，9月，会同县就业局培训青年农牧民70余人。

【自愿者活动】 成立红原县志愿者协会，新招募注册志愿者142名。建立完善乡、村和学校志愿服务队伍。7月至9月，全州现代草原畜牧业工作会议、全省现代草原畜牧业发展工作会议、阿坝州扶贫开发和综合防治大骨节病试点工作五年规划验收总结会议等大型会议和“9·6”重要接待活动相继在红原举行，团县委、县志愿者组织青年志愿者开展志愿服务，组织志愿者180余人次，为现场会和接待活动做出贡献。全年，全县组织开展志愿服务活动1800余人次9000余小时。

【青少年群体工作】 开展“崇尚科学、珍爱生命、远离毒品”、“健康文明上网”等主题活动，提高青少年自我防范意识和能力。会同相关部门开展针对青年职业介绍，为青年提供就业培训和岗位信息，拓宽青年就业创业渠道，服务青年就业创业。争取社会支持，关心关爱留守儿童等重点青少年群体，推动更多青年志愿者与留守学生结对。将帮助贫困学生上学作为工作重点，全年，资助贫困在校高中学生、考上大学新生、“9+3”学生74名，发放助学资金14.9万元。挤出工作经费3000元，帮助2名贫困学生解决上学困难。派出“五老干部”督查“9+3”教育工作，争取资金4万元，为麦洼小学、色地小学配备数字电影设备1套，组织五老干部面向青少年开展理想信念、爱国主义和民族团结教育，关心下一代健康成长。

（负责人：高兵　撰稿人：岳建强）

妇女联合会

【领导名录】

主　席　若　美

副主席　阿尔基（11月止）

　　　　班玛初（11月起）

【机构设置】 设办公室，单位总人数5人。

【来信来访】 全年，接待群众来访来电来信事件16起。其中来访9起：劳动权益类1件；婚姻家庭类7件，寻求帮助类1件；接听群众来电4起，其中劳动权益类1件；婚假、产假政策咨询3件。来信3起：其中请求恢复医疗费用实报实销1件，救助申请2件。

【禁毒防艾】 各乡镇妇联开展“珍爱生命、拒绝毒品”为主题禁毒宣传活动，在邛溪镇、安曲乡和刷经寺镇招募巾帼禁毒志愿者36名。加强与相关部门配合，利用艾滋病宣传日，开展预防艾滋病宣传活动。

【妇女就业创业】 运用电台宣传妇女小额担保财政策，召开相关工作人员和全县乡镇妇联专干会议，全年，发放妇女小额担保贷款10万元，解决三名妇女创业资金问题。携同就业等相关部门于3月21日召开以“搭建劳务对接平台，帮您尽早实现就业”为主题2012年春风行动招聘会。本次招聘会提供行政主管、财务人员、宾馆服务等83个岗位。此次招聘会发放120余份宣传资料，吸引256人次前来咨询，其中女性52人次；吸纳劳动者就业人数116人，其中女性49人。开展“巾帼建功”活动和巾帼助困活动。

【廉政文化】 在全县范围内开展“廉政文化进家庭活动”。制定并下发《红原县妇联关于开展廉政文化进家庭活动实施方案》、《红原县妇联关于开展家庭廉政文化建设知识竞赛活动通知》等系列方案，大力宣传家庭廉政文化建设重要意义。本次廉政文化进家庭活动签订《家庭助廉承诺书》163份，征订《家廉国盛家庭廉政文化建设指导读本》185本，发放知识竞赛试卷1402份。

【“三八”节活动】 3月4日上午，组织各乡镇妇联主任、县级机关、企事业单位、省州驻县单位妇女代表60余人召开主题“树感恩报国之心、展阿坝巾帼风采”的纪念“三八”国际劳动妇女节102周年座谈会。3月7日，到瓦切瓦纳沟尼姑寺看望慰问全体僧人，将省、州妇联资助用于基础设施建设缺口资金10万元送到寺管会主任手中。

【帮扶】 1月3日，为阿木乡卡口村特困户妇女旦姐因捐助2300元现金。为瓦切乡牧民央金拉姆一家五口发动爱心捐款，现场为央金拉姆一家募捐到4889元。3月15日，协调县医院医务人员，深入瓦切乡瓦纳沟尼姑寺开展送医入寺工作。县医院医务人员对参加免费体检65名尼姑体检情况逐一进行信息反馈。对体检中有病尼姑进行进一步检查和治疗，此次活动共诊治病人50人次，免费发放3000余元药物，对患有严重疾病病人建议其到上级医院诊治并对患者进行饮食、运动及卫生保健等方面健康教育。6月7—13日，县妇联组织10名尼姑完成由全国妇联在北京举办"全国四省一区藏传佛教尼姑培训"学习，学习后组织全体学员到权威医院进行免费全身体检，并邀请专家讲解卫生保健知识。"七一"期间到联系村邛溪镇达格龙村开展"七一"送温暖走访慰问活动。并为贫困党员分别送上200元慰问金。7月4日，在县体育馆举行"马背电视"发放仪式。

【儿童工作】 "六一"国际儿童节，为9所学校送去1800元"六一"礼金，并深入到麦洼、色地、龙日等乡中心小学看望慰问14名孤儿，为他们送去书包、文具盒、铅笔等价值895元慰问品。

【妇女健康】 9月23日至11月3日，与县卫生局、县妇幼保健站等单位对全县11个乡镇农村已婚育龄妇女免费进行妇女病普查普治工作，本次普查妇女7484人，普查率50.73%，在进行普查同时，对查出有疾病妇女制订科学、详细治疗计划，治疗包括口服给药、外用药等，免费治疗5812人，普治率99.57%，免费发放药品2万余盒（瓶），价值11.3万元。对30名需要住院治疗妇女，在当地乡卫生院治疗，对于25名乡镇卫生院不能治疗患病妇女全部转上级医院治疗。

【环境综合治理】 在全县妇联系统开展"城乡环境治理进家庭"专项活动。5月12日下午，组织巾帼卫生劝导队再次深入社区、深入家庭，对城区占道经营、占街为市、乱倒生活垃圾、乱停放车辆、乱贴乱画等不文明行为进行劝导；6月17日，组织巾帼卫生劝导队、巾帼志愿服务队约45人次，活动发放《低碳家庭·时尚生活倡议书》、《家庭卫生标准》、《倡导低碳家庭·时尚生活达标数据》等环境卫生宣传资料200余份，营造环境整治美化的良好舆论氛围；8月初，深入到全县11个乡镇对开展城乡环境整治进家庭活动情况和各乡镇巾帼卫生劝导员开展工作情况进行检查；9月29日，按县政府环境整治活动会议精神，各乡镇妇联专干在国庆期间开展环境卫生整治相关活动。

【第十一次妇女代表大会】 12月上旬召开红原县第十一次妇女代表大会，大会表彰获得省、州、县先进单位及先进个人；会议通过选举产生县妇女联合会第十一届委员会委员、主席、副主席。

（负责人：若美　撰稿人：文翰）

残疾人联合会

【领导名录】

理事长　巴　玖

副理事长　班玛初（11月止）

阿尔基（11月起）

【机构设置】 设康复中心。单位人数4人。

【康复】 免费发放残疾人用品用具15件，筛选一名贫困家庭脑瘫儿童到州康复中心康复训练，关爱精神病人，为1名重度精神病患者发放医药费4000元，为7名听力残疾人进行免费安装助听器，做好"贫困家庭脑瘫儿童救助工程"，12月2—3日，成都华康医院肢残专家与县残联共同开展"肢残患者"普查活动，普查对象主要为小儿脑瘫及各种原因造成肢体患者。分别对筛查出需要康复训练脑瘫儿童建立完善数据库，并对4名适合手术患者免费进行手术，免费为6名白内障患者进行复明手术。

【残疾人帮扶】 为在校一名残疾专科生和两名残疾高中学生发放一次性入学补助金1.2万元（每人4000元）。

【残疾人就业】 加大《残疾人就业条例》宣传力度。5月10日，县残联、县人社局、总工会、团县委、妇联联合在宇妥药业举办残疾人就业专场招聘会。3名残疾人与用人单位达成初步就业意向。

【残疾人社会保障和扶贫工作】 按川残工委（2011）12号文件精神，开展温暖万家行活动，为全县55名贫困残疾人送去慰问金5500元。结合“阳光家园”计划对全县35名重度精神、智力残疾人家庭给予困难补助发放2.1万元，向上级残联争取，争取贫困残疾人危房改造6户，7.2万元，发放残疾人个体从业补助金4万元及残疾人就业和扶贫补助3万元。对全县残疾人机动轮椅车燃油补贴进行调查统计，为33名肢体残疾人发放燃油补贴1.0065万元，对全县11个乡镇1900名残疾人提供“量体裁衣”式个性化服务，全年办理残疾人证260本。

【宣传】 编报残疾人工作信息21期。围绕2012年第二十二个助残日主题“加强残疾人文化服务，保障残疾人文化权益”开展宣传活动。通过电视台广泛宣传助残日口号，并到各乡镇走访慰问贫困残疾人，了解生产生活情况，送去慰问金4万元。利用“爱耳日”、“全国助残日”等残疾人活动节日开展预防残疾发生宣传活动，结合卫生部门开展预防出生缺陷工作，对重点预防对象进行预防知识讲解，从而降低残疾发生率。

（负责人：巴玖　撰稿人：阿尔基）

科学技术协会

【领导名录】

主　席　兰　英

【机构设置】 设办公室、少数民族科普队，单位人数4人。

【概况】 县级学会15个：畜牧兽医学会、农经学会、中华医学会红原分会、教育学会、计划生育学会、气象学会、工程技术学会、藏语言文字学会、财会学会、护理学会、艺术学会、青少年科普学会、湿地保护学会、乳制品学会、新闻学会。农村专业技术协会7个：壤口乡酸奶协会、刷经寺老康猫道地中药材种植协会、刷经寺塘星村新欣蔬菜种植协会、邛溪镇食用菌协会、江茸乡茸日玛绵羊养殖协会（新增）、龙日乡龙日村壤夺牦牛产品加工协会（新增）、刷经寺镇绿地蔬菜种植协会（新增）。科普示范基地5个：邛溪镇高温低温食用菌示范基地、月亮湾游牧部落生态旅游科普示范基地、刷经寺镇中藏药种植示范基地、邛溪镇川贝母种植示范基地、壤口乡酸奶科普示范基地。

【科普宣传】 结合“三下乡”和“科普宣传月”、“科普活动周”等重大活动，动员县级学（协）会组成单位开展各类宣传活动，参加宣传涉及25个部门，科技人员达200人次，活动通过运用展板、挂图、实物现场演示、发放宣传资料、专家现场免费治病、咨询、培训等方式进行，活动期间悬挂横幅14条，展出展板24块，举办各类实用技术培训班8场次，参训人员达600人（次），发放各种实用技术图书资料6000余册（份），送致富信息80余条，解答群众提出问题40余条、咨询义诊400余人（次），发放药品350余盒（件），参与活动群众约4800人次。

【青少年科普】 组织科技辅导员经常性深入各中、小学校及开展“大手拉小手”青少年科技宣传活动，向牧区儿童开展以“健康教育”为主题科教活动，发送科普资料6000余份。对2011年在全省青少年科技创新大赛中获奖学生在各学校六一儿童节开幕式上颁发荣誉证书及奖励，开展2012年全国青少年科技创新大赛作品征集工作，入围作品2013年3月公布。

【农村专业技术协会】 新发展江茸乡茸日玛村藏绵羊养殖协会、龙日乡牦牛标准化养殖协会、刷经寺大球盖菇种植基地并编辑农村专业技术协会工作基础知识读本发放到各乡镇。推荐瓦切乡达峨村泽郎多尔基荣获国家级“农村科普带头人”，是阿坝州唯一一个获国家级推荐表彰的科普带头人，获表彰资金5万元。刷经寺老康猫村中药材种植协会获2012年省级“农村专业技术协会”称号，获表彰资金10万元。

【科协第六次代表大会】 县科学技术协会第六次代表大会9月召开。在促进科学技术进步与繁荣、科学技术普及与推广、群众科学文化素质提高等方面，涌现出来3个科普示范乡镇、4个优秀县级学（协）会、3个优秀农村专业技术协会、20名优秀科普工作者、8名优秀农村科普带头人进行表彰。大会选举产生红原县科学技术协会第六届委员会。会议还审议通过《红原县科学技术协会实施〈中国科学技术协会章程〉细则》，出席大会的全体代表向全县科技工作者发出倡议。

（负责人：兰英　撰稿人：王洁）

红十字会

【领导名录】

会　长　泽旺措（8月止）
　　　　李洪波（8月起）（挂职）
常务副会长　南美忠

【机构设置】 设办公室、综合股。

【自身建设】 把2008年以来所有档案，特别是灾后重建资料全部整理并归档。4月在全县党政机关、人民团体、企事业单位中招募红十字志愿者，发展会员。目前红原红会发展志愿者115名、个人会员92名、团体会员6个，建立基层红十字组织2个。

【宣传】 将2010年开展募捐款物去向及图片资料在县两会期间利用县广播电视媒体滚动播出，以引导广大群众和各界人士奉献爱心，让爱心人士清楚自己募捐款物去向。参与献血办开展无偿献血工作和县艾防办开展防治艾滋病宣传。重点宣传《中国红十字会法》、《中国红十字章程》利用“国际红十字纪念日”、“国际护士节”“世界献血日”、“世界禁毒日”、“世界艾滋日”等，组织开展宣传活动，发放宣传资料6000余份，受益群众8000余人。定制防灾减灾宣传手册2000余册，使红十字会相关知识更加深入人心。定制以宣传红原县自然资源和风土人情名片2000余张，发至全国各地红会系统。7月，省红十字会组织省专家医疗组到瓦切乡开展“红十字博爱进藏区”义诊活动，诊疗917名患者，为26名残疾人提供办理残疾证依据。

【救助】 1月，县红十字会开展“博爱送万家活动”，发放博爱箱71箱，每箱价值560元，合计3.976万元，为71户贫困家庭送去州、县红十字会温暖和爱意。4月，县红十字会到州红十字会争取14箱衣物，分类发送到贫困家庭和间接孤儿手中。将社会募集7200元救助金，全部用于慰问乡下15户特困人员手中。在省红会“牵线下”为瓦切乡孤残女孩找到愿意资助她在中职校学制三年所有费用爱心人士。10月，为邛溪镇异地育人小学和色地乡小学200多名贫困学生发放价值8000余元鞋子、袜子等生活日常用品及价值2万余元旧衣物，给色地乡63户困难家庭发放老人保暖鞋和保暖衣物。与绵阳三台县红会结为“友好红会”双方达成：每年资助两名成绩优异、家庭贫困初、高中学生到三台县任何一所学校就读协议。争取省红十字会救助金11万元为100名间接孤寡老人定制藏装（冬装）100套和154名间接孤儿保暖衣和保暖鞋等。

【“博爱家园”工程】 推进“邛溪镇热坤村红十字博爱家园”项目建设，9月底竣工并投入使用。按百县千村“博爱家园”实施、管理手册及州红十字会项目部要求，做好项目各阶段资料收集整理工作。按“博爱家园”项目财务核算要求，严格财经制度，对“博爱家园”项目资金实行专账管理，专款专用，做到账目清楚，使用规范，资金无挪用、挤占、截留等现象。

（负责人：南美忠　撰稿人：刘霞）

工商业联合会

【领导名录】

主　席　曾荣安

副主席　阿　西

【机构设置】　设综合办公室，单位总人数4人。

【会员代表大会】　3月30日，召开红原县工商业联合会（商会）第四次会员代表大会，55名代表参加大会。会议表彰10名2007—2011年度优秀会员。酝酿选举产生19名县工商联合会（商会）第四届执行委员和主席、副主席、秘书长，通过县工商联合会（商会）第四次代表大会决议。

【公益活动】　6月12日，经县工商联合会牵线搭桥，成都通安达集团再次来红原开展“关心民族教育事业、情系牧区学生、捐资助学、奉献爱心”活动。通安达集团为邛溪易地育人寄宿制学校捐赠电脑30台，教学笔记本电脑2台，校服243套；成都市物流协会捐赠排球80个，篮球50个；成都工商局第一执行分局捐赠服装2000件，各类鞋数百双。董事长杜云一行为县工商联联系社区贫困户捐赠2000元慰问金及电脑一台，并为邛溪易地育人寄宿制学校捐资5万元用于购置学生文艺表演服装。8月31日，绵阳市市委统战部副部长、市工商联党组书记李宇，市工商联秘书长王华明，三台县委统战部副部长、工商联党组书记陈映洲和绵阳市富宇集团、川交设计公司等商会企业负责人一行8人前来开展捐资助学、共建友好商会活动。绵阳市工商联向查尔玛乡小学、瓦切乡小学捐赠电脑40台，各建设一间多媒体教室。三台县工商联向工商联赠送2台电脑。三台县总商会还与红原县商会签订《缔结友好商会协议书》。9月，21家非公有制经济企业为麦洼寺病重僧尼捐款3.16万元。县牦牛乳业有限责任公司向寺庙捐赠价值50万元物资。

（负责人：曾荣安　编撰人：宋玉珍）

政法　军事

ZHENG FA　JUN SHI

政　法

【领导名录】

书　记　杨　军

副书记、综治办主任　黄洪林

副书记、维稳办主任　让　俄

副书记、防邪办主任　余立虎

副书记　李　涛（挂职5月止）

刘　斌（8月起）（援藏）

大调解中心专职副主任　甲央尼玛

【机构设置】　设办公室、执法督查督室、综治办、维稳办、防邪办、政工科。

【维稳】　开展“警示教育宣传阵地”建设和“承诺卡”签订工作，实现11个乡镇和36个村（社区）反邪教警示教育阵地全覆盖，与4000余户签订《承诺卡》。成立以县委书记为组长，县长、政法委书记为副组长“严打”专项行动领导小组，全年，“打黑除恶”专项行动共立刑事案件48件，破案43件，已移送起诉40起，抓获犯罪嫌疑人55人；收缴枪支30支，子弹12发，缴获被盗汽车66辆，已退回55辆；查获涉赌案件42起，处罚、训诫、教育涉赌人员222人，收缴赌博工具46副，赌资2万余元，取缔涉赌电玩城、游戏厅场所5家，关闭涉赌窝点28家；未发生大规模群体性事件，平安建设群众满意率达测评98.5%。完善流动人口服务管理制度，登记暂住人口2608人，加大各旅馆业管理力度。通过排查甄别，全县合法出境人员38人，回流38人。全年，确认回流人员27人（1人已死亡）参加“法会”、12人未参加“法会”，另确认非法出境参加“法会”回流人员2人。清理“两个排查”中重点人员，排查困难人员1201名，重点人员523名，对两类人员分别建立管控档案。构建起党政基层、公安国保、统战宗教“三位一体”和乡村三级118人情报信息工作网络。

【专项行动】　组织“三电”企业及相关部门深入基层摸排各类“三电”设施，加强“三电”设施“三定”管理，开展“三电”设施安全保护集中宣传月活动，根据州“三电”设施安全保护工作领导小组《关于在全州开展“三电”设施安全隐患大排查大整治专项行动的通知》文件要求，在全县范围内开展“三电”设施安全隐患大排查大整治专项行动，排查隐患20处，已完成整改17处，采取措施正在整改3处。全年，受理治安案件88起，查处88起，处罚104人；立刑事案件48件，破案43件；受理提请批准逮捕31件46人，批准逮捕30件45人；受理刑事案件40件，审结40件，审结率100%，判处犯罪分子67人，其中盗窃30件55人（偷牛盗马26件45人），判处3年以上有期徒刑35人。全县未发生大规模群体性事件、危害国家安全案件和公共安全事故。加大对困难群体的司法救助和法律援助。全年，提供司法公证45件，法律咨询服务818人次，律师事务所代理各类案件10件，受理法律援助案件11件；办理准迁证85张89人；农转非21张26人；制作二代居民身份证2452张；制作居民临时身份证408张；刻公章310枚；检查各类车辆2.54万余辆，纠违3655起。

【“大调解”】　推进“三山一界”及“攻坚破难”，排查出5起突出矛盾隐患并分别采取领导包案制化解，加强督促落实，化解3起县级重大疑难纠纷。对全县矛盾纠纷和非正常上访、越级访、重复访对象进行全面摸排。通过排查，依法按政策解决群众合理诉求，对没有法律政策依据或一时解决不了信访案件，按“谁主管，谁负责”原则，严格实行“六定五包”责任制。建立司法救助资金专用账户，建立完善申报审核制度。成立红原“三山一界”、环境污染、“劳动人事争议”矛盾纠纷等专业调解组织机构，制定相关联席会议制度。全年，排查各类矛盾纠纷441起，调解441起，成功调处439起，调解成功率99.55%以上。

【社会管理】　县委“一”号文件印发《中共红原县委关于加强和改进新形势下群众工作的通

知》，由14个群众工作组、25名县级领导、125名熟悉基层工作干部分赴11个乡镇和省属龙日种畜场。开展“十类”特殊群体全面摸排调查，掌握其基本情况，基本建立起特殊群体基本信息库，安排帮扶资金，制定帮扶方案，落实帮扶措施，四项帮扶活动全面推进。年初收集到涉及民生发送、产业发展、基础设施调入等亟待解决困难和问题115个，并分解落实到24个部门。县委书记、县长带头落实藏传佛教寺庙管理责任制及县级党员领导干部联系寺庙和宗教界代表人士制度，落实乡镇党委政府和寺管会维稳责任，针对不同寺庙的不同性，在3座重点寺庙设立寺庙管理处，其余寺庙设立寺庙管理所。构建以村（社区）为依托流动人口服务管理平台，加强流动人口管理。加强134名刑释解教人员、39名社区矫正对象帮教管理，解除矫正6人，未出现重新违法犯罪情况。编制《红原县加强和创新社会管理实施方案》、《红原县“十二五”社会管理创新发展规划》和《红原“十二五”社会管理创新发展规划2012年实施计划》。法制政策宣讲团定期或不定期到全县11个乡镇开展法制政策宣讲活动，同时还为群众提供法律咨询和法律援助。全县举办各类普法培训班和法制讲座95期，出动宣传车150余台次，散发各种藏汉宣传资料3.5万余份；受教育人数2.7万余人次。

【队伍建设】 公、检、法、司大专以上文化程度占总人数92.96%，队伍文化结构不断得到优化。在全县政法部门开展“忠诚、为民、公正、廉洁”政法干警核心价值观教育实践活动。制定和完善《教育培训规划》、《学习制度》。组织政法各部门开展“政法文化月”活动和参加“读史明志、我爱家乡、喜迎十八大”歌唱演讲比赛、庆“五一”国际劳动节职工文艺汇演活动。推行政法干警执行档案制度，制定建档、使用、管理各项程序和措施，健全执行档案运用机制，制定法院执行案件流程管理规范。开展“百万案件评查”活动，制定下发《关于继续开展案件评查活动的实施方案》和《关于开展案件评查剖析活动的实施》，评查案件28件，其中县法院12件、检察院6件、公安局10件；对1件精品案件进行集中评查剖析。结合具体实际确定执法巡视内容，邀请部分人大代表、政协委员共同组建巡视队伍，并开展巡视工作。

（负责人：黄洪林　撰稿人：范明瑜）

公　安

【领导名录】

局　长　杨　军
政　委　龚　旭
副局长　唐建伟
联　东
杨　勇
恩　波（7月起）
副政委　姜国忠（12月起）
马国贤（8月起）（援藏）
纪委书记　姜国忠（12月止）
王建康（12月起）

【机构设置】 设指挥中心、政工室、纪委、法制室、警务保障室、国保大队、网监大队、刑警大队、治安大队、交警大队、骑警大队、消防大队、森林警察大队、看守拘留所、城关、阿木卡口、瓦切、麦洼、色地、安曲、龙日、江茸、查尔玛、壤口、刷经寺派出所，单位人数143人。

【基础工作】 开展反分裂侦察会战行动，调查摸排掌握重点人120人，加大情报信息搜集力度，全年，掌握情报信息121条，上报情报信息58条，上报“反分裂侦察大会战”行动专报11期，形成分析研判材料7期，专题汇报材料5份，以严打整治为契机，以“反分裂侦察会战行动”为切入点，打击侦破瓦切乡夺尔基破坏民族团结一案，清理收缴非法光碟47张，收缴非法书籍79本。推进清理整治非法出境回流人员专项行动工作，全年，完成对45名非法出境回流人员档卡资料完善工作。加大对4家公共互联网上网营业场所（网吧）身份证实名制上网力度，清查网吧经营场所，对网吧进行全面检查，严厉查处网吧违法违规经营行为，重点清查各经营场所存在传播有害信息等突出问题，排查安全隐患力度，建立健全责任制，强化对网吧政策宣传，组织从业人员学习《网吧安全管理制度》等相关法律基础，与经营单位签订安全保证书。

【打击各类犯罪活动】 全年立刑事案件51件，破案48件，挽回经济损失87.6万元。抓获犯罪嫌疑人55人，其中刑事拘留38人，逮捕38人，取保候审6人，监视居住1人，移送外地公安机关10人（均为涉车违法犯罪嫌疑人）。通过各派出所、治安卡点工作，全年，缴获各类被盗车辆66辆（均为成都市及周边地区被盗车辆），抓获犯罪嫌疑人10人，已退还被盗车辆55辆。收缴非法枪支30支（其中小口径步枪14支；大口径步枪5支；仿64式4支；仿微冲2支；仿54式2支；火药枪3支），各类子弹12发。查获涉赌案件42起，处罚、训诫、教育涉赌人员222人，收缴赌博工具46副，赌资2万余元，取缔涉赌电玩城、游戏厅场所5家，关闭涉赌窝点28家。在全县各乡镇开展禁毒法制教育宣传活动，发放宣传资料3000余份，并开展现场咨询活动。

【社会治安管理】 全年受理治安案件88起，查处88起，处罚104人；办理准迁证85张89人；农转非21张26人；制作二代居民身份证2452张；制作居民临时身份证408张；刻公章310枚。按“人来登记，人走注销”原则对暂住人口进行管理，对居住一月以上暂住人口进行登记造册，全年登记暂住人口2608人。全年发放消防安全宣传资料1700余份，对重点单位、场所进行消防监督检查21家（次），整改隐患10处。全年出动警力4120人次，出动警车780台次，检查各类车辆25400余辆，纠违3655起。全年发生各类道路交通事故46起，死亡7人，伤18人，财产损失47.3万元。

【安保】 加强对重点人员及外来人口掌控力度，对28名出境参加“法会”回流人员、12名出境未参加“法会”回流人员、524名重点人员和十八类人员进行全面摸底调查，做到对个人情况、家庭背景和社会关系清楚、与境外联系渠道清楚思想状况和活动情况清楚。加强旅馆业和出租房治安管理信息系统建设，严格落实“实名、实人、实情、实数”登记制度。抽调公安9人、援警5人、武警20人在安曲卡点执勤管控，做到人车物必查，全年，安曲卡点挡获外地被盗机动车18辆，安全护送外省赴金川朝拜信教群众出县。部署维稳专门力量543人（公安民警182人、武警323人、检法司干警30人、消防官兵8人），省公安厅调派50名绵阳援警在县城及色地、瓦切、查尔玛执勤。所有维稳力量除正常巡逻执勤以外，分散囤积在县城五个节点，以便及时处置突发事件。

（负责人：杨军　撰稿人：杨勇　贾艳）

检察院

【领导名录】

党组书记、检察长　彭忠勇

副检察长　邢建原（4月止）
江明忠（4月止）
齐美夺尔基（4月止）
苟长松（4月起）
陈　强（4月起）

副检察长、反贪局局长
王明华（4月起）

副检察长、公诉科科长
王明华（12月起）

政治处主任　刘　平

【机构设置】 内设院行政办公室、政治处、反贪污贿赂工作局、公诉科、侦查监督科、民事行政检察科、监所检察科、控告申诉检察科、反渎职侵权局、司法警察大队。

【打击犯罪】 全年侦监科受理公安机关提请批准逮捕案件31件46人，经审查批准逮捕30件45人，不予批准逮捕1件1人，其中盗窃19件33人（偷牛盗马16件29人）；故意伤害3件3人；抢劫1件1人；妨害公务1件2人；抢夺1件1人；故意杀人2件2人；交通肇事1件1人；煽动民族仇恨、民族歧视1件1人；非法猎捕、杀害濒危野生动物1件1人。提前介入案件8件10人。制作提供法庭审判证据意见书30份，制作执法办案社会风险评估预警表31份。全年，公诉科受理公安机关和本院自侦部门移送审查起诉各类刑事犯罪案件39件60人（包括2011年度未结案2件3人），其中故意杀人2件2人（按管辖上报州院1件1人），故意伤害（致死）2件2人，抢劫1件2人，盗窃27件45人、受贿1件1人、滥用职权1件2人，交通肇事2件2人，妨害公务2件2人，抢夺1件1人。追诉漏犯2件2人。向人民法院提起公诉37件57人，正在审查2件3人。已提起公诉的所有案件都做到事实清楚、证据确实充分，人民法院均作有罪判决，有罪判决率100%。开展清理公安机关办理取保候审案件专项监督活动，借此建立与公安机关变更强制措施前的会商制度，开展对犯罪嫌疑人“另案处理”案件专项检查。结合开展取保候审及“另案处理”专项活动，加大立案监督工作力度，实现从被动监督到主动监督转变。成功建议公安机关立案1件1人。

【查办、预防职务犯罪】　全年受理贪污贿赂举报线索4件4人，初查4件4人，立案1件1人，移送审查起诉1件1人。2011年8月，州检察院职务犯罪侦查指挥中心将红原县交通运输管理所原局长张××涉嫌经济问题举报线索交县检察查办，受案后院党组高度重视，成立“8·26”专案小组，将原县交通运输管理局原局长张××受贿4万元一案侦破。通过办案为国家挽回经济损失10万余元。反渎局受理案件线索3件，初查3件，立案1件2人，侦查终结移送审查起诉1件2人。2011年12月，州人民检察院反渎局将阿坝县公安局干警王××、更×（已于2002年退休）滥用职权一案线索交红原检察院后，院党组组成专案组开展工作，二被告人被判处有期徒刑。与县农村信用联社签署《预防职务犯罪工作共建协议书》，建立联席会议制度，信息通报、交流制度。通过检企共建，提高县农村信用社干部职工法律意识和拒腐防变能力。推进行贿犯罪档案查询系统建设。5月行贿犯罪档案查询系统已实现全国联查。

【监所检察】　对2007年以来开展八项重点工作进行逐项自查自纠，在肯定成绩找准不足基础上，形成2007年以来红原县人民检察院监所检察工作情况报告。对被判处管制、缓刑、假释、暂予监外执行、剥夺政治权利的33名纳入社区矫正人员进行实地回访考查。监所科会同公安部门召开“两网一线”建设等工作协调会议，院驻所检察室与看守所监控系统联网建设工程，经过近一个半月时间安装调试，逐项检查，验收合格，已交付使用。

（负责人：彭忠勇　撰稿人：马昌俊　雍琳）

审　判

【领导名录】

党组书记、院长　高德茂

副院长　徐贵明

江明忠（4月起）

杨海滨（12月起）

指南甲（12月起）

政治处主任　杨海滨（12月止）

夏　隽（12月起）

【机构设置】　设纪检监察室、政治处、行政办、审判监督庭、刑事审判庭、民事审判庭、行政审判庭、立案庭、执行局、审判管理办公室、法警大队。派出机构：刷经寺法庭、流动法庭。单位人数37人。

【刑事审判】　全年受理刑事公诉案件40件，审结40件，审结率100%。其中盗窃案件30件55人（盗抢牲畜案件26件45人）。判处3年以上有期徒刑33人，当庭宣判36件，当庭宣判率90%，无超审限和超期羁押案件。

【民事调解】　全年为全县11个乡镇，开展巡回审判，就地开庭审理，调解邻里纠纷，实现“审结一案，教育一片”社会效果。受理各类民事案件37件，审结36件。判决结案5件，调解结案31件，调解率84%。适用简易程序28件，人民陪审员参加审理案件7件，参审率78%，巡回法庭审理案件2件。全年无一件超审限案件。

【来信来访】 全年，接待群众来信来访188件223人次，其中立案116件，不予受理2件，诉前调解5件。

【执行工作】 针对执行难度大、无财产可供执行等案件，对案件进行梳理、剖析，根据地方特殊性，分析研究执行难、难执行原因，制订可行方案，集中力量对重点案件进行专项执行。全年受理执行案件39件，执结39件，执行标的68.11万元。

（负责人：高德茂　撰稿人：陈树林）

司　法

【领导名录】

局　长　杨　军
党组书记、副局长　果　理
副局长　黄明翠
　　　　周　敏

【机构设置】 设办公室、法制宣传股、基层股、公证处。单位人数26名。

【专题教育活动】 开展"忠诚、为民、公正、廉洁"政法干警核心价值观主题教育实践活动。成立由局长任组长、副局长为副组长、各股室处所负责人为成员主题实践活动领导小组。采取集中学习与个人自学相结合、专题讨论与座谈相结合等多种方法，开展核心价值观活动。5月20日，组织召开全体干警会议，会上学习政法干警核心价值观教育实践活动相关内容。5月25日，组织干警围绕"践行核心价值观"这一主题开展大学习大讨论。开展"警民亲"活动落实服务群众"八件实事"及工作作风教育整顿活动。开展人民调解"七进"活动。开展规范人民调解委员会组织机构建设，各村调委会均设立村调解室。深入到全县11个乡镇、村和寺院，通过开展免费法律咨询，倾听群众意见诉求，与群众零距离接触、面对面交流。

【法制宣传】 拟《红原县法制宣传教育第六个五年规划》（草案）报县政府并经县人大常委会通过后实施。研究制定红原县2012年全县普法依法治理工作要点，报县委、县政府下发。召开会议，对全县"五五"普法工作进行总结表彰，安排部署"六五"普法工作。采取多种形式开展送法下乡进村、现场以案释法、法律咨询解答、法制宣传讲座、散发宣传资料等多种形式开展普法教育，3100余人参加法制宣传教育活动，发放宣传资料4000份。乡镇司法所采取不同方法，到村、学校等向农牧民群众进行法制教育。结合"五下乡"、宣传月、宣传周、宣传日等活动，组织相关部门开展法制宣传活动，发放法律宣传单、宣传手册3000余份。8月25日，组织全县副科级以上领导干部参加法律讲座，在领导干部中形成"合法行政、合理行政"理念。县广播电视台定期播放法律法规知识，开通移动普法宣传短信平台，大力宣传常用法律法规和群众生产生活密切相关法律法规知识和党的政策。帮助各乡镇村（社区）继续落实完善一个法制宣传栏、一个法律图书角、一个法律明白人，推进基层依法治理。全年，举办各类普法培训班和法制讲座95期，出动宣传车150余台次，散发各种藏汉宣传资料3.5万余份，受教育人数2.7万余人次。

【公证】 全年，公证处办理各类公证45件，其中法律援助公证5件，涉及金额1360万元，接待群众法律咨询278人次，无一错证、假证、伪证，公证处社会形象良好。

【律师】 与11个乡镇签订法律顾问合同，推进"法律顾问进万家"。全年，律师事务所代理各类案件10件，其中：刑事辩护3件，民事代理3件，法律援助4件，担任法律顾问11家，解答群众法律咨询47人次，维护法律和正义，化解社会矛盾，促进社会稳定。

【法律援助】 建立并规范瓦切乡法律援助工作站，建立健全以岗位目标责任制为主要内容规章制度。全年，县法律援助中心接待群众来信、来访法律咨询270余人次，受理援助案件11件。

（负责人：杨军　撰稿人：周敏）

人民武装部

【领导名录】

部　长　张春秋（3月止）
　　　　李　国（3月起）
政　委　刘长志
副部长　唐孝军（3月起）
副部长、军事科长　张富国

【机构设置】　设军事科，政工科，后勤科。单位人数16人。

【政治学习】　开展创先争优活动和思想作风教育整顿活动，纠治“六个方面倾向性问题”。加强应急应战力量建设，落实战备训练，组织野外驻训，维护藏区社会稳定，抢险救灾等多样化军事训练任务。

【军事训练】　8月21日至31日，组织县专武干部及县民兵应急分队138人，进行军事理论、队列、防暴队形、射击等课目训练。对全县民兵进行整理统计、上报。

【征兵】　10月23日下午4时，召开全县征兵工作会议。全县上站体检人数12人，11月15日至17日，在县医院体检，通过政治审查、身体检查，经县征兵领导小组研究决定符合应征条件有5人，应征入伍4人，女兵应征入伍1人，藏区“9+3”学生应征入伍3人。

（负责人：吕顺松　撰稿人：张富国）

武警三大队

【领导名录】

大队长　邹和华
政治教导员　崔松平（3月止）
　　　　　　李吉祥（3月起）
副大队长　次村降措
副政治教导员　李　雕

【组织建设】　自觉践行当代革命军人核心价值观，认真贯彻科学发展观，围绕军队现代化建设这个中心和打得赢、不变质两个历史性课题，着眼提高党的建设科学化水平、提高以打赢信息化条件下反恐怖战争能力。紧贴时代发展、紧贴使命任务、紧贴官兵实际开展工作，从思想上、政治上、组织上确保我军始终成为党绝对领导下的人民军队，确保有效履行新世纪新阶段我军历史使命。坚持群众路线，以人为本，尊重官兵主体地位和创造精神；坚持围绕中心任务开展工作，把握全局，统筹兼顾；坚持党管党、从严治党。各级党组织坚持民主集中制，贯彻执行党委统一的集体领导下首长分工负责制。一切重大问题由党委集体讨论决定，由军政首长按分工负责贯彻执行。属于军事工作方面，由军事主官负责组织实施；属于政治工作方面，由政工主官负责组织实施。军政首长服从党委领导，执行党委决议，积极履行职责，密切合作，互相支持。

【军事训练】　训练是提高部队战斗力根本途径，紧密结合藏区维稳实际，围绕理论创新、方法创新，进行大胆探索，总结出一整套行之有效训练方法、训练手段、训练保障，增强训练科学性和军事训练效益性。训练中，把单兵训练方法中理论学习创新为电化教学，电化教学按“提示要点、观看课件、解答疑难、归纳小结”步骤实施；在分队训练中增加单项作业，单项作业按作业准备、作业实施两步进行，各训练内容可分段进行，内容之间可不连接，情况之间可不连贯，便于一地多练、一情多练，把战术练活、战法研透；把技能、智能、体能都作为考核内容，增大训练难度。结合藏区部队特殊使命，设置“设卡、设伏、搜索、追击、捕歼、阻截、驱散、抓捕和处置群体性治安事件”等训练内容。提高处置突发事件能力，为维护社会稳定打下坚实基础。

【遂行任务】 自2011年以来出动200名兵力赴阿坝县担负维稳驻训任务，直到2012年4月归建。期间，处置群体性械斗事件2起，城市武装巡逻310次，武装设卡设伏6次。

【警民关系】 以同心向党为主线，协助党委政府抓好党的路线方针政策宣传；以同谋发展为目标，按地方所需、群众所盼、部队所能原则，开展爱民助民和扶贫帮困活动；以同树新风为支撑，开展“说藏语、唱藏歌、跳藏舞”活动，在驻地开展藏区新旧图片展和卫生常识宣传；以同创平安为保证，帮助当地学校开展军训，邀请群众代表和学生参观部队营区，过国防日。与村建立“四同”共建联系点，开展经常性活动，宣传争取群众。

（负责人：李吉祥 撰稿：彭祖林）

武警中队

【领导名录】

中队长 廖俊东

副队长 黄茂盛（3月止）

指导员 宋海涛

【军事训练】 成立以军事主官为组长军事工作领导小组，严格落实教员备课和干部跟班跟训制度，稳步提高训练质量。坚持做到针对计划不走样、落实内容不漏项、训练步骤不跳过，情况设定多元化，确保人人过关、项项过硬，指挥灵活，处置得当。2012年在支队举行军事大比武中分别获得单科第一、第二的好成绩。

【遂行任务】 全年，中队先后完成安曲驻训，两次警卫勤务和三次犯人押解勤务。

【后勤建设】 加强对后勤工作监管力度，特别是针对后勤人员大部分即将退出现役实际，对炊事员进行调整，以老带新。5月，中队完成营区绿化及绿化带防护栏修补、菜棚、猪圈规范及幼猪购买、蔬菜种植等工作，还挖树十余棵、并完成自运、自栽工作。

（负责人：宋海涛 撰稿人：钟林）

消防大队

【领导名录】

大队长 王 猛

政治教导员 张 慷（5月止）

祝振华（5月起）

副大队长 张 璐

【机构设置】 公安消防大队（5人）和政府专职队（8人）。

【消防】 开展打非治违、易燃易爆场所消防安全及市政消火栓建设维护专项治理工作、建筑消防设施、消防产品专项治理、建设工程工地、“十八大”消防安全保卫火灾防控、守护1—4号和“畅通生命通道”等专项火灾隐患排查整治工作。全年检查单位（场所）1961次，督促整改火灾隐患8054处，填发《责令改正通知书》1801份、《重大火灾隐患整改通知书》2份，办理行政处罚案件45起，责令“三停”52家，临时查封33家，行政拘留32人，罚款25.42万元。办理开业前消防安全检查85起，建设工程消防设计审核（含备案）15起、竣工验收（含备案）1起。通过召开视频会议、联席会议和现场办公等形式，并由政府牵头下发文件方式，全面推进消防安全“网格化”、社会单位“户籍化”等专项工作。全年，接警出动39次（其中，参加火灾演练1次，抢险救援及社会救助38次），出动人员278人次，车辆67台次，抢救财产12万余元，保护财产200万余元，此外为人民群众送水30余车，冲洗街道路面20余次60余公里。3月，大队完成消防站建设专家评审工作。9月，大队完成消防站勘察设计比选工作。深入试点寺庙摸排调研，制定工作方案，完成两批试点寺庙四送工作，在寺庙“四送”活动中，配送器材：灭火器80具、灭火器箱40个、消防水带25盘、消防器材陈列铁架3个、6立方米的消防水箱3个、手抬机动泵3台、消防桶12个、消防储水桶21个、宣传资料1200份，改造电气线路3500米，设置消防宣传栏8个，在经堂供台与酥油灯之间安装玻璃隔离60余平方米，开展消防宣传培训、演练14次。

【应急演练】 5月7日，红原县成功举办2012年防灾减灾综合应急演练工作。制定《红原县2012年防灾减灾综合应急演练方案》，并主动与县林业局、县畜牧局、县武装部等职能部门协调，积极筹备大演练工作，大队先后派出官兵8人次、车辆4台次深入演练场地进行勘察，完善演练细节，确保演练工作顺利圆满完成。

【消防宣传】 利用重大节日、法制宣传日和“119”宣传日等重要时节，结合消防安全“三提示”活动和“消防安全常识二十条”宣贯要求，开展消防安全宣传和教育培训工作。组织宣传活动6次，发放消防宣传资料1200余份，发送消防宣传短信1.5万余条，播放电视公益广告8条，设置固定宣传标牌23处，在主要街道和社区、场所悬挂宣传标语21幅，通过各类场所设置LED标语15条，组织学校、幼儿园、敬老院、宾馆、信用社等单位开展消防安全培训5次。开展外宣工作，多条新闻相继被四川省人民广播电台、阿坝日报、阿坝新闻网播发。

（负责人：王猛　撰稿人：王猛）

森林公安

【领导名录】

局　长　吴文祥
教导员　赵　勇
副局长　王庆新

【机构设置】 设行政办公室（暨指挥中心）、刑侦治安科、政工科、法制科、刷经寺森林派出所。

【队伍建设】 制定出台《红原县森林公安局关于加强队伍建设相关规定》、《红原县森林公安局请销假管理规定》、《红原县森林公安局警车管理使用规定》等规章制度，同时规范涉案财物扣留扣押、保管、处置等程序。严格执行“五条禁令”和“十三个严禁”，规范民警执法行为和工作作风。规范内务管理，加强森林公安“三情”、“四网”建设，建立和完善局机关基础台账和派出所基础业务台账。全年，派出9名民警参加州局组织的森林公安业务培训和公务员初任培训，组织全体民警学习各项法律知识和森林公安业务知识，积极参加省局组织的森林公安机关民警中级执法资格考试。

【案件查处】 全年，出动警力430余人次，出动车辆170余台次，立案25起，其中办理林业行政案件22起，查处违法人员22人；办理林业刑事案件3起，逮捕1人，取保候审3人；挡获、收缴盗伐和非法运输的林木35.3854立方米；收缴非法猎捕和非法收购的野生动物活体122只，野生动物死体2只；罚款33724.68元；为国家挽回损失15万余元。

【“警民亲”活动】 开展“警民亲”活动出动警力200人次，车辆35台次，组织“警民亲”活动10场次；召开座谈会7场次；发放征求意见表100余份；征求意见和建议11条，实施整改措施6条；完善便民服务措施3项；走访群众50余户，接待群众20余人次；回访当事人6人次；为群众做好事、办实事6件；发布活动信息4条。

（负责人：吴文祥　撰稿人：刘兴）

经济综合管理

JING JI ZONG HE GUAN LI

发展和改革局

【领导名录】

局　长　桑　佼

党组书记、副局长　谢荣富

副局长、经信局长　姜　炜（7月起）

副局长　何志勇

郎加磋（7月起）

李世杰（8月起）（援藏）

局长助理　严　伟（8月起）（援藏）

【机构设置】　设办公室、综合股、项目股、投资股、商务股、经信股、对口援建办、物价股、财务室。单位人数23人。

【概况】　1—9月，实现生产总值（GDP）57424万元，同比增长17.1%，分别完成州季度、全年目标任务104%、72.4%；全社会工业实现增加值9751万元，同比增长75.4%，分别完成州季度、全年目标任务88.6%、72.5%；规模以上工业增加值完成6426万元，同比增长95%，分别完成州季度、全年目标任务100.4%、75.6%；实现全社会消费品零售总额13969万元，同比增长16.9%，分别完成州季度、全年目标任务100.1%、75.2%；固定资产投资完成114945万元，同比增长33.5%，分别完成州季度、全年目标任务102.1%、85.1%；1—10月，引进省外资金1300万元，完成年度目标任务130.0%。（以上数据为第三季度州返还数据）。

【固定资产投资管理】　编制完成“十二五”支持四川藏区经济社会发展建设项目规划方案，规划藏区跨越式发展项目80个。申报各类项目109个，储备项目80个，补充完善项目库。全年申报可研及资金请示项目24个，争取藏区后续资金项目10个，争取资金7134万元，审批核准政府投资项目79个。完成施工招标项目13个，推进政府投资建设项目固定价比选29个，完成各类比选项目18个，节约投资1697.13万元，牵头制定红原县《中华人民共和国招投标实施条例》工作方案。全年，编制计划投资项目83个，计划投资135000万元，开工77个，开工率93%。红原县列入省、州级重大建设11个，开工11个（其中：续建项目8个、开工项目3个）。全年，社会固定资产投资完成114945万元，完成州目标任务85.1%。其中：重大项目年度计划总投资64667万元，累计完成投资36640.64万元，完成年度计划投资56.7%。

【经信】　红原牦牛乳业有限责任公司购置移动采奶站70套，保温无菌运输车辆21辆。制定《红原县无线电频率台站核查工作方案》，规范企事业单位无线电管理，对红原20余家单位实施“万网工程”建设，对9家使用无线电部门、企事业单位进行全面核查。全年，有工业企业13家，其中规上3家、拟上规2家，规下8家。在建工业项目4个，累计完成投资340万元，完成工业增加值14123万元（其中规上9023万元，规下5100万元），完成州、县目标任务100%。

【商务】　编制修改完成《红原县鼓励外来投资若干规定》，全年，全县储备包装项目20个，在谈项目6个，落地项目4个，项目总投资32亿元，累计到位资金5719万元，其中省外资金1300万元，完成州目标任务130%，省内资金4419万元。其中，十三届西博会签约项目1个（红原县中藏医药材产业园建设项目），项目计划总投资8.43亿元，预计2015年10月前实施全部投产运营。制定《红原县活畜交易市场建设方案》和《红原县牛羊定点屠宰实施方案》。对已建44个村村农家店和一个配送中心成活率进行调查，存活率100%；对全县万村千乡农家店电话POS机安装意向进行调查，9家有安装电话POS机意向；新办、焕发酒类许可证50余家，年审250余户。发放名白酒许可证14户。发放硒典盐等各类藏汉双语宣传资料、宣传画1650余份。1—10月，全县社会消费品零售总额达到16011.3万元。同比增长16.8%。

【物价监管】　全年，全县参加年审行政事业性单位39个，年审面100%，年审收费总额323万元；对全县九乡两镇2011年涉农收费实行公示制度，公示面100%。实行12358价格举报投诉电话24小时值班制，全年，修改完善奶牛成本调查工作方案；上报各类重要商品和服务价格监测分析报表48期；为司法机关评估各类涉案物品案件（刑事案件）34件，评估金额75.3万元，价格认证15件，鉴定价格总值为209.31万元。

【扶贫】 收集编制完成2012年、2013年度以工代赈和易地扶贫搬迁年度计划和可研编制，牵头编制完成《红原县现代草原畜牧业生产点道路建设规划》。争取易地扶贫搬迁工程中央和省、州预算内资金330万元。增补上报2013年易地扶贫搬迁工程预计资金300万元。

【以工代赈】 全年，下达以工代赈项目中央资金100万元，累计完成投资100万元，建成桥梁4座，道路1公里。

【受援】 全年，受援项目7个，援建资金1640万元，其中新建开工项目7个，完成投资1640万元。

（负责人：桑佼　撰稿人：马凤琴）

工商行政管理

【领导名录】

党组书记、局长　泽让东科

纪检组长　彭　勇

副局长　泽　许

肖　楚（8月起）（援藏）

监察室主任　尔　杰

局长助理　李　蓉（8月起）（援藏）

【机构设置】 设办公室、法制股、财务室、市场股、企业登记及商标广告股、消费者权益保护股（挂“12315”申诉举报指挥中心牌子）、经检大队、工商所，另单设纪检监察室。县消费者协会和县个体私营企业协会两个群众性社团组织挂靠工商局。单位人数25人。

【登记】 私企上年户数39户，2012年比上年同期新增私营企业3户，注册资金为1000万元；增长率为10%。农民专业合作社上年12户，今年新增3户，注册资金为85万元；内资企业上年户数17户，今年比上年同期新增3户。全年检查鲜奶收售合同1份，金额40万元，未发现有合同违法行为。全年2名下岗失业人员持《再就业优惠证》申办个体工商户，免收个体工商户注册登记费0.004万元。另：执行地方再就业优惠政策减免收费金额0.012万元（个协会费）。今年新登记个体工商户218户，比上年净增23户，增长率103.34%，现实有在册个体工商户711户，验照率为93.2%。城镇居民总收入397.2963万元，同比增加92.2613万元，实现人均可支配收入4199.75元，同比增加261元，年度完成增收104.4%。完成辖区内公698户个体工商户的验照工作，年检率93.2%。

【市场整治】 全年，办理案件3件，罚没款62103元。在瓦切、邛溪镇、刷经寺三个网格化监管片区，开展综合整治工作。执法人员56人，执法车辆14台次，检查经营户200余户次，检查超市、食品批发、集贸市场食品经营户27家，重点检查油、盐、米、面等20余个品种140多个批次食品。发放限期整改通知书7份，查缴过期食品2千克。加强建材市场日常监管，指导督促建材经营者建立完善“两账两票一书一卡”制度。出动执法人员62人次，检查个体经营户累计461户，未发现有误导消费、虚假宣传、制假售假、强买强卖等违法行为，全年无旅游业相关投诉。采取拉网式调查，对辖区市场主体和无照经营户调查率达100%。全年，在调查整治工作中，检查各类网吧、游戏厅6户次，规范经营行为4户次，取缔非法经营2户。对辖区2名涉嫌传销人员进行上门查访。

（负责人：泽让东科　撰稿人：李翰林）

质量技术监督

【领导名录】

局　长　陈　刚

副局长、稽查大队长　赵国刚

【机构设置】　设行政综合股、业务综合股。单位人数4人。

【食品安全整治】　全县食品生产企业7家，对小作坊进行摸底调查，由原来5家调整为3家，但还需专家现场审核确定。开展红原御坊斋牦牛肉制品厂生产许可证换证和红原牦牛乳业有限责任公司6家生产许可证年审审核工作。开展食品生产企业（含小作坊）专项检查和质量监督抽查。制定2012年全县食品抽检计划报政府批复实施。全年巡查食品生产企业（小作坊）28家次，执行省、州、县监督检验计划任务16批次，产品合格率93%，实施国家、省、州、县乳制品风险监测10批次，风险监测合格率100%。成立肉制品生产企业专项整治领导小组。特邀政协委员对全县肉制品生产企业生产设备、各类台账等进行全面检查。开展"质量监管质量提升"示范推广。开展《质量发展纲要》宣贯和食品安全知识宣传。深入食品生产企业，利用电视，"3·15"、"质量月"等开展食品安全相关知识宣传，发放食品安全知识宣传材料1000余份。

【建材企业整治】　从5月起对建材生产企业做到每月1次巡查，全年巡查4次。制定全县建材产品抽检计划报政府批复实施，实施州、县监督抽检计划19批次，合格率100%。

【特种设备监管】　全县特种设备使用单位13家，开展巡查及安全检查4次26家（次），特种设备36台（件），下达指令书2份，并督促其按期整改。液化气站获得充装许可证，检查在用钢瓶5530只，已送检到期钢瓶251只。

【代条码】　全年办理新增代码32条，证书年检127条，换证38条，变更52条，废止10条，电子档案及时扫描传送更新；向企业宣传条码和采标知识，加强对企业标准的制定、审订监管工作。根据代码使用单位要求，按程序向代码使用单位提供有效代码数据4次。录入企业产品信息，发放和收集《食品标签调查问卷（企业）》及企业主要产品标签样板。

【计量认证、认可】　在"5·20世界计量日"期间，悬挂横幅1条，开展"推进诚信计量、建设和谐城乡"行动计划工作，向生产企业和消费者发放计量知识宣传单100余份。开展认证监督检查。全县3家企业获得有机产品质量认证或绿色食品认证，对其进行监督检查，均符合要求。普查更新计量器具基础数据，全年，在用衡器计量器具287台（件）、加油机15台、验光镜片箱1组、医疗计量器具63台（件）、水表2350支、电表7268支。检定加油机15台，定量包装24个批次，化验室设备29台（件），压力表68支，出租车计价器11台。

【案件处理】　全年立案查处件1件，当场处罚18件。无一件行政诉讼、行政复议案件。

（负责人：陈刚　撰稿人：耿珍）

食品药品监督管理

【领导名录】

党组书记、局长　罗　伯（5月止）

局　　长　李基康（5月起）

党组书记副局长　张昌华（7月起）

副局长　王　兵

【机构设置】　设办公室、药品器械综合股、食品安全监管股、保健食品化妆品监管股、食品药品稽查大队。在职人员9人。

【宣传】　开展"食品安全宣传日"、"全国安全用药宣传月”主题宣传活动，举办各类宣传活动4次，发放宣传资料2200余份，解答群众咨询300余人次。

【行政许可】 全年，餐饮服务单位办理许可证145家、未办证24家；单体药品店3家、药品加盟连锁店16家、医疗机构15家。

【食品监管】 5月至10月，在全县开展为期6个月小餐饮食品安全整规行动。制定餐饮单位食品安全公示栏和食品原料购进记录、餐饮具消毒记录等台账发放给餐饮服务单位，落实餐饮服务单位采购索票索证、进货查验、台账记录等管理制度。在春秋季开学之际，对全县16所中小学、5所幼儿园食堂食品进行安全监管。8月，对县城城区火锅店、烧烤店等10余家经营单位进行食品快速检测。

【药品监管】 开展药品生产流通领域整治行动，对县内药品生产企业宇妥药业公司生产药品进行批批检查。县食品药品监督管理局派出驻厂工作人员，根据GMP认证要求，协助宇妥药业公司对生产车间、卫生状况、生产设备、原辅料购进与储存、质检部、库房、人员配备、生产程序等进行规范管理。年初，宇妥藏药公司全资收购北京万莱康国际生物科技有限公司，并入该公司旗下“红景天灵芝胶囊”及9个保健品，成为阿坝州第一个拥有保健食品（国食健）字号公司。宇妥药业全年生产肝苏胶囊18个批次1460.49万粒；生产三味龙胆花片2个批次97.18万片；生产智托洁白片1个批次合计48.56万片。10月22日“肝苏胶囊”已入围省卫生厅公布“国家基本药物四川省补充药物优化调整目录”，11月智托洁白片已纳入四川医保目录。对全县19家药品零售企业开展药品经营企业集中整治、GSP跟踪检查。出动执法人员104次、执法车辆28辆、检查药品经营企业130家次，药品生产企业12次，发现违规行为4次都予以责令整改。成立铬超标药用胶囊查处工作领导小组，开展铬超标清查工作。查验宇妥藏药企业空心胶囊的购进记录：一个来源于重庆的胶囊厂，一个来源于青岛益青药用胶囊有限公司，没有央视报道的问题产品。接着到宇妥藏药企业抽三个不同批次的肝素胶囊送州药检所检验，结果均为合格；抽270克空心胶囊送省药检所检验，结果合格。5月，宇妥藏药公司新添置重金属检测设备“MAs9000系列多功能原子吸收光谱仪”，对19个批次的肝苏胶囊进行铬含量进行检测，结果均为合格。组织执法人员对全县医疗机构、药品经营企业进行3次铬超标专项清查，清查覆盖率100%。

【保健品、化妆品管控】 用街边宣传台、上门宣传等形式，开展保健食品和化妆品安全知识普及教育。对部分以螺旋藻、鱼油为原料假冒伪劣保健食品开展监督检测，经检查未发现康爱斯螺旋藻片假冒伪劣保健食品。将保化监管工作与食品、药品、医疗器械日常监管工作相结合，出动执法人员178人次，检查保健食品经营企业28家次，化妆品经营企业51家次。监管覆盖率100%。

【稽查】 全年出动执法人员806人次，检查医疗机构129家次、药品经营企业377家次、药品生产企业13家次；餐饮经营单位680家次、化妆品经营企业68家次、保健品经营企业256家次。发现违规行为6起，取缔无证经营1起，查处销售假冒小型氧气经营1起。下发责令整改通知书19次、监督意见书18次、限期整改通知书18次；立案查处案件2起，结案2起，罚款金额7000元，当场焚烧销毁277具过期输液器和一盒近效期盐酸甲氯普胺注射液。

（负责人：张昌华　编撰人：高碧霞）

国土资源管理

【领导名录】

局　长　王　旭

党组书记、副局长　蒲　晗

纪检组长　陈树友（12月起）

副局长　严红英（12月起）

【机构设置】 设办公室、土地管理股、矿产管理股、土地执法监察大队、土地储备交易服务中心、邛溪镇、刷经寺镇和瓦切镇国土资源所。单位人数 13 人。

【项目用地】 土地利用总体规划已通过省政府核准，督促红原机场建设公司及时按用地程序与省地籍中心签订服务合同，由省地籍中心负责完成国土资源部、省国土资源厅用地手续报批，协助红原机场建设公司完善用地手续；开展农阿路用地报批工作及电力项目前期工作；完成省国土资源厅刷经寺镇小集镇建设土地预审及县城污水处理厂土地预审；启动 13.33 公顷城市批次用地报建工作；完成县公租房（二期）供地 0.33 公顷。

【规划修编】 聘请有资质作业单位，编制完成红原土地整治规划、十二五地质灾害防治规划和地质灾害避让搬迁规划。

【地质灾害防治】 编制印发《红原县地质灾害防御预案》、《红原县突发性地质灾害应急预案》。与各乡镇签订《地质灾害防治目标责任书》。执行 24 小时汛期值班制度，组织开展全县地质灾害隐患排查，建立健全地质灾害防治群测群防、监测预报预警制度，落实全县各地质灾害隐患点防治责任人和监测人。开展江茸乡达格则寺院滑坡治理工程，投资 209.88 万元，9 月底完工。完成达格则寺院挡雨雪棚和青石栏杆修建项目。查尔玛乡江宫寺滑坡治理工程，通过州国土资源局专家组初验。上报 6 个滑坡应急排危除险项目，已落实资金 129 万元。完成查尔玛乡江宫寺地质灾害避让搬迁项目，避险搬迁 45 户，拨付避险搬迁补助资金 72 万元。

【工程建设用地】 牧民定居点、大骨节病区移民搬迁工程项目涉及全县 10 个乡镇 5597 户，由四川省地质勘查开发局四〇五地质队中选，中选价 32.60 万元。全年，完成全县 5597 户牧民定居点、大骨节病区移民搬迁项目外业测绘、权属界限踏勘、宗地图、公告、确权等工作。内业工作已完成确权登记表、审批表填写、证书打印。宗地代码完善后即进入发证阶段。

【土地资源】 全年办理划拨登记 3 宗 1.67 公顷；拍卖国有土地使用权 1 宗 8.93 公顷，拍卖金额 770 万元；干部职工经济适用房登记发证 480 宗 7.87 公顷，国有土地使用权变更登记 39 宗。2012 年实现土地收益 899.12 万元。

【征地补偿】 对红原机场征用安曲乡夺龙村土地、安阿路扩建工程、刷经寺省道 301 线道路重建和瓦切乡州公路局中心基站征用土地进行全面测量，征用牧草地 77.8 公顷，发放征地补偿款 326.81 万元。

【土地整治】 组织开展红原县刷经寺镇老康猫村土地开发复垦整理项目，建设规模 4.88 公顷，预计新增耕地 4.35 公顷，下达项目资金 70 万元。

【违法用地清理】 通过巡查，发现三宗违法用地，违法占地面积 850 平方米，对巡查中发现违法用地，责令停止违法建设，退还非法占用土地，目前违法用地已全部清理，恢复原状。

【来信来访】 受理各类来信、来访案件 6 起，处结 6 起，处结率 100%。

【法制宣传】 制定国土资源“六五”普法规划及年度计划，采取摆设咨询台、宣传展板、发放宣传资料、悬挂横幅等形式，重点围绕“6·25”全国土地日等主题宣传活动。悬挂宣传横幅 11 条，设立展板 3 块，设立咨询服务台 1 个，发放藏汉双语宣传资料 500 余份。

（负责人：王旭　撰稿人：李刚）

安全生产监督管理

【领导名录】

局　长　李基康（5 月止）

罗　白（5月起）

党组书记、副局长　王　西

【机构设置】　设综合办、安全生产监察执法大队，单位人数7人。

【概况】　全年，全县发生各类安全生产事故90起，死亡2人，受伤1人，直接经济损失42.9万元。无重特大安全事故发生。与上年同期相比，发生安全事故件数增加26起，同比上升41%；死亡人数减少2人，同比下降50%；受伤人数比上年减少13人，同比下降92%；直接经济损失比上年增加16.65万元，同比上升63%。道路交通事故占事故起数的100%。

【安全】　县政府分别与各单位、各部门签订《2012年安全生产目标管理责任书》112份，县安办与企业、菌场、建筑施工、道路建设施工等单位签订责任书35份。全年召开1次全县性安全生产工作会议，11次县安委会成员单位会议。开展各种宣传教育活动5次，发送宣传资料1300余份，发送施工现场安全标志挂图8套、200张，悬挂安全生产横幅18幅、发放非煤矿山和危险化学品安全常识小册子50多册。

【安全检查】　建筑施工：组织检查组8个，检查人员34人次，受检企业35个，警告5次，责令改正、限期整改9起，打击非法违法、治理纠正违规违章行为18起，无证、证照不全或过期从事生产经营行为1起，查处非法用工、无证上岗10起，安全生产工艺系统、技术装备、监控设施等不符合要求的5起，隐患排查治理制度不健全、责任不明确的2起。下发事故隐患整改通知书5份，现已全部整改到位，整改率达100%。道路交通：组织检查组11个，检查人员56人次，受检企业3个，投入警力2043人，警车526台，检查车辆17322辆（次），纠正违法1261次，教育6313人，安全宣传40次，排查危险路段6处。对全县147户货物运输业主、1个客运站（客车18辆）；1辆农村客运车、11辆出租车、60辆人力三轮的安全检查中，发现安全隐患11条，下发整改指令书2份。危险化学品、烟花爆竹：县安监局、质监局、消防大队联合对全县5家危化品企业和1家烟花爆竹销售点进行10次安全生产检查，排查安全隐患3条，下发整改书1份。非煤矿山：对全县6家非煤矿山进行全面的隐患排查治理，检查发现，个别非煤矿山未落实值班人员，未制定安全生产应急预案。共排查隐患1处，下发整改书1份。

消防：组织检查组67个，检查人员156人次，开展消防安全监督检查236家次，下发责令改正通知书113份，消除安全隐患142处，消防行政处罚1起，罚款2000元．发放消防资料3500余份。农机：在全县范围内开展农机安全检查，重点整治查处违法载人、“黑车非驾”、无牌无证、超速超载等严重违法行为，共出动检查车辆6车次，出动检查人员23人次，检查拖拉机50余台次，纠正违章5台次，消除事故隐患4起，查处教育拖拉机违法载人8起，查处无牌无证行驶15起。组织检查组3个，检查人员26人次，受检企业7个。

校园及周边安全：对全县16所中小学校、机关幼儿园安全工作责任制是否落实、门卫安全管理是否健全、学生宿舍、学生食堂、食品卫生、消防、用电等进行全面排查。

（负责人：罗白　撰稿人：刘强）

审　计

【领导名录】

党组书记、局长　余朝庆（1月起）

副局长　周学红（1月起）

杨富军

罗大家（8月起）（援藏）

【机构设置】　设经济责任审计股、综合业务股、行政办公室。单位人数8人。

【审计】　全年，计划完成审计项目9个，进行审计项目17个，完成审计项目11个，跟踪审计项目2个，正在进行审计项目4个，超计划完成全年目标任务88.9%。通过审计查出主要问题金额577万元，其中：管理不规范金额336万元，违规金额241万元。查出非金额计量问题4个，应上缴财政241万元，审计促进整改落实问题资金30万元。提出审计建议18条，提交审计专题综合性报告5篇。按审计署统一部署，对红原县社会保障资金进行审计，重大事项和相关数据调查与填报时间上溯2005年以来；审计对象为县人民政府及所属人力资源社会保障、民政、卫生、财政等部门，社会保险经办机构、地税、残联等单位。对县财政局2011年度预算执行情况进行审计。检查财政收支真实性，关注财政支出绩效评价工作推进情况。重点关注公共预算、政府性基金预算和国有资本经营预算编制和执行情况。对县地方税务局2011年度税收征管情况进行审计。重点关注地税部门减免缓税情况、依法征税及运用信息化技术强化税收征管情况。对县水务局和县扶贫移民局2个部门2011年度预算执行情况进行审计。重点审计基本支出和项目支出，关注预算执行效果和财政资金使用效益。关注部门预算公开基础性工作；关注资金收支是否按预算执行，预算执行是否达到事业发展政策目标，民生支出政策目标是否实现。保障性住房建设及资金管理使用情况跟踪审计。审计重点是城镇保障性安居工程建设目标任务落实与完成情况，建设资金筹集、管理和使用情况，安居工程建设管理情况，保障性住房分配及后续使用管理情况。对“民族地区教育发展十年行动计划”资金进行跟踪审计。配合州审计局对2009年—2011年度牧民定居行动计划项目资金进行审计、2012年牧民定居行动计划公建项目进行跟踪审计。重点审计牧民定居行动计划项目落实和实施中资金筹集、拨付、管理、使用及完成情况。重点关注国家政策是否落实到位、政策目标能否实现，有无挤占挪用资金、损害群众利益问题。配合州审计局对全县综合防治大骨节病试点资金进行审计。审计重点2008—2011年综合防治大骨节病试点工作项目资金筹措、拨付、管理、使用及完成情况。对2010年国家天然草原退牧还草工程项目进行审计。对灾后恢复重建项目需纳入竣工决（结）算审计项目16个进行结算审计，现已完成结算审计15个，完成率93%。根据统筹安排、力量调配和人员具体情况，该年拟完成经济责任审计项目2个。结合2012年部门预算审计开展软件正版化审计工作。2012年6月10日至18日对2010年度农业综合开发资金进行就地审计。2012年10月25日至11月6日，对红原县教育局2009—2012年度中小学校舍安全工程进行就地跟踪审计。

（负责人：余朝庆　撰稿人：刘丽）

统　计

【领导名录】

局　　长　杨宗礼
党组书记　杨宗礼（7月止）
　　　　　许　琼（7月起）
副局长　许　琼（1月起）
　　　　王尚成

【机构设置】　设办公室（挂统计执法大队）、国民经济核算综合统计股、工农业股、普查中心。单位人数11人。

【统计】　开展《农村居民问卷调查》，全面完成全年各专业报表收集、审核、录入、汇总及上报。按州统计局统一部署，完成全县基本单位名录库清查工作。根据国家统计局阿坝调查队安排部署，完成主要畜禽监测样本轮换工作及居民消费品价格指数调查规格品替换和完善工作。协助国家统计局阿坝调查队完成全县组织工作满意度测评。

【统计信息化】　完成与州局广域网信息传输及与各乡镇联网工作。10月，6家“三上”企业、5户“限上”个体工商户统计人员熟练掌握一套表“国家直报平台”工作操作流程，完成限额以上商业企业及规模以上工业企业联网直报，直报率100%。

【统计执法】　在全县开展统计从业资格自查及

对部分单位进行现场检查等工作。加强宣传《统计法》、《统计法实施条例》、《四川省统计管理条例》等法律法规力度。

【**数据信息**】　及时发布《红原县2011年国民经济和社会发展统计公报》，编制《红原季度经济信息》3期，撰写《红原县季度经济运行情况简析》等统计分析，统计简报及政务信息30多篇。

（负责人：杨宗礼　撰稿人：韩晓芳）

社会生活

SHE HUI SHENG HUO

民族宗教事务

【领导名录】
康玛尔寺管委会主任、局长
觉　巴（5月起）
党组书记、副局长　黄　飞
副局长两资办主任　杨　斌
索　娜

【机构设置】　设办公室、民族、宗教、法规政策股、两项资金股、编译股。单位人数8人。

【民族】　召开民族团结进步模范集体和先进个人表彰大会，表彰民族团结进步模范集体22个，先进个人56名。开展民族团结模范村、模范社区创建工作。建立健全县、乡、村创建活动网络，各创建乡、村（社区）明确一至两名领导干部分管抓好此项工作，整合两资项目资金、扶贫资金、幸福美丽家园建设项目资金等各类资金199万元投入到模范村、模范社区建设当中。全年争取少数民族发展金项目3个，资金60万元；民族工作机动金1个，资金20万元。下发《关于进一步加强部门信息报送的通知》，全年上报民族工作、两资工作业务信息44条。民族成分管理工作规范有序，全年受理民族成分变更5件，考生民族成分确认130余件。

【宗教管理】　以县法制政策宣讲团为平台在全县深入开展寺庙爱国主义、法制教育和教规戒律宣讲活动，形成独具特色的牧区“马背巡回宣讲”模式。开展“爱国爱教、持戒守法、助民为乐”主题活动。开展“进寺入僧舍、干部结对子”和“挂、包、帮”活动，面对面解决寺庙的困难和问题。坚持每年对全县寺庙场所“四至界定”，完成十座寺庙地形图、现状图和总平图绘制。实行“一户一牌一号”标准化管理。加强对临时性（大型）佛事活动管理，制定《红原县临时性（大型）佛事活动管理制度》，严格实行临时性（大型）佛事活动审批制度。以“两证”颁发为契机，完成全县十座寺庙1383名僧尼“两证”基础信息采集、核对、审核和颁发工作。规范宗教教职人员请销假制度，加强外来学经僧人、外出学经和短期离寺管理，建立健全教职人员请销假台账和备案制度。3月17日，在麦洼寺开展肺结核疾病普查工作启动仪式。完成全县僧尼肺结核病等疾病普查和免费体检工作，覆盖率95%以上。11月1日，由县委统战部、县民族宗教局、县佛教协会主办，红原县牦牛乳业有限责任公司协办的“佛心善心，共奏和谐”社会慈善捐赠活动，在麦洼寺举行。组织全县寺庙僧人集中学习“省委刘奇葆书记在格尔登寺调研时的讲话要点”，印发1000余份藏汉双语学习资料。抓好年轻僧尼的教育培养，全年选派新转世活佛、寺管会成员和年轻教职人员参加培训11人次。同日并举行第二批藏传佛教寺庙广播电视“舍舍通”卫星直播接收器发放550套，解决麦洼寺等6座寺庙1000余僧人看电视难的问题。投资30余万元完成麦洼寺“寺庙书屋”建设，在其余九座寺庙普遍建立僧人“学习角”，为寺庙免费提供有益的出版物，丰富僧尼文化生活。抓好年轻僧尼的教育培养，全年选派新转世活佛、寺管会成员和年轻教职人员参加培训11人次。推进宗教教职人员社会保障工作，将323名符合条件的僧尼纳入农村低保，将227名符合条件的僧尼纳入五保供养范围，293名僧尼办理新型农村社会养老保险，改善尼姑寺僧人卫生保健条件，对尼姑寺在册僧尼按每月30元标准发放卫生保健补助金，并纳入财政预算，投资30万元修建尼姑寺公共浴室。建立寺管会成员专项奖励机制，每年投入24余万元用于69名寺管会成员生活补助。全年投入寺庙基础设施建设资金600余万元。

（负责人：觉巴　撰稿人：黄飞）

人口和计划生育

【领导名录】
党组书记、局长　唐继琳
副局长　郭文明

郎　措（1月起）

【机构设置】　设综合办公室、业务股、县计生宣传技术指导站、流动人口计划生育管理办、计划生育协会办。

【概况】　全县期末出生人口479人（其中甘孜籍五年内出生漏统人员101人，正常出生为378人），比州政府下达的830人少出生351人；人口自然增长率为9.5‰（实际为6.9‰），比州政府下达的8‰高1.5个千分点（实际低1.1个千分点）；符合政策生育率为94%，比州政府下达的任务数91%高3个百分点。全县期末总人口44333人（统计总人口为45248人，其中农村人口35178人，常住未上户5人，城镇人口10065人）。（其中流动人口569人；甘孜籍上户343人，甘孜籍五年内出生漏统人员101人；婚迁进入红原25人），比上年净增加1025人。全县出生479人，比上年增加60人。（甘孜籍五年内出生漏统人员101人，甘孜籍今年新出生婴儿为12个）。死亡62人，比上年减少41人。出生率10.8‰，比去年增加1.1个千分点。男孩出生257人，女孩出生222人，男女出生婴儿性别比为115：100。一孩出生204人，占出生人数的42.6%；二孩出生156人，占出生人数的32.6%；多孩出生119人，占出生总人数24.8%。计划内出生450人，计划外出生29人（全年计划外出生人数也较多，主要是甘孜籍上户人员，均为多孩出生），符合政策生育率94%，比上年同期增长1.6个百分点，高于州政府下达任务数91%高3个百分点。全县育龄妇女13019人，其中已婚育龄妇女7835人（无孩妇女1079人，一孩妇女2672人，二孩妇女2090人，多孩妇女1994人）。女性初婚18人；领取独生子女父母光荣证124人。已婚育龄人群选用各种避孕方法人数7403人，避孕节育率94.5%。本期施行计划生育手术1064例（其中女性绝育159例，皮下埋植411例，取出皮下埋植剂412例，放置宫内节育器32例，取出宫内节育器15例，药流7例，人流9例，中期孕引产19例）。对育龄妇女进行三查3286人次。

【培训】　年初开始，分批选派计生服务站新进医务人员到县医院进修B超和人流、安取宫内节育器、妇科疾病检查等妇产科方面业务知识，进修时间为期一年。8月，派计生服务站两名医生赴“一帮一”联系单位温江区计生局进行为期一个月学习进修。举行为期一周、12个乡镇（场）计生专干和县人口计生局、县计生服务站全体干部职工参加业务知识培训，培训人数30余人。3月8日，县局对全县计生系统干部职工就训药具“三色五区”标准化建设。11月，鉴于各乡镇专兼干人员流动性较大对更新后PIP系统操作进行为期一周系统培训。

【宣传】　利用“3·8”、“5·29”、“7·11”、“10·28”等节点宣传，宣传《人口与计划生育法》、《四川省计划生育技术服务管理条例》、《社会抚养费征收管理办法》、《流动人口管理办法》、《州变通规定》；发放藏汉双语的计划生育宣传册、计划生育年历、环保袋、纸杯、宣传伞等宣传资料；利用广播电视、报刊、网络、手机等现代媒体开展宣传普及，落实人口计生“三为主”方针。全年在各种新闻报刊上发表文章20余篇。发放人口和计划生育法律法规、人口与计划生育政策小手册、计划生育优质服务指南、生殖健康宣传册和年历、优生优育宣传资料、流动人口维权手册等各类宣传品1.2万余份。

【奖励扶助】　全年，红原特别扶助110人，其中独生子女死亡家庭102人，新增2人，死亡退出一人（奖励金为每人每年1620元，比往年增加了420元），独生子女伤残家庭8人（奖励金为每人每年1320元，比往年增加360元），农村计划生育家庭奖励扶助对象322人，其中新增28人，（奖励金由往年每人每年720元增加至每人每年960元）；计划生育家庭少生快富项目户92户（每户一次性享受3000元奖励金），并一人一档归档。全额发放农村独生子女父母奖励金110人13662元。全额发放村计生员工资36480元。完成三结合帮扶户391户（州下达任务数为366户），落实帮扶基地22个（州下达任务数为18

个），超额完成任务。其中新增 57 户、联系户 88 户、帮带户 139 户。三结合基地 22 个，其中巩固基地 14 个，新增基地 8 个。帮扶部门投入帮扶资金 57.59 万元，其中财政投入 9 万元，项目资金 27.22 万元，其他资金投入 20.87 万元。

【计生服务】 全年，免费 B 超检查 300 余人次，早孕检查 2000 余人次，门诊咨询 1000 余人次。使用避孕药具有 1.5 万余人，发放避孕套 4.8 万只，三相片 2900 板，纳米隐形避孕套 500 瓶，避孕栓 1.188 万粒。

【办证发证】 全年办理《生育服务证》61 例、《生育证》33 例、《独生子女父母光荣证》32 对夫妇，出具上户卡 27 例、退出《独生子女父母光荣证》证明 4 例。

【来信来访】 全年，来信来访 167 件，其中来访 117 件，电话来访 50 件，涉及奖励优待、办证、计生政策、生殖保健和计生服务等内容。

【流动人口管理】 建立完善流动人口信息登记制度，落实流入人口管理，建立完善统计制度，全县流动人口总数 686 人，其中流入 569 人，流出 117 人。办理《流动人口婚育证》11 例。

（负责人：唐继琳　　撰稿人：袁　烨）

人力资源和社会保障

【领导名录】

局　长　杨国光（7 月止）
　　　　杨剑军（7 月起）
党组书记、副局长　杨剑军
副局长、公务员局局长　扎西旺姆
副局长、就业局局长　欧小明（7 月起）
社保局局长　杨勇珍
新农保局局长　何清蓉
医保局局长　龚利华
军转办主任　申晓玲（7 月起）
农劳办主任　龙雪梅（7 月起）

【机构设置】 设办公室、公务员管理股、专业技术人员管理股（挂县职改革办牌子）、工资福利和退管股、法规规划与仲裁股（挂县劳动人事争议仲裁委员会办公室的牌子）、劳动监察和基金监督、劳务开发股等 7 个行政职能股室，劳动监察大队 1 个事业内设机构和社会保险事业管理局、就业服务管理局、医疗保险管理局、新型农村社会养老保险管理局 4 个下属业务机构，挂靠有军队转业干部安置领导小组办公室 1 个副科级行政机构。

【职称】 全年，批准高级职称 13 人、中级职称 18 人，完成全县教育系统 17 人高级职称、35 人中级职称和卫生系统 5 人高级职称、8 人中级职称聘任工作，完成其他事业单位 4 人中级职称和 1 人高级职称聘任。

【人才流动】 办理调动手续 77 人次，其中调出县外 36 人，县外调入 14 人，县内调动 27 人次。通过公开招考，招录公务员 66 人（含 7 名“9 + 3”应届毕业）；招聘事业单位工作人员 116 人（其中“9 +3”应届毕业生 32 人）。

【工资福利】 全年，日常调资涉及 2261 人次，月增资 12.95 万元，补发工资 20.09 万元；完成全县机关、事业单位春节期间加班工资计发，涉及全县 1516 人、发放工资 893.08 万元、人均发放 5891 元；审核从 2012 年 7 月开始对乡镇及以下在编在岗机关事业单位工作人员、特岗教师、大学生村官等实施乡镇临时岗位补贴，涉及 1114 人，发放临时岗位补贴 334.12 万元。办理死亡 13 例，发放丧葬费 35.15 万元、抚恤金 277.85 万元、一次性困难补助 1.14 万元；办理机关事业单位职工退休 5 例。

【劳动合同管理】 3 月上旬至 5 月中旬开展 2012 年农民工劳动合同签订工作，督促用人单位与员工签订劳动合同书 276 人（份）。县内 31 个各类企业劳动合同签订率达 100%，农民工较多建筑业劳动合同签订率 91%，较上年提高 2 个百分点。

【劳动监察】 前三季度主动监察用人单位58户，涉及劳动者人数847人，向用人单位下达《劳动用工监察记录》58份。指导用人单位规范农民工工资支付行为，完善农民工工资保证金制度。全年收取农民工工资保证金70.8万元，担保函15份、担保金额1349.24万元，对防止恶意拖欠、克扣农民工工资发挥一定作用。6月1日至7月31日，在全县组织开展为期两个月整治非法用工、打击违反犯罪专项行动。发放《劳动合同法》、《刑法》、《职业病防治法》、《安全生产法》、《禁止使用童工》等法律法规手册630份。无重大侵害劳动者合法权益违法案件发生，未发现使用童工现象。

【来信来访】 全年，接待职工来访132人次，调解劳动争议案件22起，为61名农民工追讨劳动工资29.48万元。

【就业】 举办创业培训班一期，培训35人，完成州定目标任务25人的140%，提供小额担保贷款28万元，完成州定目标任务25万元的112%。通过落实创业优惠政策，帮助7人创办企业，并吸收其他就业人员4人。全年实现新增就业258人，完成州定目标任务250人的103.2%（其中：下岗失业人员再就业25人，完成州定目标20人的125%）。

【职业介绍】 上半年结合“就业援助月”活动、春风行动，民营企业招聘周活动，组织2次现场招聘会，提供173个就业岗位，有121人（次）登记求职，25人找到满意工作；下半年根据各乡（镇）、村（社区）公共服务需要和机关事业单位社会化服务需要，结合实际开发公益性岗位涉及草场保护、环境综合治理、治安维护、劳动保障协理等，全县实际安置公益性岗位133人，其中：安置困难就业人员8人、2009级“9+3”学生80人、2010级“9+3”学生45人。

【职业培训】 完成农村劳动力技能培训135人，完成州定目标任务130人的103.85%；在岗培训53人，完成州定目标任务的50人的106%；品牌培训50人，完成州定目标任务50人的100%；新型农民培训106人，完成州定目标任务100人的106%。

【劳务输出】 全年，全县农村劳务输出806人，完成州定目标任务700人的115.14%；实现劳务收入810万元，完成州定目标任务710万元的114.08%。

【养老保险】 全年，城镇职工基本养老保险覆盖2904人，完成州定目标任务2765人的105.03%。其中：企业办法参保职工1211人，机关事业单位参保542人，退休1151人。企业基本养老保险基金收入1218万元，支付2241.32万元，机关基本养老保险基金收入541万元，支付28.75万元。

【医疗保险】 全年，城镇职工参加基本医疗保险人数达4611人，完成州定目标任务4500人的102.47%；城镇居民参加基本医疗保险达3627人，完成州定目标任务3100人的117%。

【失业保险】 全年失业参保人数达1855人，完成州定目标任务1850人的100.27%。失业保险基金征缴收入167.28万元，完成州定目标任务95万元的176.08%。为下岗失业人员发放失业金12.3万元、代缴医疗保险费4.12万元。

【工伤保险】 全年，参加工伤保险人数达2622人，完成州定目标任务2550人的102.28%（其中：农民工114人，完成州定目标任务100人的114%）。征收工伤保险金60万元，支付工伤保险金10.08万元。

【生育保险】 全年参加生育保险职工人数达494人，生育保险费收入8.04万元，分别完成州定目标任务的101%和115%。为3名企业职工支付生育保险待遇1.23万元。

【社会养老保险】 全年，城乡居民社会养老保险覆盖人数7783人。其中，农村参保总人数达7317人，完成州定目标7300人的100.23%（其中：60岁以上参保人数达3514人，完成州定目标3500人的100.4%，发放养老金179.36万元；16—59周岁参保人数3803人，完成州定目标3800人的100.08%，参保个人缴费金额达50万元）；城镇参保总人数466人，完成州定目标460人的101.3%（其中：60岁以上参保人数达264人，完成州定目标260人的101.54%，发放养老金13.43万元；16—59周岁参保人数202人，完成州定目标200人的101%，参保个人缴费4万元）。

（负责人：杨剑军　　撰稿人：陈孝东）

民政局

【领导名录】

局　长　胥明宇（1月起）

党组书记、副局长　阿云峰（1月起）

副局长　尕尔玛拉登（12月起）

陈　红

老龄办主任　旦　迫（1月起）

老龄办副主任　旦真彭措（1月起）

中心敬老院主任　兰木军（1月起）

【机构设置】 设社会救助福利中心、查尔玛敬老院、瓦切敬老院、烈士陵园、双拥办、县救助管理站、办公室、综合股、区划地名股。单位人数25人。

【医疗救助】 全年，救助农村困难群众患者17701人，发放农村医疗救助金343.43万元。农村医疗救助年人均救助下达目标为154元，实际完成年人均276.38元，完成179%。救助城镇困难群众患者1162人，发放城镇医疗救助金48.5万元。城镇医疗救助年人均救助下达目标为154元，实际完成年人均430.7元，完成目标任务的279%。

【低保】 全年，农村最低生活保障对象12426人（Ⅰ、Ⅱ度大骨节病患者4662人全部纳入农村低保），全县低保资金实现一卡通发放。全年累计新增农村低保人员1218人，累计发放保障资金1311.7万元，目标任务月人均补差73元，实际完成月人均补差87.9元，完成目标任务120%。城市最低生活保障对象1126人。全年累计新增城市低保人员86人，累计发放保障资金240.9万元，目标任务月人均补差168元，实际完成月人均补差178元，完成目标任务106%。

【五保供养】 全县有敬老院3处，即：县社会救助福利服务中心、查尔玛敬老院瓦切敬老院，分别入住64人、16人、18人。其中，瓦切敬老院自2010年验收合格后，今年逐步开始入住。年初争取290万瓦切敬老院建设缺口资金。集中供养五保老人和大骨节病Ⅲ度患者64名，其中大骨节病Ⅲ度患者22名。每月每人生活补助300元，零花钱60元。与县医院签订好协议，老人生病可以先就医、住院，年底由民政局统一结算。

【救灾救济】 开展冬令春荒救助，发放救灾款84万元，救灾棉被512床。5月28日至7月中旬，查尔玛乡和江茸乡大部分地区受冰雹灾害及麦洼、瓦切、邛溪镇受水灾影响，第一时间到受灾地对受灾情况进行核实、统计，并及时组织发放救灾帐篷22顶、棉被40床、衣裤200套等，对受灾困难群众采取有效临时救助及时兑现，确保群众灾后生产生活正常。

【双拥】 成立双拥领导小组办公室，确定1名专职人员，解决办公场所。出资15万元对刷经寺革命烈士陵园进行主体维修，邛溪镇烈士陵园烈士墓碑修善。省军区帮扶安曲乡群众文体中心、安曲乡下哈拉玛村群众文化活动中心，投入160万元，与安曲乡摩托化民兵应急分队共建，搞好民兵训练工作。77110部队与县人武部看望瓦切乡日干村患结核病村民央金娜姆，送去慰问金1.1万元。全年，接收退役士兵9人，其中农村义务兵2人，城镇退役士兵7人。在“八一”期间对伤残军人、老复员军人、军烈属等44人发放重点优抚对象一次性临时医疗救助金9.95万元，并按新标准完成44名老复员军人、革命伤残军人的定补调标工作。完成定补优抚对象银行直发和政务公开工作，全年为优抚对象发放优抚金、伤残金、医药费35.48万元。

【边界线】 协同毗邻县对阿（阿坝）红（红原）线边界线进行实地联合检查，对2棵界桩进行刷漆、描红、拍照，并签订平安边界线协议书；8月完成阿（阿坝）红（红原）线联检各种材料整理、归档、交换和上报。

【政区大典】 从年初开始收集、整理红原行政区划、历史文化、地理风貌、自然资源、经济概况等相关资料，完成政区大典红原县分卷，完成15万字左右《红原县政区大典》编纂工作。

【区划地名】 贯彻《国务院关于行政区划管理的规定》和《地名管理条例》要求，利用法制宣传周和宣传日，印制宣传材料500余份，宣传区划调整、地名管理工作重要性。全年，收集各类地名信息2000余条，设置各种地名标志300余块。

【社会事务】 全年登记结婚465对，登记离婚39对，补办结婚证57对，合格率100%。依法加强对社团组织监管，全年已登记社会组织14个，其中社团14个，在和谐社会活跃文化生活中社会组织发挥积极作用。设立县临时救助服务站，配齐专（兼）职人员，救助流浪乞讨人员170余人，救助资金5.272万元。开展“慈善帮困助学活动”，对具有红原户籍，参加2012年四川省普通高等学校招生考试，品学兼优，计划招生范围内，被本科以上院校录取城乡低保、特困家庭贫困学生，贫困户烈（军）属子女，残疾人子女、孤儿和丧失主要劳动力家庭贫困学生严格按慈善助学审批程序，采取学生个人申请、乡镇推荐、县民政局审核、州慈善总会审批方式，全县有6名品学兼优学生得到资助，资助金额2.36万余元。实施“四个一万”工程，助学、助困15人，补助资金2.96万元。发放孤儿生活补助金17.28万元。全年，为87名老年人办理《老年人优待证》，对全县67位90—99岁老年人发放4.814万元高龄生活补助（60元/人·月），为3位百岁老人发放7200元长寿生活补助（200元/人·月）。重阳节到社区及乡镇慰问，发放慰问金2000元。建立健全孤儿福利保障制度，全年，为24名孤儿发放生活补助17.28万元（600元·人/月），补发2010年29名孤儿生活补助20.88万元。开展“晚情行动”，发放有助行器3具、腰围30具、助听器28个、轮椅41辆、手杖34支、拐杖23支、胸腰椎矫形器22具、硬式膝部矫形器63具。

（负责人：胥明宇　撰稿人：朱洪蓉）

扶贫和移民工作局

【领导名录】

局　长　陈之中

党组书记、副局长　土洼尕

副局长　李卿德

局长助理　杨　旭（8月起）（援藏）

【机构设置】 设办公室、综合股、扶贫规划管理股、移民规划管理股。单位人数9人。

【扶贫开发和综合防治大骨节病】 全年续建完成村内道路7.7公里、草场建设336.67公顷、电网入户101户。为5705名易地育人学生发放生活补助827.225万元。为6430名易地育人学龄儿童供应在家2个月补差口粮16.86万公斤。为大骨节病区村20294人换粮对象供应粮食239.427万公斤。104.17万元补助资金主要用于大骨节病患者分类实施集中供养99人、农村低保4662人、医疗救助4761人。组织劳务培训110人，完成2011年刷经寺镇塘星村、加当村道路硬化、村委会活动室维修及附属工程等续建项目。完成疾控中心数据库维护1个，医疗救治4761人，对权限11个乡镇14所学校在校学生及所有寺庙僧人进行健康教育，完成11个乡镇卫生院及17个村卫生室设备购置。

【产业结构调整】 全年，完工10公里牧道（泥结碎石路），完成投资80万元1236名贫困群众将直接受益。投入项目资金84.505万元，建设完成道地中藏药材人工种植基地2个（刷经寺镇老康猫村道地中藏药材种植基地、邛溪镇川贝母人工种植基地），成立道地中藏药材种植专业合作社1个（刷经寺镇老康猫村道地中藏药材种植专业合作社），带动刷经寺镇、邛溪镇农牧306户，种植7种道地中藏药材品种。全年，新增道地中藏药材人工种植8.33公顷，全县道地中藏药材人工种植面积保有量93.67公顷。组织采挖人工种植药材1.75公顷，实现销售收入22.46万元。种植农牧户均增收320元左右。完成江宫玛村养羊基地建设，购买优质藏系绵羊种公羊20只，购买优质母羊300只，新建暖棚带草料库1200平方米、建设厕所及附属设施40平方米等，投资50万元。在7个乡镇的7个村共新建50户棚圈7500平方米，投入资金150万元。

【农村扶贫解困】 完成江茸乡、查尔玛乡藏区连片扶贫开发项目，投入资金500万元，政府采购优质种公牛29头、高产改良母牛150头，新建牲畜暖棚1710平方米、道路2公里、生产用房140平方米等配套基础设施。完成邛溪镇达格龙扶贫开发整村推进项目，投入资金100万元，政府采购麦洼牦母牛150头、黑白花种牛7头、黑白花奶牛6头，新建草料库40平方米、牛圈160平方米、巷道圈300平方米等配套基础设施。完成瓦切乡日干村、刷经寺镇色隆村、麦洼乡滚塘村3个扶贫开发整村推进项目，投入资金300万元，政府采购绵羊105只、优质改良牛60头、优质奶牛60头，新建羊圈及暖棚600平方米、牛圈及暖棚1060平方米、管理用房等配套基础设施。完成“扶贫开发和农村低保两项制度有效衔接系统”的录入工作，确定农村贫困户为3119户，贫困人口为8393人。

【水电工程移民管理】 做好大中型水库移民后期扶持人口10户26人的相关工作，直补到人。完成水电工程移民后期扶持道路建设和劳务培训项目的实施工作，投入资金8万元。

【牧民定居】 全年，道路、厕所、垃圾回收房及简易垃圾处理厂项目已全面完成，政府采购太阳能路灯134套、垃圾清运车（拖拉机）33台，完成投资2000万元。出台《红原县牧民定居点公共服务与社会管理办法（试行）》。

（负责人：陈之中　撰稿人：徐常忠）

农林牧水

NONG LIN MU SHUI

农工办

【领导名录】

主　任　杨宣发

副主任　袁友兴

张　华（7月起）（援藏）

【机构设置】　挂靠县委办。单位人数7人。

【新农村建设】　日干乔湿地自然保护区一期工程建设项目正式启动；对全县11个乡镇范围内裸露区域进行植被恢复；完成防沙治沙280余公顷；邛溪镇市政道路新建已完成合同约定工程量89%，正在铺油；霞穹东街道路新建已完成合同约定工程量45%，2013年8月30日竣工；城镇桥梁红军桥16根桥墩钢筋混凝土浇筑已完成，邛溪河桥6根桥墩钢筋混凝土浇筑已完成；新建邛溪镇白河防洪堤工程3公里，并完成河道清淤工作，全面完成第三批农村饮水工程，新建水池567立方米，铺设饮水管道6.9351万米，可解决1.6万人饮水问题；新建续建乡村通畅通达道路工程59.6公里，工程全面完成，完成农村桥梁建设4座；续建2011年退牧还草工程，完成休牧4.93万公顷，建设免耕人工草场0.02万公顷，牲畜棚圈1500个；完成农业综合开发项目，改良草地0.28万公顷，安装围栏15万米，新建牧道40公里，牲畜防疫巷道圈16个；完成草原生态奖补项目，实施禁牧31.73万公顷，将42.67万公顷草场实施草畜平衡，并兑现相关补助资金。

【幸福美丽家园建设】　全年，总投资1811.7万元，完成投资任务100.2%，其中包括完成改厨141户，完成任务总数100%；改厕136户，完成任务总数100%；改水8000米，完成任务总数100%；安装太阳能热水器366套，完成任务总数100%；生物质炉480台，完成任务总数100%；新建浴室52户，完成任务总数100%；风貌改造400户，完成任务总数100%；联户路硬化6500米，完成任务总数100%；组间路硬化4100米，完成任务总数100%；优质蔬菜种植220亩，完成任务总数100%；中低温食用菌13万袋，完成任务总数108%；高原牦牛养殖2150头，完成任务总数100%；四级通村公路建设2.24千米，完成任务总数100%；建蓄水池3个，完成任务总数100%；水渠6800米，完成任务总数100%；建垃圾处理池3个，完成任务总数100%；村民活动中心770平方米，完成任务总数100%；公共健身广场2800平方米，完成任务总数100%；健身器材3套，完成任务总数100%。

【农民专合组织和协会】　有农民专合组织和协会21家，其中农民专合组织20家、协会1家，注册登记19家。在农民专合组织和协会中，主导牦牛养殖产业有10家，果蔬产业有4家，畜产品加工2家，养羊产业有2家，中藏药种植产业1家，手工艺编制1家，乡村旅游产业1家。

【培训】　培训12856人，超过计划7%，其中举办草原鼠虫害防治实用技术（370人次）、冻精改良实用技术（180人次）、蔬菜种植实用技术（1000人次）、动物疫病防治（1266人次）、牧草种植（1500人次）、沙化草场治理与管护（660人）、退耕还林补植（1500人）、其他培训（6380人）等一大批实用技术在广大农牧区得到有效推广和运用。

（负责人：杨宣发　撰稿人：张华）

林　业

【领导名录】

局　　长　朱学文（1月起）

党组书记　朱学文（11月止）

姜　剑（11月起）

副局长　姜　剑（11月起）

陈显林（1月起）

护林防火指挥部专职副指挥长

刘联忠（1月起）

【机构设置】 设办公室、造林绿化管理股（县绿化委员会办公室）、森林资源管理股（行政审批股）、计划财务管理股、野生动植物保护股。护林防火指挥部办公室，湿地保护办公室，邛溪、刷经寺、查尔玛、瓦切林业工作站、日干乔湿地自然保护区管理处、森林植物检疫站。单位人数71人。

【生态建设】 天保工程二期全县森林管护149.46万公顷，落实管护责任，实行常年管护。管护对象为国有林管护，国有林管护面积145.98万公顷，集体林公益林管护，集体林公益林管护面积3.292万公顷。签订国有林管护合同共计61份，其中县林业局与森林管护站（林业工作站）签订管护合同责任书4份。森林管护站（林业工作站）分别与森林管护（护林）人员签订管护责任书57份。签订集体林管护合同40份，其中县林业局与乡镇村签订管护合同责任书10份，村集体与村专（兼）职管护人员签订合同30份。建立县、乡、村、村民四级管护考核体系，按管护成效兑现管护费。补充完善天保二期工程县级实施方案。落实2011年生态集体林公益林补偿资金涉及10个乡镇30个自然村，已兑现（实施方案）集体（个人）公益林3.29万公顷生态补偿资金，共补偿基金48.06万元。对刷经寺镇7个村266.67公顷退耕还林地足块进行全面检查，未发现占用退耕还林地、擅自更改林种和改变退耕地块情况现象。配合绿化造林股实施2011年度中央预算内退耕还林工程配套封山育林工程，封山育林200公顷的管护工作。全年，沙化治理地点为邛溪镇，治理466.67公顷，工程现已完成防风阻沙林带600米、环形林带6000米、沙障5.5625万平方米、植灌35.67公顷，种草100公顷，网围栏安装2200米、棚圈建设400平方米。续建完成退耕还林配套荒山封山育林建设200公顷，其中补植31.6公顷、补播44公顷，标志标牌1座。组织全县机关干部、武警官兵、在邛溪镇元宝山西侧义务植树6500余株。完成《红原日干乔自然保护区一期工程建设》代理机构比选、勘察设计招标工作和勘察设计工作，《阿坝州红原县国家重点生态功能区2011年转移支付资金项目》可行性研究报告并通过专家评审，《若尔盖农（牧渔）业综合利用示范区（红原县）一期工程建设项目可行性研究》（计划投资2835万元）和2011年投资建设的中央财政转移支付红原日干乔湿地恢复项目（计划投资3045万元），进入可研评审阶段。国有林业场、站危旧房改造60户，中央投资120万元。

【森林防火】 全年，出动宣传车104台次；播发警示教育片62次；组织防火知识竞赛1次；参赛人员60次；发放宣传资料1.44万份；街头宣传2次；受教育达95%；召开各种防火会议12次；在各中小学校开设防火专题课60课时；管护人员走村串户568次；对游客和外来人员宣传460人次；“清明”、“五一”加大了宣传力度，增派管护人员，实行全天候巡逻。对乡签订责任书12份，乡对村33份，对户1.0971万份，野外火源管理制度全部落实到位，森林防火实行管护责任制，现有管护人员55人，他们与林业部门签订《森林管护责任书》和《巡山日志》。各乡（镇）与林区施工单位签订《森林防火责任书》，各乡（镇）与辖区内电力公司、寺院、学校、卫生所、粮店、油库、社区、派出所等单位签订责任书68份，签订率达100%。组建半专业扑火队伍一支，人数80人，义务扑火队12支，人数1260人，对半专业扑火队开展扑火演练2次，受训560人次。

【资源林政管理】 全年县木材加工厂已为各项工程提供专项木材1600立方米。与森林公安局联合开展“送法律下乡”活动，进行《森林法》、《护林防火条例》、《野生动物保护条例》、《湿地保护条例》、《防沙治沙法》、《退耕还林条例》等林业相关法律法规政策宣传和咨询与解答。出动宣传车6台次，发放宣传材料、宣传画400份，并现场进行林业相关法律法规的咨询，解答退耕还林等相关问题3个。在全县开展以打击破坏森林及野生动植物资源违法犯罪为主要内容专项行动，代号为“绿色风暴行动”。全年，查处林政案件25起，其中盗伐林木10起，没收木材13.75立方米；违法收购、运输木材10起、没收木材 14.64 立方米；非法收购野生动物 2 起，没收野生动物 122 只；其他行政案件 1 起。罚款 26213.78 元，共行政处罚 23 人。

【森林防疫】 开展云杉落针病防治，面积 265.6 公顷。开具产地检疫证书，不让带疫苗木上山，检疫苗木 1.33 公顷，产地检疫率 100%。开展“绿盾 2012”林业植物检疫执法检查行动。组织检疫执法行动 10 次，出动执法人员 40 人次，检查涉木及其制品单位 13 家，其中生产类涉木单位 1 家。使用类涉木单位 4 家；经营类涉木单位 8 家。涉种苗花卉单位 4 家，其中：种苗花卉经营单位 1 家；林业造林单位 1 家；园林绿化单位 2 家。全年未发现有违反调运森林植物及其制品行为。

【野生动植保护】 做到在第一时间发现鸟类异常死亡情况上报，并启动 24 小时信息上报制度。湿地办和瓦切保护站共同开展保护区巡护工作，出动巡护车 60 车次，参加巡护人员 50 人。开展一年一度的“湿地宣传日”、“爱鸟周”、“野生动物宣传月”等活动。制作图片资料 800 份，文字资料 700 份，横幅 30 条，发放宣传画册 600 份，粘贴标语 4000 份，发放宣传资料 1500 份，出动宣传车 60 车次，展示展板 50 次。

【湿地管理】 设立 8 个固定监测点，长期从事湿地监测工作。开展保护区巡护工作，出动巡护车 40 车次，参加巡护人员 60 人。完成红原湿地资源调查全部外业工作。

（负责人：陈显林　撰稿人：冯忠武）

农　牧

【领导名录】

党组书记、局长　泽　旺（11 月止）
　　哈　祥（11 月起）
副局长、农业局长　杨宏光
副局长　吴庆洪
　　吴贤智（2 月起）
农机监理站站长　余露群
局长助理　宋　翔（8 月起）（援藏）

【机构设置】 设行政办、草原站、生产统计站、畜禽繁育改良技术指导站、科技教育推广站、草原监理站、财务室、动物防疫监督站、动物防疫预防控制中心。单位人数 108 人。

【现代草原畜牧业规划】 编制和完善《红原县发展现代草原畜牧业示范县建设规划》（2013—2015 年），规划总投资 40138 万元，涉及草原生态保护建设、畜牧业基础设施建设、现代家庭牧场示范建设、牧民转产创业和十八个支撑项目。抓住红原被列为现代畜牧业示范县的有利时机申报全省现代畜牧业重点县，编制《四川省红原县现代畜牧业重点县建设规划（2013—2020 年）》和申报书。

【农业生产】 全年，优质蔬菜播种 165.27 公顷，产量 7437 吨，完成目标任务 101.27 公顷的 163%。中低温食用菌（金针菇）种植户 37 户，栽培高原中低温食用菌 1661 万袋，实现产量 1.661 万吨，产值 9966 万元，完成目标任务的 100%。转移农村剩余劳动力 160 余人。农牧民人均纯收入 6800 元，与上年同期相比增加 1302 元，农业生产发展态势良好。拥有各类农业机械 309 台，农业机械总动力 4800 千瓦，机耕作业 120 公顷，机收 1000 公顷。全年出动农机执法车辆 35 台/次，安全监理人员 120 人次，查处违章驾驶人员 46 人次，纠正违章拖拉机 60 台/次，发放宣传资料 300 份。实施农机购置补贴，引导农牧民群众购置微耕机 11 台（套），购置鲜奶冷贮罐 20 套，享受国家农机购置补贴资金 28.486 万元。

【畜牧业】 全年，各类牲畜年末存栏 37.8932 万混合头；其中，牛存栏 33.482 万头、马存栏 1.8982 万匹、羊存栏 2.501 万只、猪存栏 120 头；各类牲畜出栏 12.7715 万混合头，出栏率 32.15%，各类牲畜出栏率与上年相比增长 3.04%；各类牲畜商品量达 9.3345 万混合头，商品率 24.15%，商品率较上年增长0.3个百分点；各类牲畜总增11.2702万混合头，总增率28.37%，各类牲畜总增率与上年相比增长0.34个百分点；肉类总产1.0940万吨，商品量8268吨，商品率75.56%；全县鲜奶产量28210吨，商品量1.9211万吨，商品率68.1%；冬草储备10.9万吨。

【草原建设】 全年完成围栏安装165万米；2012年国家农业综合开发土地治理项目已完成围栏安装15万米，围栏改良草地0.28万公顷，草种补播0.07万公顷；2010年国家重点生态功能区财政转移支付资金草原保护项目完成围栏安装39万米，生态功能区完成草种补播0.31万公顷；扶贫开发和综合防治大骨节病试点异地搬迁草原建设项目完成围栏安装20.28万米；2011年大骨节建设项目建设336.67公顷，已完成草种采购及四个乡镇336.67公顷种草任务。完成草原鼠害防治1.67万公顷次，完成本年度全县草原鼠害春季灭鼠防治任务的100.2%；完成草原虫害防治1.66万公顷次，完成任务数的100.1%，平均灭效90.9%。加大草原防火宣传力度，抓好春秋两季防火工作，确保全县无重大灾情发生。完成2011年红原县草原生态补助奖励机制中央资金禁牧和平衡的县级检查验收，兑现剩余30%的资金。2011年草原奖补省级配套资金项目已全面实施完成、建设户营打草地0.27万公顷、建设抗灾保畜打储草基地0.13万公顷、建贮草库1980平方米，并购置割草机具4台（套）、建牲畜暖棚150个、建牦牛冻精固定改良点4个、建立奖补生态监测点3个。全年，草原生态奖补完成7662户，生产资料综合补贴383.1万元。

【畜牧基础设施】 建设牲畜标准化暖棚294个、新建生产点道路47公里、维修生产点道路100公里、建牧道板涵12道，新建牲畜防疫巷道圈12个，维修5个。

【专业合作社】 扶持龙日玛绵羊养殖合作社建冻库350平方米、屠宰分割车间280平方米及附属设施，瓦切唐日牦牛养殖合作社扩建暖棚150平方米，建奶制品加工房及管理用房245平方米。

【畜种改良】 全年，全县完成冻精改良点42个，其中，共组织参配母牛7718头，在邛溪镇热多村建高产奶牦牛养殖基地1个，建设完成暖棚500平方米及附属设施，购优质牦母牛100头，种公牛4头。

【防疫】 形成县、乡、村、联户四级防疫体系（现有乡镇畜牧兽医专业技术人员40人、村级防疫员68人、联户防疫员478人）。春秋两季共免疫各类牲畜399混合万头（次）。

【综合执法】 开展农产品质量安全及市场准入检查生猪3588头，牛2.4989万头（其中肉联厂1.8694万头），牛副产品399吨，禽3300羽，完成对全县11个乡镇的动物口蹄疫、牛出败和炭疽等重大动物疫病的防控监管。全年组织开展12次巡查工作，出动人员90人次，车辆12台次，并有完整的巡查记录，共下达19份责令整改通知书，监督检查农资经营点1个、检测农贸市场2个，开展农残快速检测6次，抽测蔬菜、水果样品170余种，合格率97%。

（负责人：杨宏光　撰稿人：红艳）

水　务

【领导名录】

局　长　田　凯

党组书记、副局长　陈　辉

副局长　阿　木

【机构设置】 设办公室、规划与水利股、水政水资源（水产渔政）股、水土保持股、供排水股、农电股、水务执法大队、防汛办公室。

【农村饮水工程】 解决9乡2镇部分村、社区1.6万人饮水问题，项目投资800万元，其中中央预算内投资640万元，县级财政配套160万元，实际到位640万元，11月15日，在全县各乡镇铺设管道3.68万米，新建水池5口480立方米，打钢管井60口，新建冬季饮水防冻保温窖563口，基本完成1.6万人饮水问题。在原有地窖饮水防冻的基础上，下哈拉玛村采取电伴热防冻法，热坤村采取排空防冻法，查尔玛和阿木乡采取钢管排水防冻法等试点。为解决刷经寺农田无灌溉，铺设引水管道2.6万余米，安装出水闸阀500个。

【城乡提防工程】 城关防洪堤建设规模为4000米，从龙壤柯河入白河口起，经龙壤大桥沿白河右岩布置通过综合整治河道4000米，其中堤防建设3000米，河道清淤1000米，工程总投资1900万元，其中中央预算内资金1700万元，地方配套200万元，实施到位1600万元。新建堤防2800米，其中查尔玛建1000米，壤口乡360、374各建800米，邛溪镇热坤村建200米，工程总投资110万元。

【水利工程】 争取到全国第四批小型农田水利重点县牧区饲草地灌溉建设项目，建设期为三年，建设地点为安曲、瓦切、麦洼、龙日、邛溪、壤口，投资5280万元，其中中央预算资金2400万元，省级配套2400万元，县级配套480万元。争取到全州唯一一个200万元牧区灌溉试点项目建设，建设地点麦洼乡，目前已完成前期各项工作。争取600万元的山洪灾害防治非工程措施项目，现已完成实施方案。投资9000万元的县城第三期防洪堤、安曲乡防洪堤、瓦切乡防洪堤实施方案已通过省水利厅专家评审。完成210万元的农村饮水实施方案，已通过州水务局评审。争取到省防办50万元的水毁维修项目，70万元的县级公益性维修项目。争取到水保、防汛、法规宣传等经费200余万元。解决4.27万公顷草场灌溉，投资16亿元。解决70平方公里水土流失面积，31千米堤防，0.93万公顷草场灌溉，25处农村生活污水处理，投资8.5亿元。解决湿地补水和牧区节水灌溉，投资4.52亿元。编制完成红原县五小水利工程规划，解决333.33公顷耕地的节水灌溉问题，投资3000万元。

【水利普查】 编制《红原县第一次全国水利普查工作报告》和各专项的《红原县第一次全国水利普查审核分析报告》，普查工作现已进入成果汇总阶段，全县普查对象总数318处，分别为水利工程专项（82处），经济社会用水专项（114处），河湖开发治理专项（36处），水利行业能力专项普查（1处），灌区专项（40处），地下水取水井专项（45处）。

【生态建设】 通过采取植物措施，栽植水保林42.49公顷，种草228.12公顷、封禁治理229.39公顷综合治理该地区水土流失问题。工程投资200万元，其中中央预算内资金160万元，地方配套资金40万元。

【综合执法】 确定阿木柯河、朗米曲、麦曲、哈曲等河流为红原县“禁渔区”并将3月1日至6月20日这一段时间确定为红原县天然水域禁渔期，发布《严禁捕鱼和严禁炸鱼、毒鱼和电鱼的通知》。禁渔期间，渔政执法人员分两个片区进行检查，出动行政执法人员20人次，没收并放生非法销售鱼类70余尾30余斤。

【防汛抗旱】 储备冲锋舟1艘、麻袋5000条、编织袋1万条、无纺布1万平方米、铅丝1吨、桩木5立方米、块石20立方米、砂石料1000立方米、救生衣150件、应急灯50盏、铁锹100把等抢险物资。组织成立防汛应急抢险队伍11支、150余人。8月向省防办争取编织袋1万条、铁丝5吨、救生衣100套、橡皮船1只。3月15日至5月20日由防汛领导小组人员组成检查小组对各乡镇、电站、堤防河道、防汛物资、抢险队伍等分别进行汛前拉网式安全大检查。

（负责人：田凯　撰稿人：曹红）

商　贸

SHANG MAO

粮 食

【领导名录】

局长、党组书记 李小庆

副局长 蒋世良（2 月起）

【机构设置】 设办公室、综合股、监督检查股。

【大骨节病区粮食更换】 全年，为全县 11 个乡（镇）病区村 2.0294 万名换粮对象供应粮食 239.427 万公斤，为 6430 名易地育人学龄儿童供应在家两个月补差口粮 16.86 万公斤，合计供应粮食 256.287 万公斤，完成 2012 年度大骨节病区村更换粮食工作。

【军粮供应】 成立军粮供应领导小组。截至 11 月 19 日，供应军粮 94.3 吨。

【牧民口粮供应】 采取按季度集中供应和分时段供应，做到老百姓随到随供应，尽量为群众提供方便与服务。截至 11 月 19 日，供应牧民口粮 1980 吨。

【商品粮销售】 加强粮食市场供求形势监测分析，指导粮食经营企业提前做好宣传、仓容、资金等准备工作，截至 11 月，销售商品粮油 1302 吨。

【粮食储备】 全年，州级储备粮 1718 吨、县级储备粮 1322 吨。对 550 吨县级储备粮和 800 吨州级储备粮进行轮换，其轮换严格按照储备粮品种、规定等级，以先出后进原则，于 2012 年 9 月底完成储备粮食轮换任务。

【监督检查】 会同相关部门一道对粮食经营个体户、局属各分公司开展“粮食安全”专项检查整治 8 次。开展粮油质量及安全大检查 12 次，拟定《红原县 2012 年粮食库存检查工作实施方案》，3 月 25 日至 28 日按“有仓必到、有粮必查、有账必核、查必彻底”原则，对 6 个粮站、2 个粮点和 3 户粮油个体户进行逐仓逐项自查。到粮油购销有限责任公司 6 个粮站、2 个粮点对储备粮食和企业承储的商品粮数量、品种、质量、粮权、轮换、卫生情况进行普查。开展以“维护市场秩序，保障国家粮食安全”为主题《粮食流通管理条例》颁布实施八周年现场宣传咨询活动，发放宣传手册 100 余份。

【国有资产保质增值】 争取资金 45 万元（其中包括中央补助资金 10 万元），对邛溪、瓦切、麦洼、刷经寺粮站仓库进行维修。积极申报，投资 360 万元红原粮食仓库建设项目已列入四川藏区跨越式发展项目“十二五”实施方案中，目前已做好项目建设前期各项准备工作。

（负责人：李小庆　撰稿人：李伟）

供销合作

【领导名录】

主　任 赵国强（1 月起）

副主任 姜云华（1 月起）

【机构设置】 设办公室，综合业务股。单位总人数 4 人。

【农资储备】 1—5 月，供销社系统销售各类化肥 371 吨，即尿素 100 吨、磷肥 170 吨、钾肥 41 吨、复合肥 55 吨、碳胺 5 吨、地膜 7.5 吨。同时，在 11 月初，开展“化肥淡储”前期准备，截至 11 月 15 日已储备 600 吨农资，完成刷经寺镇农资储备任务，邛溪镇、瓦切镇储备任务也进入准备阶段。将补贴资金 7.41 万元全额补贴兑现到刷经寺镇农牧民手中。

【安全生产】 对全县烟花爆竹专卖店进行集中专项大检查，签订《红原县烟花爆竹专营零售点安全经营责任书》。召开大小安全会议 10 余次，进行各类安全大检查 20 余次。强化对零售网点采购、运输、储存、零售一体化经营网络建设，建立烟花爆竹经营网点2个（县城和刷经寺镇各1个）。深入到刷经寺镇、邛溪镇、瓦切镇，重点对刷经寺“三农服务中心”供应农用化肥物资进货渠道、质量、价格逐一进行综合检查。通过专项检查，未发现假冒伪劣农用化肥在市面上销售。搞好项目对接工作，多次到省、州联系，目前已达成协议，下年全县将建设11个牧区综合服务社、两个配送中心（邛溪镇配送中心、刷经寺镇配送中心），基层牧区综合服务社每个投资补贴5万元，邛溪镇配送中心投资补贴20万元、刷经寺配送中心投资补贴10万元，国家中央财政补贴85万元。

（负责人：赵国强　撰稿人：姜云华）

烟草专卖

【领导名录】

局长、经理　吴先成（2月止）
韩洪琦（3至6月）

副局长　余　伟（6月止）
张忠建

【机构设置】　设专卖科、营销办、综合办，单位人数为7人。

【卷烟销售】　全年销售各类卷烟861.57箱（万支箱，下同），同比增长；实现销售收入2445万元，同比增长29%；单箱销售收入28397元，同比增长14%；一类卷烟销售199.16箱，占总量23%，二类卷烟销售187.24箱，占总量21%，三类卷烟销售223.38箱，占总量25%，分别较上年增长30%、3%、35%；娇子销售234.92箱，同比增长23%。

【卷烟市场管理】　开展“天府迅雷”、路检路查等一系列专项整治行动，市场监管水平不断提升。全年召开专销结合会16次，联合县公安、工商、质检部门进行专项整治12次，突击检查8次，出动车辆共72台次，人员130余人次，全年查获各类违法涉烟案件17起，查获假私非卷烟69.4条，涉案金额1万余元，实现罚没收入1684.48元，其中无烟草专卖零售许可证经营烟草制品6起，未在当地烟草专卖批发企业进货9起，未亮证经营2起。

（负责人：张忠建　撰稿人：梁茂仲）

财税金融

CAI SHUI JIN RONG

财 政

【领导名录】

局　长　许小平（1月起）

党组书记、副局长　尼格青（1月起）

副局长　高光鹏（1月起）

李　军（7月起）（援藏）

副局长、国资公司副总经理

尹　恒（5月起）（援藏）

【机构设置】　设办公室、预算股、国库股、行政政法教科文股、社会保障股、经济建设股、投资管理股、农业股、农业综合开发办公室。县国库集中支付中心、县采购管理办公室、财政局国有资产管理中心、财政局网络管理中心、县财政投资评审中心。单位人数33人。

【财政收入】　全年公共财政预算收入完成88259万元，同比增加10415万元，增长13.4%。其中：地方公共财政预算收入完成2283万元，完成县十三届人大一次会议审查批准2250万元任务的101.5%，同比增加480万元，增长26.6%；上级补助收入80118万元，同比增加8423万元，增长11.8%；上年结余3917万元；绵阳援建资金1641万元；地方政府债券300万元。基金收入完成1206万元。其中：县本级基金收入完成813万元，完成县十三届人大一次会议审查批准90万元任务的903.3%；上级基金补助收入377万元；上年结余及调入资金16万元。

【财政支出】　全年公共财政预算总支出完成78873万元，同比增加4946万元，增长6.69%。其中：公共财政预算支出完成78165万元，完成调整预算数的89.28%，同比增加4254万元，增长了5.75%，比县十三届人大一次会议审查批准的37151万元任务增加41014万元，增长110.40%；上解支出394万元，基金预算支出完成1192万元，重点用于教育、廉租房、林业、社会福利和体育等方面。

【财政管理】　全年地方公共预算财政收入首次突破2000万元，税收完成1644万元，同比增长38.73%；非税收入完成639万元。教育、卫生、社保、农业等重点支出保障有力，达37766万元，占公共预算支出的48.32%。6月召开公务卡改革动员大会，全面启动公务卡改革工作。全年启动公务卡改革单位105个，办理公务卡163张，实现公务卡消费还款12.23万元。评审招标控制价及工程竣工结算项目共128个，送审金额22505.1万元，审定金额20921.1万元，审减1584万元，审减率7.04%。

【惠农政策】　垫付牧民定居行动计划公共基础设施建设资金8191万元，为牧户担保建房贴息贷款10351万元，累计垫付贷款贴息资金1362万元。投入综合防治大骨节病项目资金2206.4万元，推进农村扶贫开发工作，投入农业综合开发项目资金702.8万元，主要对麦洼、色地进行草原场建设，投入重点生态功能区转移支付项目资金1098.3万元，用于达格则寺院损毁斜坡治理、退化草地治理、植被恢复、日干桥湿地恢复项目，投入资金1300万元，全面推进新农村示范片基础设施建设，申请“一事一议”财政奖补资金125万元，组织投劳折资18万元，在36个村实施村级公益事业项目。加大对农民专业合作组织的财政扶持和监督力度，累计安排资金140万元支持农业合作组织建设。举办“红原县2012年阳光工程专业合作社财务人员培训”，并邀请四川省财政厅财经职业学院教授进行专题讲座，全县行政村、居委会、合作社财务人员共计50余人参加培训。

【社会事业】　全年县本级安排寄宿制学生生活费补助779万元，寄宿制学生生活补助每生每月250元，兑现生均公用经费77万元、学生取暖补助22万元、配套“一免一减”经费11.66万元。5月全面启动实施学生营养改善计划工作，兑现营养餐专项资金330万元，全年教育投入12336万元。1月起对34名集中供养五保户生活补助每人每月提高150元；从5月起对94名三老干部生活补助每人每月提高50元；为全县33个行政村配备新村公共服务和社会管理员、治安调解员，落实相关报酬，并从7月起提高现有大小三职村干部报酬，兑现村社干部临时岗位补贴；为解决弱势群体看病就医问题，提高新农合筹资比例，各级财政补助达人均240元；全年为3099名符合政策人员发放基础养老金198万元；年底一次性兑现城乡最低生活保障提标补助资金，全年通过“一卡通”累计发放城乡最低生活保障补助资金1577万元。投入50万元，全面实施乡卫生院和村卫生室基本药物制度，按全县总人口每人9.2元标准，安排计生事业费41万余元，补助45万元，恢复组建红原县草原之心艺术团和马术队，拨付文化广播专项资金464.32万元，保障基层公共文化服务体系和广播电视村村通工程建设。

（负责人：许小平　撰稿人：冯青勇）

国家税务

【领导名录】

局　长　胥仕茂

副局长　王　科

纪检组长　张益新（1月起）

【机构设置】　设办公室、综合业务股、计划征收股、稽查局、信息中心等股室。单位人数21人。

【税收完成情况】　全年，组织税收收入5363374.71元，同比增长11%。其中入库增值税5268231.04元，企业所得税59804.55元，个人所得税1168.24元，消费税34170.88元。

【税务管理】　一般纳税人23户，新认定一般纳税人3户，强制认定一户，一般纳税人企业15户纳入增值税一机多票和防伪税控管理。管理个体工商470户，达起征点25户，未达起征点445户。企业所得税纳税人24户，其中所得税核定征收企业9户，查账征收企业15户（其中盈利企业户数9户、亏损企业户数6户）。查账征收企业营业收入10333.17万元，应纳税所得额216.17万元，应纳所得税额54.04万元，减免所得税额45.25万元，应纳所得税额8.79万元。全年企业所得税为9.81万元。

【税收执法】　执行税收政策，落实税收减免、所得税税前扣除等审批管理办法，在企业所得税汇算清缴和日常税收检查中，对不符合要求审批项目一律不予审批。严格缓缴税款审批，严格税收优惠管理措施，严格个体工商户定额核定。多形式、全方位开展税法宣传，向广大纳税人和社会各界宣传国税工作，普及税收知识，促进纳税人提高纳税意识，营造诚信纳税良好氛围。提高办事效率，提升服务质量，优化税收服务。

（负责人：胥仕茂　撰稿人：周树苹）

地方税务

【领导名录】

党组书记、局长　蒲　林（8月止）

陈丽冉杰（8月起）

副局长　蒲尔娃扎西

占　本（5月起）

杨　光（6月起）（援藏）

纪检组长　刘　勇

局长助理　乐朝刚（7月起）（援藏）

【机构设置】　设行政办公室、监察室、计财股、综合税收管理股。单位人数29人。

【税收】　开展个体工商户税源清查，全面清理漏征漏管户，对征管信息系统内数据进行核实，对增加、减少经营项目进行梳理核实。9月，对办税服务大厅进行装修。将纳税服务工作融入全局政务服务大局，严格执行首问责任制、一次告知制、限时办结制、责任追究制、投诉举报制等管理规范，改进和优化纳税服务措施，推进优秀办税服务厅建设。

【稽查】 全年检查企业2户，组织自查2户，自查补交各项收入64.67万元。稽查入库24.71万元，其中滞纳金2.5万元，罚款4.94万元。

【税收收入】 全年，组织各项税收收入3537.37万元，完成年计划（3450万元）的102.53%。其中：税收收入3303.8万元，完成年计划（3300万元）的100.12%，省级税收收入118.24万元完成年计划（53万元）的223.10%，州级税收收入1381.87万元，完成年计划（1122万元）的123.16%，各项基金及附加收入233.57万元，完成年计划（150万元）的155.71%。

（负责人：陈丽冉杰　撰稿人：牛培涛）

农业银行

【领导名录】

行　长　梁德宽（7月止）
　　　　　更　措（7月起）
副行长　更　措（7月止）
　　　　　莫尔斯甲
　　　　　李　茂（5月起）

【机构设置】 设行长室、综合管理部、客户部、营业部。单位人数36人。

【存款业务】 全年，各项存款余额49610万元，同比下降15052万元，市场占比59.64%，同比下降9.24%。其中对公存款28641万元，同比下降18705万元，市场占比67.99%，同比下降10.48%。储蓄存款20969万元，同比增加3653万元，市场占比51.08%，同比下降0.55%。

【贷款业务】 各项贷款余额151256万元（包括因灾不良贷款集中管理102314万元），同比增加102294万元，市场占比88.03%，同比增加14.84%。其中法人款余额147206万元（包括因灾不良贷款集中管理102314万元），同比增加101485万元，市场占比97.42%，同比增加5.28%。个人贷款4050万元，同比增加809万元，市场占比19.54%，同比增加0.81%。不良贷款余额135783万元，同比增加90783万元，增加201.74%。

【中间业务】 全年实现中间业务收入241万元。其中：电子银行业务收入41万元，个金中间业务收入89.96万元，住房资金委托存贷款及个贷中间业务收入4.87万元，公司中间业务收入8.96万元，机构中间业务收入20.3万元，人民币对公结算与现金管理业务收入48.59万元，信用卡业务收入27.54万元。

【电子银行业务】 全年新增个人电子银行活跃客户2538户，新增企业电子银行活跃客户22户，电子渠道分流率41.15%，企业网银对账率16.37%，自助柜员机3台，存取款一体机2台，取款机1台，转账电话148部，POS机具19部。

【网点转型】 利用综合办公大楼落成，抓网点转型，充分整合现有人员，充实大堂经理、客户经理，改善服务质量，实现电子分流率由36%提升到41%。通过开展上门服务，上街咨询宣传，拉横幅树标语，拜访客户等形式，形成以邛溪镇为中心，辐射瓦切、龙日、刷经寺等乡、镇周边市场的服务范围。

【财务管理】 按权责发生制原则组织核算，将所有收入纳入账内核算，杜绝财务收入“跑冒滴漏”现象。对营业网点库存现金实行限额控制，加强支行大库现金管理，以提高非盈利资金占用。通过监控资金状况、分析资金供求情况、准确把握资金投向，充分利用资金时间差，做好资金灵活调度和运用。

（负责人：更措　撰稿人：李朝东）

农村信用社

【领导名录】

理事长　龙升红
主　任　张　键

监事长 龚晓琼

【机构设置】 设财会科技部、综合办公室、稽核保卫部、风险控制部、客户部、营业部。刷经寺信用、瓦切、麦洼信用合作社。单位人数33人。

【概况】 全年，农村信用社在岗职工37人，其中临时工1人，借调阿坝办事处2人，内退2人；退休职工16人。主要经营情况：存贷规模48749.1万元，其中各项存款余额28173.52万元，较年初增加3897.13万元，增长16.05%，超任务完成1397.13万元；各项贷款余额20575.58万元，较年初增加2612.97万元，增长14.55%，超任务完成212.97万元；全年向县内各行业累计发放贷款6507.4万元，其中发放农户贷款5681.5万元，占累放数87.31%，发放牧民定居贷款677.5万元，占累放数10.04%。实现拨备前利润941.84万元，同比增加542.61万元，增长57.61%。不良贷款（五级分类）余额为541.92万元，较年初下降40.35万元，占比下降6.93个百分点。贷款损失准备余额734.94万元，拨备覆盖率175.71%。收回2009年发放牧民定居专项贷款822.2万元、408户，回收率39.89%。

【业务】 6月，经阿坝银监分局批准为以县为统一法人管理模式，将辖内营业网点扩充至12个，金融覆盖面达100%。年末，储蓄存款余额14692.41万元，占存款总额52.15%。在春耕、农牧产品生产季节及牧民定居贷款集中发放季节，县联社先后3次向人民银行阿坝州中心支行申请支农再贷款9491万元，以及时保障群众生产发展的信贷资金需求。11月，成功取得地方国库集中收付代理银行资格。全县36个行政村中除1个牧业村因不通电、无信号未布防EPOS机外，实现EPOS机“村村通”。全年，全县发放银行卡3104张，布放EPOS机22台、POS机8台，开通网银57户，短信平台开通279户。全年，累计发放农牧业生产贷款5681.5万元，占全年累放数87.31%。今年发放后续完善性牧民定居贷款677.5万元，至此全面完成牧民定居贷款信贷支持任务。定居贷款收回成果初见成效，全年累计收回2009年发放定居贷款408户、822万元，收回率39.89%。全年累计收回不良贷款（五级分类）405.15万元，年末不良贷款（五级分类）余额为541.92万元，较年初下降40.35万元，占比下降6.93个百分点。6月15日，正式挂牌成立“红原县农村信用合作联社”，实现由合作制向股份合作制的经营模式和以县为统一法人管理模式转型。12月，成功实施柜员制。

【受援】 与合江联社对口帮扶工作按省联社文件规定开展。合江联社捐赠150万元，其中100万元用于装修新建联社办公楼，45万元购置公务用车，5万元用作统一法人开业工作支出。5月，县联社组织8名员工到合江联社进行为期10天的强化训练。

（负责人：龙升红　撰稿人：许光霞）

城建　环保　交通

CHENG JIAN　HUAN BAO　JIAO TONG

城乡规划建设和住房保障

【领导名录】

局　长　阿　足

党组书记　李盛勇

副局长　何辉勇（8月起）（援藏）

余　彬（8月起）（援藏）

李　波（8—9月）（援藏）

杨　彬

【机构设置】　设办公室、规划及测绘管理股、建筑管理股、住房保障及房地产管理股。

【市政工程】　公租房（一期）项目8月完成竣工验收。实施40套、2400平方米公租房（二期）建设，项目计划投资为392.84万元。廉租房（二期）项目2012年建设24套，1200平方米，项目计划投资180万元。城镇桥梁建设项目计划投资600万元，包含红军桥和邛溪河桥两座桥梁。红军桥全长34.04米，宽度14米，采用3～11米现浇钢筋砼空心板，沥青砼路面结构；邛溪河桥全长33.08米，宽度14米，采用2～16米后张法预应力砼空心板，沥青砼路面结构。城镇桥梁红军桥12根桥墩钢筋混凝土浇筑已完成，邛溪河桥9根桥墩钢筋混凝土浇筑已完成。市政道路建设项目于4月27日开工。红原县邛溪镇市政道路建设工程项目道路总长3992.294米，其中：主干道1长833.09米，宽度24米；主干道2长534.257米，宽度24米；主干道3长327.121米，宽度24米；主干道4长350米，宽度21米；主干道5长350米，宽度21米。霞穹东街道路建设项目计划投资1235万元，包含肉联厂段长582.1米，路宽24米；桑青路延伸段长375.26米，路宽20米；桑青路段长566.41米，路宽20米。5月完成项目招投标和合同签订，7月进场施工，完成桑青路延伸段及肉联厂段路基换填及部分管网铺设。市政道路改扩建项目包括六条道路：邮电局—红军桥路段（霞穹中街）长568.397米、宽24米；邮电局—原红原汽车站路段（阳嘎中街）长749.58米、宽24米；建筑公司—银珠路路段（绛熙中街）长465.786米、宽24米；大洋百货—遛遛牛道路平交B路段（绛熙东街）长580.836米、宽24米；滨河路左右岸路段（银珠东路、银珠西路）长1610.431米、宽21米。

【工程建设管理】　实行涉建单位联审制度，工程开标之前，依照《建筑法》和《招标法》，对报名投标施工单位，进行资质审核。组织10次建筑市场、施工现场质量安全大检查，建设工地受检面100%。对全县在建工程进行拉网式安全生产检查，及时消除各类事故隐患。

（负责人：阿足　撰稿人：周德云）

城乡公共服务管理局

【领导名录】

局　长　足　巴

副局长　马有军

李　波（9月起）（援藏）

【机构设置】　设办公室、城乡管理监察股、环境卫生管理股、市政设施管理股、园林绿化管理股、乡镇城管股。内设城管监察执法大队、城乡环境综合治理管理办公室。单位人数16人。

【概况】　城乡公共服务管理局于2012年9月17日成立。

（负责人：马有军　撰稿人：帅元红）

环境保护

【领导名录】

局　长　罗　泽（1月起）

党组书记、副局长　唐晓涛

【机构设置】　设办公室、环境监察执法大队、污染控制股、建设项目管理及自然生态保护股、环境安全应急管理股（包含核与辐射）。单位人数 13 人。

【建设项目环境管理】 对县境内所有建设项目进行全面专项检查。检查建设项目环境影响评价落实情况和“三同时”管理执行情况。全年累计审批环境影响评价 91 件。对县境内屠宰企、肉食品加工企业等进行环境安全隐患专项排查。

【自然生态保护】 《红原生态县建设规划（2010—2018）》已通过专家评审，同时《规划》已通过县政府常务会审查，并颁布实施。9 月，与绵阳市环境保护局进行“1 + 5”规划中《红原县环境保护和生态规划建设》项目对接，目前完成规划方案前期编制。加强全县泥炭资源保护工作，对全县 12 个乡（场）镇进行检查和督查。8 月开展生态复查，采集 6 处生态信息点，整个复查地范围囊括辖区所有牧场地（如麦洼沟）及山地（刷经寺加多山）。出动执法车辆 7 辆 14 人次，历时 10 天。检查牦牛肉食品加工企业，7 家屠宰企业。并及时对违法排污等行为进行制止，对违法排污企业进行整改要求，下达 50 份巡查记录。

【污染控制】 开展饮用水水源日常性安全隐患排查，全县饮用水水源一级保护区内无与供水设施和水源保护无关建设项目，无网箱养殖、旅游、餐饮等可能污染饮用水源体活动；二级保护区内也无违法建设项目，无网箱养殖、旅游、餐饮等可能污染饮用水源体活动。5 月 5 日至 6 月 20 日开展核与辐射专项行动工作，此次行动累计排查全县主要辐射单位 11 个。限期治理企业 1 家，并在年底通过州局验收。在全县范围内开展排污费征收工作，主要针对全县牦牛屠宰户、食用菌种植户及第三产业个体工商户实施排污费征收，目前已发放排污费征收通知文件 45 份，完成全县牦牛屠宰户排污费征收工作。全年累计发放排污许可证 6 户。征收排污费 40 家。

【宣传】 成立环境日宣传工作领导小组，拟写宣传工作方案，结合全县实际情况开展多样性宣传活动。利用电视媒体开辟环保专题栏目，播放环保宣教片。环境日宣传期间发放环保宣传资料和核辐射宣传资料共 1000 份，环保袋 600 个。向各屠宰户发放环保资料、环保宣传光碟、环保袋 50 套。

【环境监查】 根据骨粉加工厂环境现状，关停骨粉加工厂 1 家。5 月 15 日到 6 月 15 日，对白河小区开展拉网式检查和督查。此次环境专项整治行动，出动执法车辆 25 台次，执法人员 105 人次，深入现场检查 16 次，回访检查 19 次，提出整改意见、建议 101 条，按环保法律法规责令停产无照无证从业户 5 家，责令限期整改 1 家，责令按环保要求增加排污池 1 家。6 月 5 日，县组织环境监察人员按州环境保护局《关于中高考期间严格控制环境噪声污染的通知》要求，到县两所中学进行巡查，并对学校周边施工区域及居民住宅密集区域施工单位、生产单位和娱乐场所进行巡查，在学校门口和县城公示栏里张贴禁噪公告，落实禁噪。

【培训】 组织单位干部职工参加省、州环保培训任务，加强业务学习。全年业务培训 10 人次。

（负责人：罗泽　撰稿人：邓梅君）

交　通

【领导名录】

局　长　张卫东

党组书记、副局长　何尔乓

副局长　王　云

马　骏（6 月止）（援藏）

黄枝军（7 月起）（援藏）

肖　侠（7 月）（援藏）

刘　勇（12 月起）

【机构设置】 设综合办公室（县交通战备办公室）、财务审计股、运输安全监督股（政策法规行政审批股）、规划建设股、公路勘测设计队、农村公路管理办公室。单位人数 14 人。

【交通基础设施建设】 全年交通基础设施建设

完成投资 7832 万元。查尔玛乡通乡公路改建工程，路线全长 15.8 公里，起于分水岭（K5 + 338.555），止于查尔玛乡政府（K21 +138.555），工程中标价 839.5528 万元，设计为沥青砼路面，路基宽 6.5 米，路面宽 4.0 米，8 月 16 日完工。12 月下达通乡油路建设车购税投资计划，起于龙日坝 S209 线路旁，止于龙日乡政府，路线全长 12.032 公里。通过招标河南华盛建筑集团有限公司为中标单位，中标价 604.75 万元，11 月上旬全面完工。安曲乡夺龙村通畅工程全长 8.4 公里，施工单位于 6 月 10 日正式入场，工程两段实施，一段为 938 米水泥路面，目前已全面完成；剩余 22.16 公里为泥夹石路面，目前全面完成路基建设，完成路面 21 公里。总投资 525 万元邛溪镇麻萨尔村通畅工程是 2011 年 12 月下达的通村水泥路建设车购税投资计划，工程全长 15 公里，起藏医院（K0 +000），止麻萨尔村（K15 +000）。工程于 9 月全面完工。投资 168 万元查尔玛乡达尔龙村通村通达工程是 2011 年度藏区彝区通村通达工程，全长 8.4 公里，5 月全面完工。9 月 30 日，新车站投入试营业使用。落实江茸乡二号桥改造资金，并完成相关前期工作和招投标工作。配合搞好省道 302 线安曲至阿坝县城二级公路改建工程协调服务工作。1 月至 10 月累计完成投资 2032 万元，挖土方累计完成 23.1804 万立方米，挖石方累计完成 2.8562 万立方米，利用土方累计完成 20.7276 万立方米，利用石方累计完成 1.953 万立方米水沟、边沟累计完成 4730 立方米，挡护工程累计完成 591.6 桩基累计完成 421 米，圆管涵洞累计完成 14 个，梁板累计完成 35 片。

【公路管养】 投资 120 余万元对县道理红路、龙热路，乡道柯龙路及部分村道，240 公里农村公路进行养护。邀请阿坝州公路工程检测中心、交通部公路检测中心对龙壤大桥、瓦切牧场大桥、江茸乡 1 号大桥、刷经寺新康猫桥进行危桥检测。完成柯龙路油路工程可行性研究报告编制工作。

【交通运输行业监管】 履行道路交通运输安全“三关一监督”的管理工作职责，落实客运站安全管理源头监管责任，强化 GPS 的动态监控，对客运车辆的超速、超时、疲劳驾驶等违章行为进行全面检查。加强汽车站、维修企业脏乱差整治力度，全年交通系统各单位共投入环境综合整治 2 万人次，道路巡查 600 余车次，清除白色垃圾 50 余吨。

【交通安全】 开展“打非治违”专项工作，开展“安全生产年”活动，强化客运车辆 GPS 动态监控，全面整顿道路客运市场秩序，杜绝“三超”等违章违规行为。开展辖区内危险路段、桥梁安全隐患排查活动，对县、乡、村公路所有桥梁进行隐患排查。

（负责人：张卫东　撰稿人：雷永会）

公路管理

【领导名录】

书　记　杜全保
局　长　丁善平
副局长　马兴海
　　　　杨　建

【机构设置】 设党支部办公室、行政办公室、劳动人事股、路政保卫股、工程股、财务股、机料股，十四个养护站：S209 线若刷路 5K、15K、25K、36K、49K、57K、67K、81K、瓦切，S301 线九红路 8K、35K、麦洼、62K、90K。单位人数 108 人。

【公路管养】 全年，清理公路沿线白色垃圾 24.5 吨，修补路面坑槽 255 平方米。在汛期因遭受强降雨，河水猛涨，危及路基，立即组织装载机、运输车分别对省道 301 线 K288 +650、K299 +500 两处进行改河、筑堤、抛石护基。对 209 线 K144 +500、K148 +350、K099 +300 三处进行抛石护基。修筑拦河堤 541 立方米；加宽、加深河道2094立方米；填方1280立方米；清理塌方9210余立方米；投入机械台班28个，确保所辖路段安全畅通。

【道路安全】 重点对省道209线152K+020连续急弯处，组织人员、机械进行加宽（长135米）、加长圆管涵2米并安装警示标志牌。加大安全宣传，发放宣传资料210余份，悬挂安全生产标语22幅，危险路段增设警示标志2幅，临时警示标志22幅，校正修复警示标志60幅，联系施工队修复缆索护栏5000米，查处并整改安全隐患15处，督促安曲施工现场设置规范的施工告示牌，交通指示牌、减速标志牌及反光警示锥，并安排专人现场指挥交通。与各养护站、施工单位签订《安全目标责任书》22份，不定期组织机驾人员及有车职工学习《道路交通安全法》等相关法律、法规10余次，发放《安全告知书》60份，全年，未发生安全生产事故。

【路政管理】 全年路政人员上路巡查710次，出动路政巡查车辆243台次，依法拆除违章建筑3处，清理和规范施工现场材料堆放25处，整治过境路段洗车、加水点5处，清理公路沿线乱摆摊设点16处，治理施工现场扬尘污染30处，依法查处抛洒建筑垃圾车辆72辆，依法查处各种违章占用、侵占、挖掘、损坏公路和公路设施行为，全年发生路政案件35起，结案35起，查处率100%，结案率100%。开展“打非治违”专项行动一次。制作悬挂宣传标语6幅，发放宣传资料420余份，及时劝阻公路沿线农牧民、过往旅客“不文明、不卫生”行为212次。

（负责人：丁善平　撰稿人：杨萍）

通信　旅游

TONG XIN　LU YOU

邮　政

【领导名录】

局　长　黄德贵

副局长　郭海波

【机构设置】　设综合办、财务办、业务管理办（市场部），市场部下设综合公司、封投公司。单位人数 10 人。下设 1 个邮政支局，3 个邮政代办所，9 条邮路，其中 3 条为步班邮路。

【业务收入】　完成业务收入 155.59 万元，完成年计划 90%。其中：邮务类完成 38.71 万元，同比增长 -3%；储蓄业务收入完成 98.29 万元，同比增长 2.14%，累计新增余额 480 万元，邮储余额 5393 万元，同比增长 9.76%，速递物流业务收入完成 25 万元，同比增长 25%；报刊发行收入完成 13.7 万元，同比增长 22%；函件业务收入完成 10.2 万元，同比增长 20%；集邮业务完成收入 3.9 万元，同比增长 -72%。

【业务发展】　代理金融业务年末余额 5393 万元，较上年增长 480 万元，全年邮储余额达历史最高水平 5393 万元。邮政贺卡实现收入 10 万余元。与宇妥藏药公司签订用邮合同，承揽大客户用邮业务。

【服务质量】　职工服务水平和服务质量不断提高，邮政信誉不断增强，通过散发用户服务质量意见征求函，回函率 90% 以上，经统计获得 91% 好评。

（负责人：黄德贵　撰稿人：黄东）

电　信

【领导名录】

总经理　贺志清

【机构设置】　设网络服务部（综合支撑、综合维护组、装移维客户服务组）、公众销售中心（销售经理、营业）、政企销售中心（销售经理）。单位人数 22 人。

【网络建设】　加快基站建设，巩固并维护网络正常运营，完成红原至安曲、龙日坝、壤口、加当村、刷经寺等网络（波分）改造，提升相关乡镇通信能力。完成财政局、国税局、工商局住宿、城关二小、藏文中学住宿等 FTTH 光网建设。完成公安局、法院、检察院、农行、新华书店、红贸宾馆电缆整治，为宽带速率达标和降低障碍率奠定了基础。完成红原家园宾馆等综合布线；完成公安局机房、全球眼、三四级网、宽带固话搬迁；完成政法三级网搬迁；完成农行通信搬迁工作；完成红原县飞机场电路提升改造；完成维稳等重点保障工作。

【安全生产】　强化车辆安全和交通行驶安全工作，加强资金票卡安全检查，加强用电用火等消防工作检查。加强基站设备、机房设施、通信设施安全检查，强化设备运行安全检查。

（负责人：贺志清　撰稿人：王军林）

移动公司

【领导名录】

总经理　黄　新（5 月止）

马世俊（5 月起）

【机构设置】　设总经理办公室、综合部办公室（综合办、稽核）、市场部办公室（营业厅、渠道）、政企中心办公室（客户经理）、网络部办公室（网络维护）。单位人数 18 人。

【概况】　公司专注于红原移动通信网络建设维护、业务开发，通信产品市场经营、信息化服务等现代通信、信息业务。主要产品和服务：移动电话通信业务、IP 电话及互联网接入服务，拥有“全球通”、“神州行”、“动感地带”三大品牌。全年用户近 3 万户，客户市场占有率保持在

90%，在红原全县基站52个，覆盖率100%，并与221个国家和地区304个运营商开通国际自动漫游业务，网络通达全世界，网络规模和客户规模居全县第一。

【网络建设】 全年基站总数52个，传输光缆总长600多公里，实现全县乡镇无缝覆盖达99%，并在2013年新建移动TD基站14个，保障红原风景区及交通干线网络覆盖，并在重大节假日中保障通信畅通。

【业务范围】 拥有“全球通”、“神州行”、“动感地带”、网号139、138、137、136、135、134、150、151、152、158、159、187、188。

（负责人：马世俊　　撰稿人：曾艳）

联通公司

【领导名录】

总　监　李　强

【机构设置】 设办公室、集团经理、客服经理、移动销售经理、网络维护员，单位人数10人。

【业务经营】 全年完成收入530万元，业务完成率98%。新增（2G、3G）用户1万户，累计再网用户1.4万户，新增合作营业厅两家，新增乡镇二级渠道8家。

【建维】 加强对代维单位管理和考核力度，加强对代维处理速度管理。每季度对各机房和基地站电费标杆值进行核定和分析，对月度电费偏差较大机房和基站具体落实核查，确保全年电费透明、准确、无遗漏。安排专人对库房进行管理，坚持章料合一，做到日清算、月盘存。

【内部管理】 落实企业文化，加强安全生产等各个环节监控，全年无重大安全事故，各项指标均达公司标准。

（负责人：李强　撰稿人：卢豫良）

旅游管理

【领导名录】

局　长　夺　科

党组书记、副局长　李晓东

副局长、旅游执法局局长

陈　晖（1月起）

副局长　万　红

张进峰（8月起）（援藏）

【机构设置】 设办公室、规划质量股、旅游市场宣传股。单位人数13人。

【旅游经济指标】 全年接待中外游客85.2万人次，实现旅游总收入75592万元，同比分别增长37%和51%。分别完成州年度下达目标任务的112%和112%，完成县目标任务106%和100%。

【旅游项目建设】 投入300万元完善热坤、下哈拉玛、瓦切三个自驾营地建设项目。红原汽车站已建成并投入使用。完成《红原旅游产业发展总体规划》（2012—2020年）修编。

【开拓市场】 年初与省内知名旅行社——成都青旅达成协议，完成对线路考察，已开展合作；与成都“宝中旅游自驾旅游世界俱乐部”合作“端午节红原大草原穿越集结、欣赏盛开万亩花海”活动于6月22—23日在红原举办，有8家自驾游俱乐部和“四川报业集团”等6家省内媒体参加。参加由省旅游局在成都宽窄巷子举办“5·19”中国旅游日活动，在活动现场向公众提供旅游咨询服务，发放红原大草原景区宣传折页1万份。

【红色旅游】 狠抓瓦切红军长征纪念遗址红色旅游项目建设，打造“红色旅游经典景区”，发展以瓦切日干乔红军长征纪念遗址为核心红军长征文化体验旅游。重视红色旅游资源挖掘，《色地乡旅游产业发展规划方案》已完成。

【旅游环境治理】 制作旅游市场及旅游环境卫生检查日程和《检查登记表》；将宾馆、饭店和牧家乐等作为重点，分别对已开业宾馆饭店及餐饮点采取日常检查、联合检查和重点抽查等方式进行全面检查；以全县城乡环境整治为契机，狠抓单位内部卫生整治，彻底清理卫生“死角”进行，更换损坏、陈旧设施设备，落实门前“六包”责任制。

【节假日旅游】 “五一”节红原大草原国家公园接待中外游客78562人次，实现旅游收入7071万元，与上年同期分别增长24%和40%。中秋国庆假期接待95567人次，实现旅游收入9079万元，与上年同期分别增长58%和67%。主要客源是来自成都、重庆、绵阳、德阳、遂宁、眉山、乐山、广元等地自驾车游客。自驾车游客占91%以上。

（负责人：李晓东　撰稿人：冯俊）

科技　教育

KE JI　JIAO YU

省草原科学研究院

【领导名录】

院　长　白史且

党委书记、副院长　刘汉中

副院长　罗小林

副院长、纪委书记　李洪泉

【机构设置】　设办公室、科技处、成果转化处、人事处、计划财务处；牧草研究所、草地生态研究所、草地勘察设计研究所、草业经济研究所、牦牛研究所、草食家畜研究所、生物技术研究所；综合实验室、草地动植物资源库、《草业与畜牧》杂志社、草业科技培训中心。单位人数209人。

【科研任务执行情况】　全年组织实施科研项目42个，其中，国家、部委级项目21个，省级项目21个。全年组织结题科研项目2项，申报科技成果6项，获得成果奖励2项，即“突破性牧草新品种阿坝垂穗披碱草选育及利用”获省科技进步三等奖、“若尔盖退化草地治理与湿地植被恢复关键技术及示范”获省科技进步三等奖；申报专利17项，编写著作2部、科技简报36期，发表论文49篇。全年已申报各类项目39项，立项14项。

【科技成果转化与推广】　以“川草1、2号”老芒麦育、繁、推体系为重点，先后承担红原、阿坝、若尔盖牧草种子基地建设工程和基地技术服务。为青藏高原牧区推广“川草1、2号”老芒麦优良牧草种子700吨，可为1.87万公顷退化草地改良提供优质草种和技术支撑，生产干草35万公斤，为川西北高寒牧区冬春缺草抗灾保畜提供技术示范。开展种草养畜培训3期。做好红原瓦切0.07万公顷种子基地田间管理、收种、收草、种子加工、机械维修保养等工作和阿坝、若尔盖“川草2号”老芒麦草种基地技术服务工作。农业部下达“四川阿伯德多花黑麦草种子繁育基地建设项目”已完成1.33公顷原种提纯复壮圃、18.67公顷原种扩繁场和333.33公顷良种扩繁基地建设，并进行1.33公顷原种提纯复壮圃、18.67公顷原种扩繁场收种工作。以“四川白獭兔”为重点，为盆周山区农村和地震灾区灾后经济恢复提供种兔和技术支撑，推广“四川白獭兔”新品系，加强保种工作。獭兔原种场核心群达869只，年生产四川白獭兔种兔7200只、推广成品兔1.1万只，抓好獭兔产业技术培训、咨询和指导工作，组织技术培训12期，培训养殖技术骨干800余人，发放技术资料1.5万份。全年先后编制“国家重点生态功能区转移支付资金项目——新龙草原沙化治理项目可行性研究报告”、“国家重点生态功能区转移支付资金项目红原县生态转移支付退化草地治理”、“阿坝县现代草产业发展规划”等材料，全年总计编写、整理和包装各类咨询材料42个、280余册，开展技术培训3期。完成“川西北草地沙化治理生态经济新模式研究与示范——红景天在高寒沙化草地生态适应性及沙化防治技术研究”、“阿坝州野生红景天资源调查及种质资源圃建立研究”等项目的科研工作。整理并撰写“雪山高原大花红景天产业化成果转化”、“提高疲劳耐受力红景天保健酒研制”两个项目的总结报告，准备结题验收。与科创公司、省林科院、四川大学等八家单位联合申报2013年国家科技部科技支撑计划项目“川西北藏区退化土地治理生态经济新模式研究与示范研究”，与中科院、中国科学院植物研究所联合申报成果转化项目“四川优良适沙药材——大花红景天良种扩繁关键技术研发与成果转化”。加大以红景天系列产品为主的开发力度，生产红景天系列酒2900余件、红景天系列茶9.35万余袋、红景天软胶囊5.6万余粒。开发红景天酒新品种2个。新开拓州内县级市场1个、省内其他县级市场1个。获得缓解体力疲劳苏罗马酒的保健食品批准文号(20110685)。《草业与畜牧》是对外宣传的窗口，全年编辑出版12期，载文260余篇，出版文字130万字以上，发行期刊3.6万余册。

(负责人：刘汉中　撰稿人：曾华)

省龙日种畜场

【领导名录】

党委书记、场长　银　忠

副场长　罗光荣

【机构设置】　设行政办公室、劳动人事科、计划财务科、生产科技科、保卫科、生产示范一、二、三分场。

【良种推广】　原种场先后向九寨沟、小金、黑水、卧龙保护区和西南民族大学推广优良种公牛416头（包括26个扩繁群的100头）、种羊615只、河曲马6匹，出售商品牛50余头。是建场以来推广优良种牛最多和经济效益最好的一年。

【生产经营】　年初全场牦牛存栏2.0822万头，年末存栏数2.1044万头，死亡数1255头，死亡率6.1%，比上年降低2.2%，犊牛成活数3219头。全年出栏牦牛1742头（其中宰杀179头，出售1563头），马存栏数681匹，羊327只，向奶粉厂出售鲜奶1.6886万公斤，生产酥油1.3264万公斤，奶渣6632公斤。

【原种场】　在麦洼牦牛原产地麦洼乡筛选购买87头优良弗洛牛（其中公牛1头，母牛86头）新组建成一个弗洛牛新品系核心群，对纯黑群和粉嘴群进行种公牛血缘更换，从而提高种牛质量。开展麦洼牦牛冬季育肥实验，将秸秆加工捣碎后制成青贮饲料，通过科研人员反复试验，让牦牛适应采食秸秆和精饲料，现已进入育肥阶段。通过与中国农业大学合作，争取到一套先进实验设备，为育肥实验提供保障。做好牦牛原种场核心群初生牛犊系谱记录，对犊牛生长发育进行全面准确测定，将所有数据做好归档制订成册。目前有纯黑牦牛225头，粉嘴牦牛196头，河曲马37匹，藏系绵羊97只，小公牛群66头，冻精改良群牦牛228头及弗洛牛群87头。

【疫病防治】　3月，有选择性地对感染性肝片吸虫严重牲畜进行治疗性驱虫；5—6月对全场牲畜进行口蹄疫亚洲Ⅰ型双价苗、牛出血性败血症、炭疽预防注射；9月，对全场初生牛犊做好牛出血性败血症注射工作；11月，对全场牲畜进行第二次口蹄疫预防注射，注射密度98%以上；产仔季节对初生牛犊在10天以内进行犊牛副伤寒免疫接种工作；加强兽医管理工作，坚持巡回出诊，发现疾病及时治疗，治愈率95%以上。

【草场】　全年发放草种8250公斤，肥料2万公斤，6月15日前完成披尖草、老芒麦和黑麦草免耕种草播种工作（其中原种场建立种草基地，用草种500公斤，肥料200公斤，完成披尖草、老芒麦和黑麦草免耕种草播种13.33公顷）；加强生态保护，争取国家生态补偿政策，按要求，完成草原生态保护补助奖励机制自查验收，兑付资金191.77万元。

【项目申报】　省科学技术厅植物资源平台项目《青藏高原珍稀植物资源圃建设》和省财政厅农业专项资金项目《金川热它牦牛选育与利用研究》、《四川省草种资源平台建设》已按项目实施方案完成全部项目申报工作；2012年申报《麦洼牦牛遗传资源保护场建设》和《麦洼牦牛种质资源保护》项目已获农业部评审。共同申报《高原畜牧业研究与示范园区建设》，目前项目70余万元设备已陆续到达单位。

【民生工程】　从修建131户定居房建设方保证金中拿出26.2万元，对每户牧民补助2000元作为房屋维修费。争取到县上资金15万元，用于修建21户冬房点入户牧道，现已通过验收。全年对全场67户大骨节及低保人员统一办理银行卡，并按要求上报民政医疗救助15人。

（负责人：银忠　撰稿人：米芳）

气　象

【领导名录】

局　长　邱高林

副局长 龙含奇
李冬立

【机构设置】 设办公室、测报股、探空股、预报股、防雷中心、人工影响天气办公室。单位人数31人。

【气候概况】 年平均气温2.5℃，极端最高气温24.5℃，极端最低气温－24.4℃，年降水量920.6毫米，年日照时数2089小时。

【基础业务安全】 建立并完善探测环境变化跟踪调查工作责任制，以测场为中心，覆盖县城新建及拟建建筑物高度、距测场距离等信息探测环境保护基本档案，建立完善测场周围环境月巡查制度。对观测业务设施、设备进行全面清理检查，加强维护、维修管理，确保汛期气象服务工作有序开展。

【安全生产】 强化人员、设备、资料档案、制、用氢安全生产教育；针对车辆安全及基础业务安全等进行排查和集中学习；对气象部门开展"安全生产年"中发现制氢房防火隔离带不足、值班公寓散水损坏，材火棚漏雨等进行全面整改；探测资料实现实时4处异地备份；规范值班室综合布线，建立发电机双备份、ups电源三备份突发停电保障机制。

【提高探测质量】 加强对基础观测、MICAPS系统、探空电子经纬仪、重大气象灾害应急服务流程等业务学习。全年，各值班员严格遵守值班规章制度和业务技术规范，未出现重大差错和责任性事故。地面观测错情0‰、预报服务、辐射、闪电定位完成目标任务。探空错情0‰并完成为期41天"西南涡"加密观测，酸雨pH值、纯水测量均考核为优秀。年内，探空股2人次通过全国质量优秀测报员、15人次通过百班无错情验收。

【项目建设】 协助州气象局在西南民大青藏高原红原试验基地建成一个生态观测站。完成气候站的改造，完成红原境内9个山洪雨量站选址及基建工作，完成龙日坝变电站、阿木柯河水电站2处新增山洪灾害防治县级非工程措施气象监测站点布设。

【防雷】 全年2次4人次前往江茸乡，就雷击事件频发进行现场调研及指导牧民群众进行有效防雷避险工作，向牧民群众发放防雷宣传资料100余份。

（负责人：邛高林　撰稿人：李冬立）

科　技

【领导名录】

局　长 赵　东
党组书记、副局长 蒲吉贵（1月起）
副局长 付光平（1月起）

【机构设置】 设办公室、综合业务股、生产力促进中心。单位人数9人。

【科技项目】 全年经落实2012年度省级科技计划项目5个，州级科技计划项目2个，到位项目资金122万元。根据省、州《2013年度科技计划项目申报指南》要求，组织编写申报2013年度省级科技计划项目5个，州级科技计划项目3个。组织实施省级科技计划项目8项，州级科技计划项目3项。完善科技计划项目责任制，与8家项目实施单位签订项目实施管理责任书。

【中藏药产业】 近年来，投入项目资金84.505万元，建设完成道地中藏药材人工种植基地2个（刷经寺镇老康猫村道地中藏药材种植基地、邛溪镇川贝母人工种植基地）。成立道地中藏药材种植专业合作社1个（刷经寺镇老康猫村道地中藏药材种植专业合作社），带动刷经寺镇、邛溪镇两个镇八个村的农牧户306户，种植秦艽、川贝母、独角当归、羊角天麻、大黄、雪上一枝蒿、甘松等7个道地中藏药材品种。新增道地中藏药材人工种植8.33公顷，全县道地中藏药材人工种植面积保有量达到93.67公顷。组织采挖人工种植药材1.75公顷，实现销售收入22.46万元，种植农牧户人均增收320元左右。目前，现有中藏药企业5家（2012年新注册2家），其中省级创新型企业1家，州级民营科技企业2家。全年，组织符合科技计划项目申报条件的3家企业，向省州科技部门申报科技项目3项，跟踪落实到位资金60万元，为企业注入创新动力，促进企业的科技成果转化，提升企业科技创新和科技研发能力。全年，中藏药业企业实现产值3126万元，实现销售收入2490万元。

【科普宣传及科技培训】 全年开展科普宣传活动10次，举办各类科技培训6期，发放各类科普宣传手册资料1.65万余份，推广普及农牧业实用技术3项，现场接受农牧民群众咨询600多人次，培训牧农民群众、社区居民3150人次。

【知识产权】 完成专利申请4件，其中发明专利1件，外观设计专利3件，新增专利成果转化3项，预计实现新增专利成果转化产值350万元，完成州知识产权局下达目标任务。

【科技服务】 为科创控股集团四川中藏药材开发公司、四川宇妥藏药药业有限责任公司、红原黑帐篷牦牛肉有限责任公司、红原遛遛牛食品有限公司、红原天然产物有限责任公司、四川富民生物科技有限责任公司、红草地农业开发有限公司、四川原野农业科技有限公司等8家企业提供科技服务。

（负责人：赵东　撰稿人：胡廷武）

教　育

【领导名录】

局　长　罗布让（1月起）

党组书记　舒绍春（1月起）

副局长　尕尔让尼玛

阳康宁（4月起）

谢　兵（7月起）（援藏）

苏　飞（9月起）（援藏）

滕　黎（9月起）（援藏）

【机构设置】 设办公室、教育股、政工股、计财股、德育股、教育督导室、教师进修学校、县大学中专招生委员会、教研室、教仪电教站、学校安全及易地育人管理办公室、学生资助管理中心、成人职业教育股。

【德育】 开展“保稳定、促和谐”系列文化宣传活动，紧扣“胸怀祖国、热爱红原”主题，组织各中、小学校（园）开展爱国主义教育活动，通过开展征文、演讲、歌咏比赛等活动，净化校园育人环境，培养和引导青少年学生树立正确世界观、人生观和价值观，培育可靠有用人才。聘请法制副校长，邀请有关专家举办法制教育讲座、国防教育讲座，开展军训，在全系统开展“双拥模范县”创建活动。通过学习解雷锋、郭明义、菊美多吉、张莉丽等雷锋式模范人物先进事迹，体会雷锋精神时代内涵。组织开展“雷锋榜样进校园”、“雷锋精神大家谈”、“雷锋事迹在身边”和“雷锋歌曲大家唱”、雷锋箴言诵读、雷锋故事会等活动。

【维稳】 实行教育局机关领导“包片包校”工作，设立“安全工作办公室”，加强对学校安全工作指导与管理，加强对重点学校布控管理，实行重大节假日及敏感时段二十四小时领导带班值班制度、学生上下学护送制度，坚持矛盾纠纷排查制度，保证信访渠道畅通，实现全县教育系统稳定。与各中小学、幼儿园签订维稳与安全工作责任书，明确工作目标任务，并将此项工作与学校年度工作考评挂钩。

【教育民生工程】 开展依法动员适龄少年儿童入学、控辍保学宣传教育活动，提高适龄儿童入学率，完善控辍保学管理机制，降低辍学率，控制文盲率，重点抓住边远牧区适龄儿童入学难问题。全县有1所高完中、1所初级中学、14所小学、5所幼儿园。实施红原县农村义务教育学生营养改善计划，做好信息报送工作，制定营养改善计划相关表册。制定并印发《红原县教育局关于进一步完善红原县中小学学生学籍信息化管理的通知》（红教〔2012〕46号），4月底规范完善全县学生学籍管理信息工作。规范寄宿制学生档案卡，做到人、卡（贫困学生生活补助卡和档案卡）、册相对应。

【廉政建设】 开展“廉政文化进机关”活动，全年召开党风廉政建设工作专题会议3次，组织观看宣教片2次，撰写心得体会文章40余篇。开展“廉政文化进校园”活动，在学校班子成员中开展以“廉洁从政、勤俭办学”为主题、在全体教师中开展“廉洁从教、服务学生”为主题、在学生中开展以“敬廉崇洁、诚信守法”为主题的廉政文化教育。

【师资队伍建设】 对全县中小学（幼儿园）教师队伍编制、师资配置、专业技术职务评聘、收入分配、进行调研，对“占编不在岗人员”清理出11人，并上报县纪委、人事局等部门。建立师德责任制，严格奖惩制度，规范教师师德师风管理，对违反师德者在年度考核、职称评聘、评优选先中实行“一票否决”。加大学校领导干部培训力度，选送6名学校领导干部参加“2012年民族地区中小学校长省级培训”，一名小学校长到北师大参加培训。直选高中紧缺学科教师6人，考选教师32人，特岗教师8人。制定《红原县教师培训五年（2012—2016年）规划》，《进一步深入推进“十抓一促”工作实施方案的通知》、《红原县教育局关于做好中小学教师普通话水平提高培训的通知》、《教育技术能力培训》等文件。选派330余人参加新教师岗前培训、初高中班主任网络远程培训、高中课改远程视频培训、高中课改培训、小学语文新课标远程网络培训、小学双语语文培训、国培双语普通话培训、民族地区中小学校长省级培训、小学语文新课标远程网络培训、学前教育教师培训等省州及国家级培训。组织开办远程教育管理员培训、教师教育技术培训、科学教师提高培训、交互式白板运用提高培训、生命教育培训等县级培训，培训教师840多人。抓住绵阳市对口帮扶的契机，开设专题讲座，共114名教师参加培训。第二期培训将选派115位管理干部和教师到绵阳进行跟岗学习。

【教育教学管理】 规范教学常规管理，保证中小学按教学计划，开齐课程，开足课时。邀请各乡镇领导、村“两委”干部等参与本年度小学毕业考试、非毕业年级以初中考试监考工作。举办双语教师教学能力竞赛及基于信息化环境下阅读指导课例竞赛，有效促进现代教育技术与学科教学整合。以赛促教为目的组织全县物理教师开展教学技能竞赛，并推荐伍春明参加全省物理教师竞赛获全省三等奖。组织开展“小学教师教学技能竞赛活动”，阿芝、德清忠在“四川省民族地区中小学教师教学技能竞赛活动2012年省级决赛”中分获一等、二等奖。

【“9+3”免费职业教育】 年初调整充实“9+3”免费职业教育工作领导小组，新设“职成教股”，制定“9+3”学生就读情况跟踪调查计划，下达2012年教育目标（异地双语初中班名额分配、“9+3”招生名额分配、中职校招生名额分配、农村实用技术培训）任务数。到各乡镇开展2012年成人教育和职业教育工作安排部署，向各乡镇发放《四川省藏区“9+3”免费教育计划内地中职校（招生指南）宣传册》，通过电视等媒体宣传“9+3”招生工作。到红原中学和藏文中学，向初中应届毕业生发放《四川省藏区“9+3”免费教育计划（内地中职校）招生指南》，组织班主任学习《招生指南》，组织学生报名和填报志愿，做好文化考试、资格审查、毕业教育和招生录取工作，力争完成2012年“9+3”免费教育招生任务，保证初中毕业生和未升学高中毕业生应读尽读。与内地各“9+3”学校及时取得工作联系，为“9+3”在读学生的就读与跟踪奠定基础。全年送内地接受“9+3”免费职业教育学生94人，派驻内地管理教师7人。统计“9+3”红原籍学生就读各中职校情况，根据各中职校反馈和跟踪调查，目前，在校就读“9+3”学生分别为2010级64名，2011级77名，2012

年94名，三年在校就读“9+3”学生235名。通过与县就业局和内地各中职校等单位合作，安排64名2010级学生到内地及红原县各部门参加顶岗实习，帮助州中职校6名学生自愿回本县自主顶岗实习，安排色地乡1名学生到深圳群创公司参加实习。根据四川省三州乡镇事业单位公开招聘“9+3”毕业生岗位考试安排和藏区乡镇机关考试，针对县旅游管理、畜牧兽医、机械管理与维修等专业，特招35名乡镇其他事业单位，7名机关公务员。2009级“9+3”毕业学生168名于5月13日已在各中职校组织考试，84人进入事业单位人员面试。28人通过面试，体检合格，现已分配到各个岗位工作。11名2009级“9+3”毕业学生参加红原牦牛乳业有限公司职工招录，被录用3名，在内地就业3人，回红原自主创业3人，已就业44人。剩余124人由县就业局安排到各乡镇参加公益性岗。

【素质教育成效】 举办“红原县第五届中小学生艺术节”，红原县学生代表队在“阿坝州第七届中小学生艺术节暨第五届青少年艺术节”、“四川省第七届中小学生艺术节”上均取得了舞蹈和声乐一等奖，童声合唱《小卓玛》在“2012年全国儿童歌曲大奖赛”上获得国家级银奖，希望小学篮球队在姚基金、中国青少年发展基金会和中国篮球协会共同举办的首届“2012姚基金希望小学篮球季”活动中获得第二名。在2012年的高考招生中，有71人被各类高等院校录取，其中本科18人，专科33人，预科20人；在中考中，普通初中考生以657分成绩名列全州180名，取得初中毕业成绩历史性突破。

【教育设施建设】 全年，完成2011年续建项目5个共计13785.8平方米，其中：红原县城关小学学生宿舍1355.6平方米、食堂541.8平方米、教师周转房1047平方米；红原县中学食堂866.4平方米、学生宿舍1233.4平方米；红原县藏文中学教学综合楼3986平方米、教师周转房1047平方米；红原县双语幼儿园教学楼2084平方米、教师周转房707平方米；安曲乡幼儿园918平方米。新开工项目6个，其中：红原县藏文中学学生宿舍二栋共2710平方米；色地乡幼儿园教学楼800平方米；安曲乡幼儿园教师周转房317.25平方米，现已经竣工待验收；色地乡小学教师周转房352.28平方米，现已经竣工待验收；麦洼乡小学教师周转房352.28平方米，主体基本完工；藏文中学附属工程，完成40%。完成招投标待开工项目3个，包括：麦洼乡幼儿园教学楼800平方米、瓦切乡小学周转房422平方米、阿木乡小学教学楼647.52平方米。同时完成169万元校安工程的维修任务和两所村级幼儿园的维修改造。推进数字化校园建设，争取资金进行“班班通”建设，已经建成153套，完成总数的72.9%。

（负责人：罗布让　撰稿人：邓燕）

文体广卫

WEN TI GUANG WEI

文体广新

【领导名录】

局　长　哈　祥（12 月止）
　　　　尼美多杰（12 月起）
党组书记　陈　勇

【机构设置】　设办公室、计划财务、文化艺术和文物管理股、文化市场管理股（行政审批股）、体育股、广播影视股、新闻出版股。下属事业单位：体育馆、文化馆、图书馆、文化市场综合执法大队、新华书店。

【机构改革】　于 7 月 9 日将原“县文化体育局（新闻出版局）”和“县广播电影电视局”等部门行政职能进行整合正式更名为“红原县文化体育广播影视新闻出版局”（文体广新局）并举行授牌仪式。

【文体基础设施建设】　完成支中心机房建设，建有 40 个座位，面积 60 平方米“共享工程视听室”，使文化信息资源共享工程功能得到有效提升。完成红原室内全民健身中心前期科研项目和县文化馆图书馆项目施工设计。完善 33 个行政村农家书屋配套设施建设，并全面投入使用。协助民宗局图书进寺院，争取项目建设寺院书屋。恢复“红原县民间马术队”和建立“红原县草原之心艺术团”。

【文化活动】　2 月 22 日，开展“藏历水龙年”庆祝活动，由“草原艺术之心”和武警三大队共同演出。4 月 27 日举办“劳动者之歌”五一劳动节活动。活动中邀请邛溪镇瑞庆社区、玉龙社区、全县经营户、全县行政事业各单位共同参与。6 月 9 日，《草原喜事多》参加省委宣传部、省文学艺术界联合会主办、省曲艺家协会承办和四川扁月亮少儿语言表演影视培训基地执行承办的“第五届全国少儿曲艺大赛”（四川赛区），荣获“第五届全国少儿曲艺大赛四川赛区选拔赛暨首届四川省少儿曲艺大赛三等奖、优秀组织奖、创作奖”。5—10 月，开展广场文化活动，组织全县跳锅庄。7 月，组建“红原县麦洼乡民间锅庄协会”和“红原县老年锅庄协会”。8 月，组织民间歌手到青海省参加全国首届青海省“中天泰杯”2012 首届中国情歌（拉伊）大赛，并分别荣获两个个人三等奖和两个优秀奖。8 月，希望小学文艺节目《腾飞吧．希望》，在州中小学艺术节和省中小学艺术节上均荣获一等奖。8 月 13—15 日，组织“草原之心”艺术团到色地、麦洼、瓦切、阿木乡开展送文化下乡活动。10 月 10 日，组织开展县文学艺术界联合会成立大会暨第一次代表大会文艺汇演。

【非物质文化遗产】　收集本土非物质文化遗产，主要收集由托美和甲华传承麦洼藏戏、尕嘎和其美贡波传承马术、晓红和德白传承帐篷编制（塔尔格）等。

【文化市场监管】　4 月 5 日，组织举办县文化、新闻出版市场经营业主暨从业人员培训，并签订责任书。开展专项整治，出动文化市场行政执法人员 70 余人次，经营单位 9 家，加强对红原县文化市场监管。“扫黄打非”领导小组配合公安部门打击利用网络游戏赌博和网上不良信息传播违法活动，出动文化市场执法人员 65 人次，检查音像、书刊等出版物经营场所 20 家次。开展网吧专项整治，制定《网吧专项整治行动实施方案》，强化稽查人员对全市网吧日常巡查与突击检查。

【体育】　举办周边乡镇赛马业余爱好者赛马活动。8 月 8 日，举办以“快乐乡村，幸福生活”为主题群众体育活动暨第十一届农牧民男子篮球运动会，全县 18 支队参赛。8 月 19 日，遴选 25 匹赛马，到玛曲县参加第六届格萨尔赛马大会。10 月，民间马术队代表四川省参加全国马术节马上项目表演。

（负责人：陈勇　撰稿人：新生）

档　案

【领导名录】

局　长　成　康（1月起）
副局长　泽旺罗日
副局长　索　娜（7月止）
杨红群（7月起）

【机构设置】　设办公室、业务指导股、保管利用股、现行文件服务中心及爱国主义教育基地，单位人数9人。

【业务】　宣传贯彻档案法，开展《档案法》、《四川省〈档案法〉实施办法》等法律法规学习宣传贯彻活动。做好全县机关档案室基础工作和档案立卷归档监督、指导工作，到各机关单位指导300余人次。专门抽派业务人员对各县级机关、乡镇档案管理人员进行两期档案业务培训，培训达100余人次。先后派出三个检查组，分片区对全县各乡镇、各单位县级各部门、企事业单位开展档案执法检查工作。督促、指导辖区内立档单位按审定《机关文件材料归档范围和文书档案保管期限表》执行，对全县各机关单位执行情况进行检查。对全县各企业单位进行9号令宣传、督促指导工作。按《重大建设项目档案验收办法》验收县上相关重点项目工程档案，并移交进馆管理。

【档案保护】　搞好安全配套措施，建立和完善各种统计台账，完善各种规章制度，定期对库房档案进行杀虫消毒和安全检查，更换库房所有消防设备。

【档案利用】　截至11月中旬，接待社会各界档案利用560余人次，查阅档案780余卷（册），接待查档率100%，查到率95%，满意率100%。为红原县经济建设、落实政策、口述历史、工作查考、调解纠纷、核实工龄等方面提供大量第一手资料。

【档案接收】

1—11月，永久和长期档案接收进馆300余卷（册）。

（负责人：成康　撰稿人：温娟）

广播电视

【领导名录】

台　长　夺　科（1月止）
李　坤（1月起）
党组书记　汪　涛（1月起）
副台长　汪　涛（1月止）
泽让准
李元东（8月起）（援藏）
林中凯（8月起）（援藏）

【机构设置】　设办公室、技术股、总编室、采访编辑制作股、民族语言编译股、通联外宣股。

【新闻宣传】　推出系列报道《喜迎党的十八大》、《认识红原、了解红原、建设红原、热爱红原》、《走转改我们在行动》、《畅通红原、幸福红原、魅力红原、和谐红原、现代红原》、《走亲戚、听民声、谋发展、促和谐》、《新春送温暖》、《追民生促发生》等21个栏目。协助拍摄制作《民族团结进步和谐福地》、《哈拉玛草畜平衡试点》、《牧区综合体建设》、《寺院三化管理》典型案例教学片。完成2011年度全州广播电视创优节目评比工作。采写播出各类稿件2000篇次。全年，在上级台站播出新闻236条，两个专题。其中：送央视18条，专题5个；川台43条；州台187条。藏语节目送康巴卫视32条。

【培训】　抽派6名在职人员到相关省、州级广播电视台、站和院校进行专业技能培训与学习。

【基础事业建设】　完成县城金珠小区适用房光纤、电缆主干线入地工程，2800余米安装工程。为保证县城及郊区群众收视效果，全县新安装有线电视用户135户，抽派1350人次专业技术人员对县城及各乡镇进行维护、维修。

（负责人：李坤　撰稿人：蒲世海）

省广播电影电视局537台、812台

【领导名录】

537、812台台长　王福寿

537台副台长　许小明

812台副台长　任　蓉

【机构设置】　设行政办公室、机房管理办公室、财务室。537台11人，812台11人。

【播出】　台内停播率在120秒以内，责任事故为零，外电停电，自备发电机在2—5分钟之内供电。全年，中波播出：中央一套广播节目播出9597小时；四川一套广播节目播出7959.6小时；中央十一套广播节目播出7959.6小时；调频广播：中央二套广播节目播出7959.6小时；四川一套广播节目播出7959.6小时；电视节目：中央七套电视节目播出7959.6小时；四川一套电视节目播出7959.6小时。812台短波试播出1—12月共100小时。根据红原供电情况，耗油27068.9升，地方综合油价21.93万元。

【技术维护管理】　在重大节日、重要节日、重大活动期间，为确保零秒停播，启动安全应急预案并进行岗位演练，对机房机器主备机设备、传输设施及消防、供电等一切存在影响安全的隐患进行全面彻底拉网式检查、排查。执行落实领导值（代）班、24小时联系电话畅通和事故零报告制度，强化安全播出管理，要求技术负责人员到岗位到人、尽职尽责。

（负责人：王福寿　撰稿人：周灵君　王莎）

卫　生

【领导名录】

局　长　唐伯荣

党组书记、副局长　彭　措

副局长、县医院院长　张泽富

副局长　张　健（8月起）（援藏）

甘　霖（8月起）（援藏）

县医院副院长　曾维国　杨元贵

仲　勒　谷惠琼

疾控中心主任　张国明

疾控中心副主任

陈　莉　温念平

谢　刚（8月起）（援藏）

卫生执法所所长　余康虎

新合办主任　古银才

藏医院院长　王修塔

藏医院副院长　桑　迫　泽　科

藏医院支部副书记　白玛扎西

妇幼保健站站长　三木州

妇幼保健站副站长

任华平（8月起）（援藏）

【机构设置】　医疗机构17所，其中县级医疗卫生机构5所，乡（镇）卫生院11所（含中心卫生院3所），社区卫生服务中心1所，村卫生室33个，有学校医务室5个，个体诊所7个，医疗点1个。单位人数278人。

【卫生指标】　婴儿死亡率31.05‰，孕产妇死亡率163.40/10万；每千人卫生技术人员6.53人，其中每千人执业（助理）医师达2.32人，每千人注册护士数0.71人；传染病发病率516.66/10万，免疫规划接种率97.76%；100%的县、乡医疗卫生机构开通互联网；乡镇卫生院设立藏医科室的比例为100%。

【队伍建设】　举办县、乡、村级培训班15期，培训卫技人员达500余人次，选派业务骨干200余人次到省、州级参加各类进修、学习达500余天；完成9名专业技术人员全科医生转岗培训；派出2名县医院骨干到广元市中心医院进修学习；全年签订9名高中毕业学生实施“国家农村订单定向医学生免费培养项目”；公开招聘卫技人员24名；招聘4名执业医师和公共卫生人员到乡镇卫生院工作；招聘2名紧缺专业技术人员到县人民医院及县疾控中心工作；省、州先后派

出16名卫生管理干部（3名）及专业技术人员（13名）到县卫生局和县、乡级医疗卫生机构进行对口支援，支援时间3个月到2年不等，11月派出10名专业技术人员到绵阳市卫生局进行进修培训。

【体系建设】 全年完成固定投资2689.6万元，其中新建房屋及附属设施1.0879万平方米，争取上级投入购置医疗设备和信息化建设资金617.6万元。完成卫生建设项目5个，新建业务用房4034平方米，完成投资972万元。完成藏医院门诊医技楼投资800万元、新建3353平方米；重点乡镇（麦洼、安曲）医疗急救点投资160万元，新建业务用房602平方米；投资12万元新建刷经寺镇加当村和查尔玛乡什布龙村卫生室80平方米。正在实施建设项目1个，即县医院门急诊综合大楼6845平方米，全年完成投资1100万元，门诊急诊综合大楼目前主体已经完成，正在进行装饰装修。争取中央预算内投资项目10个，项目建设资金1200万元，目前正在进行前期启动工作。县急救中心建设项目改扩建600平方米，计划投资194万元；卫生执法建设项目新建业务用房500平方米，计划投资126万元；新建8个乡镇卫生院污水处理、垃圾处理及辅助设施建设项目计划投资800万元。争取上级投入设备购置资金344万元，由州、县集中采购后分配到县藏医院和乡镇卫生院、村卫生室。争取中央预算投资能力建设项目2个，投资260万元。其中妇幼保健能力建设170万元，县人民医院儿科能力建设90万元。争取卫生信息化建设资金13.6万元，完成卫生局及15个医疗机构独立外网建立，目前该项工作正在进行中。

【传染病防控】 全年境内无甲类法定传染病发生，乙、丙类法定传染病按现住址统计共发生12种计217例，发病率为516.66/10万，全年冷链运转4次，运送到各接种点，运转覆盖面100%；全县免疫接种率达97.76%。全年开展2个月至14岁儿童年脊灰和麻疹疫苗的强化接种工作，全县设置固定接种点12个，临时接种点16个。三次强化免疫接种率均达到了国家要求，顺利通过省、州督导组评估；5月采购计划免疫专用摩托车24辆，全部配备至各乡镇卫生院。

【重大疾病防控】 对3名HIV患者和感染者进行定期治疗和随访，完成艾滋病自愿咨询检测700余人，无新增病人；全年对32名肺结核病人进行隔离治疗；对4761名大骨节病人进行对症治疗及疗效追踪，完成5个监测点的病情监测工作，9月，顺利通过国家扶贫开发综合防治大骨节病试点工作验收；对4300余人进行包虫病流行病学调查和临床检查，新增病例13例，累积药物治疗101例。

【卫生宣传】 3月开始，组织健康教育队伍8支，利用各种集会、佛事活动，深入乡、村、寺院、学校用藏汉双语就新型农村合作医疗制度、疾病预防知识、妇女保健知识、老年人保健知识等进行宣传，举办健康讲座18次，发放各类健康教育宣传资料4万余册（页），提高群众防病、治病意识，引导广大僧人及农牧民养成良好卫生习惯。7月，组织群众开展无偿献血，采血量达3.01万毫升，较2011年增加17.12%。

【食品安全】 制定与完善《红原县食品安全委员会关于进一步加强食品安全举报奖励工作的实施意见》、《红原县食品安全风险评估方案》、《农村义务教育学生营养改善计划食品安全保障方案》、《红原县食品安全督查方案》、《红原县死因不明牲畜及其产品专项整治工作方案》等8个方案。明确各乡镇食品安全信息联络员和食品安全协管员职能职责，层层签订《食品安全责任书》。

【妇幼保健】 孕产妇系统化管理达34.15%，高危产妇住院分娩率达100%，孕产妇住院分娩率为54.90%，农村孕产妇住院分娩补助249人，补助资金达11.74万元；孕产妇死亡率为163.40/10万，无新生儿破伤风发生；对681名孕产妇开展了艾滋病、梅毒、乙肝检测，未检测出异常。向399名准备怀孕和怀孕3个月内的农村妇女免费发放叶酸1500余瓶，叶酸服用率75.71%；儿童系统管理率71.33%，全县婴儿死亡率31.05‰，5岁以下儿童死亡率34.31‰。对75例新生儿进行疾病筛查，均未查出苯丙酮尿症和甲状腺功能低下症。

【新农合】　全年完成32926人新农合参合筹资，参合率98.54%，比上年增长0.55%；农牧民群众实际补偿比与上年同期相比提高7个百分点；全县牧农民群众在各级定点医疗机构就医20461人次，根据新农合政策补偿995.38万元，补偿受益面63.06%，住院补偿受益度为57.11%；查出造假案件4例，假资料住院费用21万元，为新合基金避免近10万元损失。

【医疗服务】　全年门诊人数5.72万人次（其中门诊5.4万人、住院0.32万人），比上年同比增长38.83%；截至目前建立健康档案41253人，建档率为94.84%，管理糖尿病人642人，高血压病人1487人，对22名重性精神病患者进行登记、治疗随访和康复指导，对65岁以上老年人登记管理2700余人，老年人保健9800余人次。

【应急能力】　完成草原火灾应急演练，完成各类医疗保障任务10余次，完成3起重大医疗救治。

【基本药物制度】　基本药物采购129万余元，为群众节约药品支出19.47万元，基层医疗机构每月阳光积分均为100分。

【执法监督】　办（审）公共场所卫生许可证38户，培训公共场所从业人员128人次。

【民族医药事业】　自行研制藏药成品药63种，包装药品4种；申报藏医诊疗未病（亚健康）研究、藏医治疗大骨节病等6大研究课题；完成由古藏文向现代藏文对照与注释的《藏药炮制大全》；完成中医药资源普查工作，完成9个乡镇、40个样地、1440个样方调查，采集并压制原植物标本2000余份。

【卫生下乡】　派出卫生下乡队伍100余支，深入全县11个乡镇、10座寺院，对全县农牧民群众和僧人开展义诊、免费发放药品及发放健康宣传资料活动，诊治病人3.2万余人次、发放药品价值达20万余元，发放宣传资料10.5万余册页。2月完成60岁以上农牧民群众及僧人免费体检工作，60岁以上农牧民群众应检3610人，实检3421人，检查率94.76%。尼姑寺尼姑应检115人，实检109人，检查率94.78%。2—5月，在全县范围内组织开展三轮脊灰及麻疹强化免疫工作。三轮脊灰强化免疫接种率分别为97.78%、99.56%、97.89%，麻疹查漏补种率100%。3月17日至4月30日，派出医疗队201批次，医疗人员641人次，出动车辆130台次，普查僧人1371人，普查率99.13%，普查农牧民群众3.0718万人，普查率91%，查出可疑肺结核病患者187人，确诊肺结核患者24例，已全部作归口管理、跟踪治疗，个别病人建议转上级医院进行治疗。开展先天性心脏病患儿调查摸底工作，排查儿童7326名，查出疑似先天性心脏病患者28例，6—7月先后送出5名有手术指针先心病儿童到深圳市孙逸仙心血管医院进行手术治疗，为5名先天性心脏病患儿节省食宿、交通和手术治疗费用20余万元。完成423名困难职工及环卫工人健康体检工作，为每一位体检者建立专项实名制体检档案。完成涉及36个单位和部门800余名干部职工体检工作，为每一位受检干部职工建立健康体检档案。9月5日，县卫生局组织县医院眼科专家深入各乡镇，对乡镇卫生院前期筛查疑似白内障患者进行进一步确诊，对200余名老人进行检查，查出患有白内障且初步诊断可进行手术治疗的有53人，并将符合手术指针患者组织到州医院、阿坝县医院进行免费手术治疗。9月23日至11月3日对全县11个乡镇、33个行政村农村已婚育龄妇女免费进行妇女病普查普治工作。全县18岁—60岁农村已婚育龄妇女14754人，通过开展B超、红外线乳腺检测仪、阴道镜检查仪、阴道分泌物镜检和常规妇科检查等方法，普查妇女7484人，普查率50.73%，查出患病妇女5837人，患病率为77.99%。

（负责人：彭措　撰稿人：何开艳）

企　业

QI YE

电力有限责任公司

【领导名录】

总经理　魏国勇

党支部副书记　陈　彬

副总经理　泽让东珠

赵　勇

【机构设置】　设综合办公室、财务计划部、城乡供电服务部、安全生技部、客服中心。

【生产经营】　完成发电量 138.4 万千瓦时，完成购电量 2568.48 万千瓦时，完成售电量 2233.17 万千瓦时；主营业务收入 1159.08 万元，其他业务收入 209.16 万元；主营业务成本 1263.4 万元，其他业务成本 149.72 万元；电压合格率为99.2%，县城供电可靠率98.5%，农村供电可靠率98%。2012 年电费回收率 100%，综合线损率 17.5%。总资产 1718.47 万元（其中：流动资产 673.94 万元，非流动资产 1044.52 万元），净资产 1275.24 万元，利润总额—7.87 万元，增值税 114.71 万元，固定资产总额 2169.4 万元。

【制度建设】　结合红原公司实际情况，根据轻重缓急梳理出急需涉及综合管理、安全生产、营销服务等规章制度 41 个，其中需要重新编制有 31 个。11 月 10 日，完成31 个规章制度编制发文工作。编写《四川藏区县公司农村电网运行维护管理办法》、《四川藏区县公司农电安全管理办法》、《四川藏区县公司农电生产管理办法》。

【安全生产】　5 月，完成安全生产保证体系和监督体系建设，编制“红原公司岗位说明书”、“公司各级人员安全职责规范”、“公司责任体系规范”及安全生产规章制度。完成变电设备基础台账清理与建立。开展 10 千伏配网线路 gps 测试和地理接线图绘制，累计完成 154.4 千米、2028 基电杆 gps 定位测试和线路编号喷绘工作，统计台区 155 个。在全县范围内进行一周的“三电”设施保护宣传，发放藏汉双语宣传资料 3000 余份。完成公司办公、宿舍及变电站消防器材配置，8 月开展一次用电安全和电力设施保护宣传。

【营销】　执行抄、核、收制度，建立内外部监督机制，推进并利用智能电表预付费功能。结合公司经营状况，主动与县委、政府沟通协调，7 月完成部分电价调整。4 月起，客户服务中心对高压供电客户开展清理工作，截至 12 月底完成高压客户台账建立。6 月起，随着红原旅游季到来，营销人员针对县城内宾馆、餐饮等服务行业开展专项安全用电检查，规范服务行业用电安全管理。7 月起，公司陆续完成营业厅搬迁、电费调整及 A8 系统试运行等工作。

【教育培训】　开展“安规”培训与考试、“三种人”培训与考试、“两票”填写规范培训、触电急救培训、营销 A8 系统运用培训、营销“业扩”培训；开展一次以“防止人身伤害、农村配电台区常见故障查找与处理”和对个乡镇农电工的安全技能培训。

（负责人：魏国勇　　撰稿人：文庭勇）

牦牛肉食品有限责任公司

【领导名录】

总经理　向　白

【经营管理】　7 月 26 日至 11 月 6 日，进行 103 天生产，屠宰牦牛 9860 头；生产加工鲜冻牦牛肉 675 吨，其中精品牛肉 10 吨，手抓牛肉 6 吨。实现工业总产值（现价）2835 万元，销售产值 3072 万元，上交税金 45 万元。完成牦牛肉及副产品等 21 个产品的绿色食品标准，牦牛肉等 9 个产品有机产品认证工作。5 月与邛溪镇热多村签订草场租赁合同，期限 10 年，面积 200 公顷，公司投资 100 万元建立阿坝州第一个高原有机牧场、纯藏兽药示范基地。

【原料收购】 对各乡村进行宣传，以收购牦牛为主，牦牛收购价从开始的每公斤 39 元调至每公斤 46.36 元。支付收购费 3037 万元。

【质量管理】 对每头入圈牦牛进行宰前、宰后检验。对每批次进圈牛都做宰前检疫记录。对各车间、牛圈每日巡查。对结冰间产品进行出库检查（包括中心温度、计量抽检），填写库房抽检记录表。配合县、州质量技术监督局对计量器具、压力设备和特种设备进行检测、校定及验收等工作，经常对台秤进行校定及抽检，以确保其准确性。配合县动监站对公司全过程监督检疫，并对出厂的每批次产品办理检疫证明，确保全年产品无任何问题，并且在企业不讲任何利润前提下高标准、高质量的向红原县各乡镇中小学校提供上门配送校用有机、健康牦牛肉，全年 120 吨。

（负责人：向白　撰稿人：王玉平）

乡　镇

XIANG ZHEN

邛溪镇

【领导名录】

书　记　尼美多杰（11 月止）
冯普全（7 月起）（援藏）
人大主席　桑　伯
副书记、镇长　王剑波
副书记　金　涛
足　巴（7 月止）
唐　勇（7 月起）
索朗杰（7 月起）
武装部长　黎雪涛（7 月起）
副镇长　尼玛吉
张　琦
扎华罗周
能　波（12 月起）
达木真措（12 月起）

【机构设置】　内设党政办公室、维护稳定办公室（挂群众工作办公室牌子）、综合发展办公室（挂财政所牌子）、城镇工作办公室。直属事业机构：经济发展服务中心、社会事业服务中心、劳动与社会保障服务中心、文化服务中心。单位人数 33 人。

【基础建设】　全年总投资 1630 余万元，新修牧道 32 公里，完成投资 160 万元；新建巷道圈 1 个，新建暖棚 50 个，完成投资 300 余万元；新建农村公路 15.4 公里，桥梁 2 座，完成投资 250 万元；新建蔬菜大棚 10 个，金针菇种植 400 万袋，完成投资 330 万元；安装网围栏 21.18 万米，完成投资 300 余万元。

【畜牧业】　牲畜改良和疫病防控整体推进，完成牦牛组群 800 头。组建高产奶牛养殖专业合作社和牦牛改良专业合作社，建立热多通目拉德高产奶牦牛养殖基地和达格龙牦牛改良基地，全年，完成投资 140 万元，购买牦牛 250 头，新建生产用房和暖棚，配套相关设施。目前，在玛萨村组建欧拉藏羊养殖合作社，并以远程教育为平台，组织牧民参加实用技术培训。

【旅游】　抓好元宝山旅游精品点民房建设和自筹款收取工作，民房建设任务全面完成正待交付使用。在热坤村组建乡村旅游专业合作社，依托旅游精品寨建设热坤自驾游营地，目前已完成投资 45 万元，完成景观亭、木桥，厕所和洗浴室建设，新建木屋 2 个，搭建帐篷 5 顶，装修标间 3 间、接待室 3 个，硬化道路 100 米，举办旅游培训，自驾游营地开始试营业。全年，全镇接待自驾游游客 1 万余人次，实现旅游收入 500 余万元，其中热坤村自驾游营地和牧户实现旅游收入纯利润 50 余万元。

【民生工程】　争取资金 80 万元，为贫困户建房 23 户。完成达格龙扶贫整村推进工程、白龙村大蓬蔬菜和金针菇种植项目，完成投资 155 余万元。完成 2012 年牦牛良种补贴和大骨节病综合防治结构调整生产畜购买政府集中采购任务，上报 2012 年生态奖补资料表册，兑现生态奖补生产综合补贴。人工种草 0.25 万公顷，兑现牧户补助 23 万元。落实大骨节病综合防治，给 451 名大骨节病换粮对象更换粮食；为 1 名农村Ⅲ度大骨节病人发放生活保障金；为 447 名Ⅰ、Ⅱ度大骨节病人发放补助资金。新型农村养老保险参保人数达 520 人，其中 134 人享受待遇。新增公益性岗位 17 个，就业和社会保障工作稳步推进，城镇登记失业率控制在 3.5% 以内。为 910 名农村低保户发放低保金。完善乡村配套基础设施和服务功能，加强公共服务和创新社会管理，开展城乡环境综合治理，进一步完善环卫基础设施。强化“五乱”治理、“八进”活动和“五改两推一整治”，打造整洁、优美、和谐的城乡环境。

【法制宣传】　5 月和 11 月，应广大牧民群众和村社区的主要负责人要求，在镇、村的共同努力下组织牧民群众 1000 余人在玛萨村村委活动场所，县法制政策宣讲团以形式多样内容丰富地在邛溪镇玛萨村开展大型法制政策宣讲 2 次。

【维稳】　调整充实领导小组成员，制定党的十八大前后安全保卫和维稳工作方案和应急预案。全镇划分为热坤热多、玛萨达格龙、社区和镇机关、寺庙四个责任片区，每个责任片区落实了责任领导和责任人，坚持每天3次巡查、定时报情况。镇机关24小时值班值守。成立邛溪镇寺庙管理所，由专职宗教副镇长担任所长，配备三名镇干部为工作人员，将所在村和寺管会主要负责人纳入寺管所成员，建立各项管理制度。加大“法会”出境回流、邪教组织等重点人员管控。辖区有9名重点管控人员，其中：参加“法会”4人（属退休干部）；法轮功人员4人，刑释解教人员1人（因危害国家安全罪而刑满释放）。摸清家庭基本信息，建档立册，底数清、情况明，制订管控工作方案。加大对社会闲散青少年等重点区域和重点人员管控力度，目前残疾贫困1人，贫困“三无”8人，建立台账，落实管控责任，加强帮教力度。加大对出租房屋、流动人口社会管理和服务工作，登记流动人口317人。落实应急力量和情报信息工作，加强社会面管控。落实镇、村信息员25名，群防群治力量111人，其中民兵处突力量30人。11月8日，组织镇村干部、群众、僧尼集中收看十八大开幕式，广大牧民群众、僧人自觉自愿在家中收看十八大电视直播。

【党建】 全年，发展党员18名，将375名积极分子纳入后备库管理。坚持“三会一课一制”，实行镇党委领导讲党课制度。建立和完善党内关怀、帮扶、慰问机制和党员、干部、三老人员、离职村干部台账，加强党建带群团建设。加强农村党员干部远程教育工作，实现现代远程教育“让干部经常受教育，使农民长期得实惠”目的。建立“一把手”重点抓，班子成员集体抓，分管领导具体抓的党风廉政建设领导工作机制。开展“镇、村、居干部进千家”活动，每个镇、村、居干部重点帮扶联系1—3户困难或问题群众户，每周不少于2次到项目一线、到村到户走访群众。

（负责人：桑伯　撰稿人：隆英磋）

刷经寺镇

【领导名录】

书　记　雷　斌
人大主席　王　忠
镇　长　向朝刚
副书记　郭文利
　措　央
　郑高怀（7月起）
副镇长　李　琪
　热布洛
　毛雪恩（7月起）
　石田芬（7月起）
专武部长　尕　白

【机构设置】 设党政办公室、维稳综治办公室、综合办公室、经济发展服务中心、社会保障服务中心、乡镇文化服务中心、社会事业服务中心。单位人数23人。

【农业生产】 引导农民调整产业结构，作好种子、化肥、农膜农药等农资调剂、供应，共储备莴笋种子5.27万袋，化肥、尿素、复合肥、磷肥等肥料600余吨，农药50余公斤，农膜15吨，全镇种植蔬菜和中药材等148.6公顷。党委政府特邀技局农业技术专业家、农业局专业技术人员前往种植户开展“科技之春”实用技术培训，并实地就莴笋种植技术进行实地指导。培训农民100余人，发放农业科普知识读本100余本。全年刷经寺镇七个村莴笋每公顷产量达0.33吨，平均每公斤售价1.6元左右，平均每户莴笋种植户年度收入10万元左右。

【农村经济】 开发虫草、贝母、野生菌等稀有绿色山林自然资源全镇年度大宗药材挖掘量40万公斤，收入80万元。按“因山就势、积极开发、突出特色、重点打造”原则，充分发挥精品旅游村寨优势，努力打造人文景观，修建独具特色乡村旅店，完善接待设施，旅游接待档次和、规格都在不断提升，全镇旅游年接待量600余人次。打造自然生态旅游景点，将人文、自然、民族地域特色有机结合，成立“旅游协会”。鼓励和扶持亚休村矿泉水厂，更新器械设备、净化水源、净化水质，加强和完善企业管理制度。投资50余万元成立塘星村“鑫欣土鸡养殖场”，建板房棚圈1300平方米，购置安装鸡笼24组，引进优质“罗曼粉青年鸡”土鸡2272只。扶持和发展老康猫村“中药材协会”，邀请菌类种植专家深入老康猫村实地考察，结合土壤、阳光、水分等多方面因素综合勘测测评。投入资金20万元，组织农民群众对大球盖菇进行科学试种，试种0.13公顷。扶持支持社区“大棚蔬菜协会”创建，投资45万元，自筹资金20%。主要采用科学技术，改变蔬菜生长环境，打造温室棚，注重科学转变产业结构，主栽植茄子、黄瓜、辣椒等，现实际投入种植0.8公顷。投资70万元，成立色隆村“山羊养殖协会”，引进先进养殖技术和优质羊种，以养殖绵羊为主。

【安全生产】 落实《安全法》相关条款，增强广大群众安全生产意识。通过广播、板报、悬挂横幅、张贴标语、发放资料等宣传形式，加强安全生产宣传教育。全年来开展大型宣传活动3次，集中组织宣传2周，组织交通安全法讲座3次，组织开展安全知识进村（社区）5次，发放宣传资料600余份。全年对交通、危化品、危岩滑坡、防汛、建筑等方面安全开展6次检查，提出整改意见20条，已落实整改20条。

【化解矛盾】 全年，全镇排查矛盾纠纷17起（其中土地纠纷矛盾10起，家庭纠纷2起，赔偿纠纷4起，邻里纠纷1起），都已得到化解。

【民生】 镇党委政府研究制定《红原县刷经寺镇贯彻落实〈关于进一步保障和改善民生加强藏区群众工作的意见〉的实施意见》，推进“三大民生工程”、万名干部送温暖活动、“领导挂点、部门包村、干部帮户”活动、特殊群体帮扶活动和促进就业活动5个责任组。全镇就读“9+3”学生29名，继续开展义务教育法律法规宣传，对全镇在辖区内2个月至14周岁儿童进行登记造册，全镇适龄儿童入学率100%。组织全镇农村125名60岁以上群众到镇卫生院免费体检，镇卫生院为造册儿童打麻疹和脊髓灰质炎加强疫苗。民生工程33件（包括农田灌溉、安全饮水、村道建设等），老康猫村、色隆村、塘星村机耕道等项目全面完成。完成色隆村幸福美丽家园建设，投资300余万元解决6.67公顷耕地引水灌溉，完成加当村、镇区安全饮水工程建设。新建老康猫村村民活动广场建设、北街村民族团结新村项目开工建设。全年，开展走访慰问10次，慰问“三老人员”22人，慰问贫困党员14人，慰问离任老村干7人，慰问贫困人员121人次（其中重点人员1人次），全镇发放慰问金1.98万元，发放红十字会博爱7件套物资、大米、面、油、电热毯等物资105人次。推进民生工程建设，牧民定居精品点建设包括建筑面积1443平方米服务中心建设，投资480万元公共设施建设，投入376万元景观打造，43栋精品牧民定居房建设，均全部竣工。加快北街村村容村貌的建设。主要针对厨房、卫生间、杂货棚整体规划，严格招投标程序，让符合资质条件单位对民族团结新村建设进行包括排污管网、村容村貌、基建工程、小品门楼等进行设计。

【基础设施建设】 投入45万元实施塘星村道路硬化项目1.5公里，机耕道建设1000米5万元；完成老康猫村入村道路硬化2公里55万元，机耕道改造3公里11万元；总投入40万元的三家寨索桥建设工程，已完成前期土建工程，预计2013年6月全面完工，并能投入使用；完成色隆村机耕道改造3.5公里19万元等工作。配合县水务局，投入300万元，将镇7个村人畜饮水和农田灌溉工程得到全面建设，从源头解决群众用水难问题。在林业部门支持下，对7个村进行绿化种草植树工作，并对以前不合理相关方面进行整改。对加当村村两委活动室进行扩建100平方米。

【环境治理】 从4月初开始在全镇范围内集中开展新一轮城乡环境综合治理工作，与相关单位和个体商户签订《环境综合治理责任书》。全年，清理卫生死角90余处，清理焚烧垃圾25吨，清理巷街排水沟3200余米。

【社会事业】 全年完成城镇低保21.722万元资金补助发放，发放农村低保金62109万元金额补助，完成大骨节8.2341万元资金发放，向老康猫村贫困残疾人员发放资金补助2000元。发放最低生活保障金6.335万元，农村低保户309人，发放补助金额27.5831万元。接受大病医疗救助56人，其中47人补助资金之际得到落实，发放救助资金7.8698万元。完成城镇农村大骨节、五保户、低保共392人全国低保系统录制。报大病医疗救助27人次，发放医疗救助款8.465万元。完成对全镇108名残疾人进行“量体裁衣”工作，完成阿坝州残疾人信息系统录制工作。完成1名孤儿及2名90岁老人生活补贴申报工作。

【劳务输出】 举办劳动技能培训3期，培训人次达1000余人。通过对农牧民技能培训，农牧民科学种植、养殖水平及个人技能素质得到明显提高。全年输出农村劳动力138人，获得劳务收入109.02万元，完成输出农村劳动力目标任务110%，完成劳务收入目标任务110%。

（负责人：李琪 撰稿人：王丽）

瓦切镇

【领导名录】

书　　记　姜　剑（11月止）
　　　　　旦木真（11月起）
人大主席　罗　巴
镇　　长　尕玛拉登（11月止）
　　　　　罗让扎西（11月起）
副书记　喻启建
　　　　夺基卓玛
　　　　夺尔生（7月起）
　　　　王志勇（8月起，援藏）
专武部长　詹　勇
副镇长　娜么卓玛
　　　　彭瓦扎西（12月止）
　　　　青云强（12月止）
　　　　黄贵明（7月起）
　　　　郭发亮（7月起）

【机构设置】 设党政办、综合发展办。单位总人数30人。

【撤乡建镇】 省政府2012年10月15日批准同意瓦切撤乡建镇。镇政府仍驻原乡政府驻地，辖原乡所属行政区域。

【畜牧业】 全年各类牲畜存栏总数94817混合头（匹、只），其中牛8.9876万头，马1995匹，羊2946只，牲畜出栏2.2572万头（只），肉类总产量190.3112万公斤，毛产量4.6805万公斤，皮总产量分别为牛皮2.3113万张、羊皮2165张、羊羔皮286张，奶总产量70.6673万公斤，酥油23.4142万公斤，奶渣11.7071万公斤，储草2660.6265万公斤，牧业总产值3832.03934万元，人均纯收入达到6932.99元。配备村级防疫员12名，联户防疫员73名，负责全乡9万余头牲畜防疫工作，组织培训56人次。发放口蹄疫苗20.75万毫升，败苗60.14万毫升，副伤害苗7.16万毫升，炭疽苗10.02万毫升。兽防站巡诊断253户，出诊46户。完成2011年生态补偿收尾工作，全乡2011年草原生态保护补奖资金共计529.6761万元。已严格按照补偿标准全部兑付给广大牧民群众。

【惠民工程】 完成罗日彭钦精品点后续工程建设。11月初步验收。后续工程建设规模200万元。道路建设完成投资280万余元，暖棚建设完成投资285万余元。乡文化中心建设项目完成投资120万余元。完成牧道建设投资80万元，完成牧民定居配套设施160万余元，完成日干村整村推进投资100万元，完成唐日村合作社产业发展55万元。通过国家扶贫开发和综合防治大骨节病试点验收工作。全镇实施林业生态补偿制度，受益1143户。其中，日干村54.47公顷，受益187户998人；德香村75.26公顷，受益251户1293人；色尔永村62.66公顷，受益233户

1119人，唐日村28公顷，受益172户952人；达峨村51.33公顷，受益300户1209人。发放补偿资金3.95万元。

【环境治理】 镇党委、政府和各村环卫队就辖区内卫生死角进行清理，重点突击辖区内S209线、301线沿线，牧民新村、各街道门面、三岔路口、旅游公厕等区域，尤其对三岔路口旅游公厕的卫生进行整治。对白河河道的垃圾死角进行全面清理。及时清运各村垃圾。对垃圾集中堆放点的垃圾堆、残土、装修垃圾废物、违章搭建残留物等进行全面清运，租用挖土机18辆次，拖拉机600辆次，清运垃圾600余车。集镇处设置30个垃圾箱，每个垃圾投箱都有专人负责清运和日常维护。整治市场秩序，整治商铺5家，治理游商2个。治汽车、摩托车乱停乱放行为，划定了专门的车辆停放点，由公安派出所进行日常监管和治理。聘请保洁人员20名，进行清扫保洁。与14个驻乡单位签订卫生责任书，督促其做好环境卫生治理配合工作，与65家个体工商户签订责任书，与各村定居房建设施工单位签订责任书。

【社会事业】 开展防汛救灾工作，构建民兵防汛网络体系，24小时防汛应急值班制度。全年，中心校入学人数814人，入学率99.75%，初中阶段入学444人。输送18名学生赴内地进行“9+3”藏区免费职业教育。镇卫生院总诊病人4531人次，其中西医诊病4231人次，藏医诊病300人次，全年开展巡回医疗12次，计212天共诊疗病人541人次。完成卫生建档人数2040人、实施健康教育计划12次、发放健康教育宣传资料5000册页、设置健康教育宣传栏1个、举办健康知识讲座4次、开展健康教育20次。镇人民政府组织开展义诊活动3次，受惠群众1200余人。全年发放老村干补助2.16万元，发放三职补助140688元。全镇纳入农村低保户410户1191人，纳入大骨节低保840人，发放低保费117万余元；纳入城镇低保户45户92人，发放低保费14.3万元；纳入五保66人，发放资金14万余元。将840人患大骨节病人纳入大骨节综合防治对象，其中Ⅰ度669人，Ⅱ度160人，Ⅲ度11人。将Ⅰ度、Ⅱ度病人纳入低保。完善5个村“农家书屋”，为达峨村、德香村安装健身器材和篮球架。发放马背电视150台。旅游及相关产业蓬勃发展。其中规模较大餐饮企业5家，具备接待能力中等规模企业8家，较大规模牧家乐5个。初步统计，自4月底到8月底，接待游客3.6万余人，实现营业收入502万余元。瓦切塔林实现门票收入3万余元。

【民主法治】 组织干部职工学法12次，召开群众大会和开展法律宣讲活动8次，参训人数1.5万余人次，调解23件民事纠纷。开展安全生产“三项建设”、“三项行动”和“百日安全生产活动”，严厉打击违法生产经营建设活动。组建50人常态民兵应急分队，民兵参建参治和“受军精武”活动成效显著，“双拥”共建、征兵工作取得新进展。

（负责人：旦木真　撰稿人：夺尔生）

阿木乡

【领导名录】

书　记　邓咏梅
人大主席　罗　周
乡　长　贡　波
副书记　张　科（6月止）
兰培良（援藏干部、7月止）
贡波甲（11月止）
阳永秀（7月起）
罗　理（7月起）
专武部长　央　扎
副乡长　阳永秀（6月止）
杨晓辉
建　让
李　锋（12月起）
尕让卓玛（12月起）

【机构设置】 设党政办公室、社会事业服务中心、经济发展服务中心、就业服务中心、综合文化服务中心。

【总体经济】 乡地区生产总值达2345万元，同比增长44.3%。畜牧业实现增加值1389.5万元，同比增长6.39%，第三产业实现增加值9.5万元，同比增长137.5%，旅游业实现增加值3.4万元，同比增长61.9%。牧民人均纯收入达6989元，同比增长26.93%。

【畜牧业】 依托色拉柯牲畜养殖专业合作社为产业龙头，加快畜种改良，优化生产模式、优化畜群结构、带动牧民群众持续增收。在养殖优良牛品种的基础上，投资20万余元引进18头进口黑白花牛。退牧还草工程通过省级验收，安装网围栏1万余米，新建牧道10公里，巷道圈2个、暖棚15个；种植人工草地0.69万公顷，购置发放割草机26台，储备冬草1.1万吨；冻精改良牦牛600头，引进黄种公牛26头，免疫各类牲畜7.5万头次；牲畜存栏3.8万混合头、出栏0.46万混合头，出栏率10.8%、商品率85.02%；肉类产量414吨，奶类产量26吨。预计畜牧业增加值达1482万元，同比增长6.24%。

【第三产业】 投资20万元，完善景区景点旅游基础设施和服务功能。投资16万元，建成蔬菜大棚基地，推广“部门+支部+合作社+牧户”经营模式，为8户无牲畜牧户解决增收问题。鼓励和支持牧民群众开设牧家乐、家庭旅馆，开设从业职业技术培训班，培训24期，900余人次，现有旅游接待床位20余个，旅游接待能力和服务水平显著提升。与县旅游局、宝中旅游公司达成旅游项目开发意向，将色拉柯河沿线优良的旅游资源对外宣传。

【投资与消费】 完成全社会固定资产投资395.82万元，同比增长15%。新建村村农家店12个。预计实现全社会消费品零售总额1750万元，同比增长19%。

【民生工程】 完成牧民定居行动计划、扶贫开发和综合防治大骨节病试点等民生工程项目，全乡473户牧户新建定居房，解决2357人定居问题。编制完善《红原县阿木乡公用设施建设维护管理办法》、《保洁员制度》等相关规章制度，完善《村规民约》。加大定居点配套设施建设，新建村道10公里、铺设自来水管道10.07千米，解决230余户饮水问题等基础设施。发放大骨节病患者生活补助92万余元，帮助病区80户牧民依托产业增收致富，大骨节病易地育人314人，兑现大骨节换粮324名大骨节病人参加新型合作医疗，参合率100%。全年，劳务输出75人，劳动技能培训24期，培训630余人，举办各类实用技术培训班36期，培训牧民930人，同时为15名“9+3”未就业学生提供公益性岗位。全乡享受农村低保648人，全额发放补助金52.9万余元；享受城镇低保8人，全额发放补助金1.92万元；享受大骨节患者生活补助324人，发放生活补助金26万元；全乡五保户28人（包括僧人五保户），集中供养达到100%。新型农村养老保险牧民参保2634人，参保人数达97%以上。

【城乡环境治理】 聘请公益性岗位15人负责定居点和公路沿线环境卫生，投资9万元，新建13个垃圾堆放点，在定居点内安置55处垃圾桶。组织群众参加环境整治，同牧户签订《门前三包责任书》。

【社会事业】 通过教育督导评估，小学入学率100%，初中阶段入学率110.65%，非文盲率99.67%，举办各类培训24期，培训牧民630余人。参合率97%以上，建立健全群众健康档案，加强健康教育工作，开展爱国卫生运动，对全乡253名2个月—14周岁儿童进行脊髓灰质炎疫苗和麻疹疫苗接种工作，预防接种率93%。开展妇科病检查工作，全乡接收检查育龄妇女621人。完善计划生育工作机制，全年，全乡新生婴儿33人。组织群众参加县篮球比赛，丰富群众业余生活。为方便群众在远牧点接受新信息，了解科学知识，发放便携式电视60台。加强“大调解”工作力度，从源头上预防和化解社会矛盾，全年调解纠纷53件，成功率100%。加强法制宣传教育，全年集中普法宣传12次，宣传面达96%，做好人民调解、社区矫正和安置帮教工作，全年，法律咨询、援助3件。落实民族宗教政策，将特困僧人25人纳入僧人五保，贫困和大骨节患者僧人65人，纳入农村低保，免费为60岁以上僧人进行健康体检，启动肺结核病防治工作。落实安全生产责任制，层层签订安全生产责任书，全年，未发生重特大安全生产责任事故。

（负责人：贡波　撰稿人：李锋、夺吉初）

麦洼乡

【领导名录】

书　记　王　峰
人大主席　吴　勇
乡　长　索朗旦真
副书记　周继斌（7月止）
　　康中诗（7月起）
　　华尔让（7月起）
　　彭措扎西（5月止）
专武部长　华尔让（7月止）
　　特　金（7月起）
副乡长　德金卓玛
　　罗让达连（5月止）
　　纳玛扎西（12月起）
　　胡应东（12月起）

【机构设置】　设党政办、纪委办、综治维稳办、综合文化中心、财政所、生态奖补办、统计办、计生办。

【畜牧业】　规范达坤玛牦牛选育场经营管理，由九寨沟、安曲乡、江茸乡及本地选购麦洼牦牛213头，每头牛增收1500—2000元；结合整村推进项目，投资100万元建立滚塘村奶牛专业合作组织，成员288户，奶牛69头；新建6个暖棚、储草库474平方米，建设网围栏12万余米，人工种草面积约333.33公顷，新建牧道8公里、维修10公里，新建牧道桥梁1座、板涵1道，新建巷道圈2个，建设抗灾保畜打贮草基地0.33万公顷。加大优良品种的引进和畜种改良、本地品种优选优育的工作力度，推进麦洼牦牛冻精改良工作，对1085头牦牛实施配种受胎，采购优质牦牛种公牛26头。落实生态奖补政策801户3986人，禁牧2.15万公顷，草畜平衡2.91万公顷，补奖资金299.45万元，减畜16700羊单位。与红原牦牛乳业公司签订鲜奶销售协议，销售鲜奶25万公斤，人均纯收入增加200元；全年，农牧民人均纯收入实现6480元，比上年人均增收800元。

【精神文明建设】　加大对“麦洼藏戏”、“麦洼锅庄”、“麦洼百汪”等民间文艺扶持力度，7月初成立民间第一支锅庄协会，即传统麦洼锅庄协会，组织老艺人为22名年轻人教授传统麦洼锅庄。为民间锅庄队解决活动经费1万元、藏戏团活动经费2万元。

【社会事业】　全乡大骨节病患者有545人，发放补助资金43.82万元、粮食347吨，发放免费药品硫酸软骨素2360瓶、贝诺酯片510瓶；现有低保231户684人，发放资金54.99万元，做好农村“低保”扩面工作，为贫困户6户19人申请低保补助（其中包括3名残疾人），已批准11人2013年起纳入农村最低生活保障范围；有35人纳入“五保”供养范围（新增1名五保户）。平均每年劳务输出100余人，劳动技能培训90人，举办各类农牧民文化技术培训共9期，培训牧民754人次；利用公益性岗位解决30名“9+3”毕业生就业（20名保洁员，10名草原管理员）。落实“两免一补”政策，全乡享受“两免一补”学生510人，寄宿制学生396人；落实“9+3”免费职业教育政策，全乡有42人就读，“6+3”就读学生37人；举办各类培训9期，培训牧民700余人次；加大教育投入，表彰奖励师生、两节慰问、学生护送费、清运垃圾费等1万余元；开展贫困生助学活动7人6500元；强化学校周边环境整治，确保学校安全事故零发生。全年，参合人数3700余人，参合率96%以上，住院补偿98人次27.95万元。医疗救助、资助参合2633人次，资金达28.0955万元；为2月龄至14岁儿预防接种，接种脊灰疫苗1117人，接种率100%，接种麻疹疫苗1086人，接种率

100%；组织免费体检2次1000余人；并加大对包虫病和肺结核疾病的宣传和防治工作。全乡有847人参加农村养老保险，全年新增参保人员361人，其中60岁直接领取养老金人数有354人，按每人55元/月领取资金23.36万元。新建村内干道9000平方米，绿化建设种草3400平方米、植树3.05万棵。全乡现有1087户4118人，育龄妇女1300余人，综合节育措施868人，全年新出生婴儿20名。深化文化、科技、卫生、法律“四下乡”活动，进行法制宣讲4次，组织免费体检2次300余人；全年慰问8次79人次，为贫困户、三老人员、贫困党员、退伍军人、贫困妇女送去慰问金13600元，大米150公斤，青稞300公斤，电热毯26床，清油25公斤，被子12床，藏装、雪地鞋、袜子21套等。坚持24小时值班制度，开展“打黑除恶”、反宣品、“扫黄打非”等社会治安专项整治行动，与20余户藏餐厅及茶楼签订禁赌协议，为50余名参与赌博、偷牛盗马和打架斗殴人员举办为期7天的法律培训和法制宣讲；与若尔盖班佑乡签订边界共防协议书。

【环境治理】 聘请6人负责定居点和公路沿线环境卫生，加大定居点环卫投入；开展“四比四看”活动，强化乡、村基层干部带动作用，发挥老百姓主题作用，拓展环境卫生治理深度和广度，发动学生和群众开展环境卫生大整治12次，奖励优秀牧户10户。

（单位负责人：王峰、索朗旦真　撰稿人：加巴措）

色地乡

【领导名录】

茸塔寺管委会主任、书记
龚秋札熙（5月起）
人大主席　衡　强（8月止）
乡　长　扎西泽旦
副书记　罗亚修
王　洛（7月起）
钟　剑（5月止）
胡显志（7月起，援藏）
专武部长　邓高辉
副乡长　郭明伟
华尔准
何孝强（7月起）

【机构设置】 设党政办公室、综合发展办公室、经济发展服务中心、社会事业服务中心。

【调解】 调解各类民事纠纷17起、边界纠纷8起、社会矛盾纠纷排查16起，法律咨询服务20余次，惠及受益160余人次。劝退外来入境药农4批次，涉及人员203人，无群体性事件发生。

【农村经济】 全年，冬草贮备104万公斤，卧圈种草238.67公顷，覆盖1432户；各类牲畜产仔8279混合头，其中存活7605混合头，存活率比上年同期提高12%，牲畜出栏1.6274万混合头，存栏8.1237万混合头，鲜奶、酥油、奶渣等畜副产品增收明显。利用地处“九黄”旅游环线，依托区位、政策两大优势和格萨尔文化、草原风光等独特资源，引导牧民发展旅游经济。协调县级单位打造旅客接待示范户5家。依托镰刀坝万亩草原花海和户外探险相结合，鼓励10户牧民群众在镰刀坝从事旅游服务行业，为旅客提供餐饮、住宿、向导、马匹租赁等服务。全年，实现接待旅客4万人次以上。年旅游业收入80万元以上。全年，全乡牧民群众人均纯收入增加1893元，达到6643元，比2011年底增加39.86%。

【民生工程】 完成让里村10公里泥结碎石路建设，投资45万元；完成茸塔村11.7公里和日西村5公里牧道路的维修，总投资50万元；完成让里村8公里新建牧道，投资40万元；完成让里村、日西村2座板函桥建设，总投资15万元；完成让里村“幸福美丽家园”建设（入户道，庭院政治，景观打造，环卫设施和村两委活动室维修改造），投资65.2万元。扶贫开发和综合防治大骨节病试点工作深入推进，为3990名病区群众换粮143.64万公斤；为694名学龄儿童换粮8.334万公斤；把全体患者列入新型农村合作医疗，一并实施大病医疗救助；将全乡870名Ⅰ、Ⅱ度患者纳入农村最低生活保障，发放生活补助和低保金。将全乡Ⅲ度22名大骨节患者纳入五保户，年发放供养金2.64万元。实施易地育人工程，为453名易地育人学生发放生活补助51.34万元，并将113名5—6岁幼儿转入非病区寄宿制学校就读。对非病区定居点进行规划。实行草原生态保护补奖机制，禁牧5.09万公顷，兑现禁牧补助资金457.9566万元，草畜平衡规划8.14万公顷，兑现草畜平衡奖励资金154.69245万元，兑现生产资料综合补贴67.05万元。全年建暖棚10间，投资36万元，建打除草示范户100户333.33公顷；并引进优质种牛39头，投资7.8万元，完善配套设施建设。

【社会事业】 全乡小学入学率100%，初中入学率97%，中小学辍学率控制在0.5%以内；实施藏区免费职业教育计划，宣传、鼓励适龄学生就读，建立“9+3”、“6+3”学生常态管理机制，推进教育事业向前发展，在假期乡政府协调中心校邀请村、联户干部、党员组织开展青年思想教育活动和实用技术培训，全乡开展农村实用技术培训6次951人。全面铺开“卫生十年行动计划”。加大对卫生院内零差价药品购置销售情况检查监督，宣传农村孕产妇住院分娩补助政策力度，有效降低孕产妇和婴儿死亡率。全年，计划内出生77人，全乡人口自然增长率控制在8‰以内，新增“三结合”5户，10户纳入“少生快富”奖励对象，5户纳入“奖励扶助”，特别扶助10人，此外，为两对夫妇办理独生子女光荣证书。在全乡范围内开展“新型农村养老保险”工作，全年共参保1309人，收缴参保金额7126万元。新型农村合作医疗覆盖面和受益面不断提高，参合率97.2%。按时足额发放Ⅲ度大骨节病患者救助金3.96万元、医疗救助1.43万元；Ⅰ、Ⅱ度大骨节病救助金45.244万元，医疗救助22.224万元、生活补助9.396万元；农村低保救助金45.9万元、医疗救助12.375万元；五保供养金7.74万元，城镇低保救助金4.94万元、医疗救助350元；老村干补助金5.04万元。

【环境治理】 整治城镇“五乱”，杜绝垃圾乱倒、广告乱贴、摊位乱摆、车辆乱停、工地乱象等现象。聘请11人保洁员，增设分类回收垃圾箱，向各单位、个体工商、饮食服务业，各类维修点，流动销售点，沿公路牧户等签订卫生目标责任书，并指定领导负责此项工作，规范街道垃圾箱，选择垃圾处理场，确定清洁拉运工，划分公共责任区，实行门前“六包”制度，建广告张贴栏，新添置果皮箱25个，新建设垃圾房10个。

（负责人：扎西泽旦　撰稿人：何孝强）

安曲乡

【领导名录】

书　记　杨　勇
人大主席　陈晓志
乡　长　王　托
副书记　张志伟
敬显军（7月起）（援藏）
陈希桥（7月起）
罗让扎西（10月止）
专武部长　马有军（6月止）
泽旺邓登（7月起）
副乡长　刚金初
格登足
达　白（7月起）
贡波杰（7月起）
王　浪

【机构设置】 设党政办、群众服务中心、经济发展中心、社会发展中心、就业服务中心、综合文化服务中心。单位人数25人。

【农村经济】 全年，新建青藏高原社区畜牧业项目巷道圈4个，维修1个；新建暖棚54户；维修牧道路10公里；在哈拉玛村新建抗灾保畜储草基地533.33公顷，抗灾保畜草库200平方米，并配备1台割草机，5台拖拉机等配套设施。加快畜种改良步伐，引进优质种畜头，建立冻精改良点1个，畜种改良103混合头，新建牲畜疫病防治巷道圈5个，配发割草机具20台（套）。发展乡村旅游业，在哈拉玛村新建现代畜牧业观光点1个，建成酸奶加工厂1处，完成下哈拉玛村旅游购物点建设及相关基础配套设施配建工作。为6户牧户兴办“藏家乐”，培育示范户10户发展乡村旅游。

【民生工程】 实施“9＋3”藏区免费职业教育计划，加强教师队伍建设，发放教师教学质量奖补资金1.2万余元。10种疫苗接种率达90%，60岁以上老年人健康免费体检435人，18岁至60岁妇女健康免费体检率93%，继续推进新型农村合作医疗制度的实施，参合率97.3%。五保户40户，老干部津贴11人。着力实施百姓安居工程，解决广播电视“村村通”问题，发放“马背上的电视机”100套，基本实现全乡便携式卫星电视使用全覆盖。着力实施就业促进工程，全乡一年累计培训实用技术800余人次，转移农村剩余劳动力（外出务工）人员30余人。

【社会事业】 乡综合服务中心建设项目顺利启动，联系省军区在哈拉玛村帮扶建设占地面积为700平方米群众文体活动中心一处，在下哈拉玛村建设占地面积为600平方米群众文化活动中心一处，两项建设主体已竣工，完成工程进度98%。新修乡级幼稚园1所，维修村级幼稚园1所。

【社会治安】 建立维稳工作经费保障机制、考核制，实行维稳“一票否决”制。规范司法所、派出所和综治办建设，整合派出所、民兵、维稳信息员、村联防队、“三老人员”、离职老干部等各方力量。以“法制进校园”、“五五”普法等方式，组建“马背宣讲团”，送法进帐篷，强化法制宣传教育。

（负责人：王托　撰稿人：曾伟）

壤口乡

【领导名录】

书　记　索朗旺
人大主席　旦真言佩
乡　长　罗　宏
副书记　周心伦
　　泽　郎
　　罗尔特（12月止）
专武部长　罗尔特（9月止）
副乡长　贺　忠（12月起）
　　索朗多
　　看中磋
　　刚　尖
　　帕　科（12月起）

【机构设置】 设党政办公室和综合办公室2个内设机构；直属事业机构设社会事业服务中心和经济发展服务中心。

【畜牧业】 全年，全乡各类牲畜2.7701万混合头，其中牛2.681万头，马891匹，肉总产量351吨，鲜奶产量917吨，出栏率达18.51%，商品率28%。完成冬季贮草5422吨。全乡草原生态保护涉及213户911人，兑现补助奖励资金达230万元，其中禁牧补助资金172万元，平衡奖励资金58万元，大骨节病更换粮食891人87793.47公斤，乡林改集体林生态补助10万元。2012年全乡人均纯收入达7118元。新建村内水泥路3.2公里，总投资174万元，牧道10公里，总投资50万元，板涵桥1座，总投资5万元。为大骨节患者购买改良牛174头，兑现生态奖补政策购买种公牛17头，新建暖棚5个，新修巷道圈1个，新建374居民点防洪堤1600米，总投资65万元。完成0.67万公顷退牧还草围栏安装。年内，乡村干部及兽防工作人员在春、秋两季防疫工作中，为辖区畜群进行防疫注射，密度100%。

【社会管理】 完善村民活动中心“一心七室”建设。村民活动中心占地面积500平方米左右，生态文体活动广场600平方米左右，其中篮球场2个，体育健身器材2套，实现“六有两配套”。推行“四议两公开一监督”，建立健全新型农村基层治理机制，组织广大牧民群众学习法律法规、村规民约，宣传新农村建设、幸福美丽村寨等重大民生工程，开展法制宣传“进农村”活动，签订村规民约承诺书256份。

【第三产业】 发展“牧家乐”，依托草原花海和“措琼”海旅游资源，在牧民定居精品示范户带动下，初步形成“休闲、体验”为一体旅游模式。发展中低温食用菌种植，2012年，中低温食用菌种植规模300万袋左右，完成牧农民群众实用技术培训220人。以“支部+协会”模式，成立“壤口乡酸奶协会”，注册“措琼”牌商标，召开“措琼”牌壤口牦牛酸奶产品推介会。2012年，全乡年销售酸奶4.8万桶，全乡酸奶年销售收入达72.5万元，实现入会会员户均增收3.5万元，带动周边牧户年增收1.5万元。

【环境治理】 以就地取材、节能环保理念，采用鹅卵石铺户间道路，生物围栏及道路两旁种植行道树等方式，村内道路硬化、美化率达100%。开展以“一恒心、多措施、无回报”为理念环境综合治理活动，领导带头、干部参与，重点整治村道两旁环境和牧户庭院，实现环境优美、村容整洁、美观靓丽、富有特色。党员责任分区制度与治理结果警示制度相结合，逐级明确目标任务，实行责任追究制度。

【法制宣传】 实施“六五”普法规划。落实“六五”普法职责，健全普法工作机构，完善普法工作制度。实施“法律五进”活动。完善村调解室功能建设，配套办公用具，完成上墙制度，发挥调解作用。

【社会事业】 开展“6+3”、“9+3”免费职业教育工作，全年输送职业教育学员4名。设有低段1—3共3个年级，学生46人，教职员工14人，小学专任教师10人，工勤人员4人，合格率100%。落实三条保障线制度，农村低保扩面130人，全年发放农村低保资金14.9388万元；城市低保2人，全年发放城市低保资金3120元；享受农村五保生活救助17人，三度大骨节病患者2人，全年发放农村五保生活救助资金2.16万元；大骨节病患者219人，全年发放大骨节病患者生活补助资金9.77万元；重大疾病医疗救助28人，发放救助资金1.003万元。开展巡回医疗60天，接种乙肝疫苗246人次，麻疹免疫47人次。完成妇幼保健和计划免疫工作，协助卫生院，多次到牧业实地向群众发放药品及宣传卫生日常知识，有效保障了广大牧民群众的身体健康。农村合作医疗参合人数210户874人，参合率96.2%。完成新型农村社会养老保险登记、核查、缴费、申报等工作，参保人数106户、327人。加大宣传力度，使育龄群众政策知晓率达96%，群众生殖健康知识知晓率85%。引导育龄群众自觉使用长效避孕药具，落实农村妇女入院分娩补助政策，组织育龄妇女参加体检。落实“三项制度”政策。全乡出生人数4人，计划生育率100%。筑牢“反偷牛盗马”防线，严格执行《协作共防协议》。加大纠纷调处力度，排查调处工程纠纷5起，婚姻家庭4起，经济债务纠纷调处5起，草场纠纷3起，调处成功率96%。加强对康玛寺庙僧人爱国主义教育、法制政策教育和教规戒律教育。完成劳务输出56人，劳务收入60万元。完成农村实用技术培训630人次。利用节庆时段，抓好政府“送温暖”活动，看望“三老人员”、特困党员，发放残疾人危房改造补助2万元。发放各类慰问金1.6万元。

（负责人：索朗旺　撰稿人：周心伦　杨果）

龙日乡

【领导名录】

书　记　甲　科
人大主席　韩树平
乡　长　姜　林
副书记　王　林
杨富全
王天福（7月起）
专武部长　邱杨军（8月起）
副乡长　阿　塔
罗尔江
向　阳（12月起）
郑国锋（12月起）

【机构设置】 设经济发展服务中心、就业服务中心、社会服务中心和综合文化服务中心。单位人数21人。

【经济发展】 全年，固定资产投入1106.5万元，牧民人均增长1922.35元，人均年纯收入7006元（龙日村7007元，格玛村7004.14元），肉类产量513吨，鲜奶产量1313吨，牲畜出栏6159头，出栏率20.83%，商品率21%，牲畜存栏数2.7337万混合头（其中牛2.38万头，马1937头，羊1600头），全年冬草储备7754吨。

【民生工程】 完成通乡油路12.4公里修建，宽6.5米（油路宽4.5米），总投资744万元；完成牧道维修10公里（龙日村5公里，格玛村5公里），总投资25万元；完成龙日村扶贫开发新修牧道2公里，总投资16万元；龙日村修建巷道圈1个，总投资5万元；格玛村涵板桥修建总投资5万元；完成龙日村扶贫开发定居点道路硬化3公里，投资185.6万元。实施安全饮水工程，改水3163.2米，龙日村1167.2米，格玛村1996米，解决88人饮水问题。全乡1085人领取大骨节粮食12.803万公斤，每人每年118公斤；学龄儿童331人领取大骨节粮食8682.13公斤，每人每年26.23公斤。发放数字电视70套。专业合作社建设3个：格玛村牦牛养殖专业合作社1个（养殖牦牛200头，年收入6万元，带动牧户130户、带动人口556人，人均增收107元）；龙日村牦牛养殖专业合作社1个（养殖牦牛230头，年收入10万元，带动牧户226户、带动人口1032人，人均增收96元）；壤夺牦牛产品销售专业合作社1个（现建有厂房500平方米，年收入42万元，带动牧户226户、带动人口1032人，人均增收406元）。2012年到期牧民定居还贷款涉及2个村23户牧户46万元。全年还款22户牧户44万元。还款比例95.65%。

【社会事业】 通过悬挂张贴标语，宣传《中华人民共和国草原法》、《草原防火条例》、《生态奖补管理办法》等法律法规5次，签订各类责任书556份。配合兽防站完成春秋季节防疫疫苗22643混合头注射工作，保障注射疫苗密度100%。调整畜牧产业结构，完成畜种改良任务365头。退牧还草网围栏安装23万米；建人工草地0.13万公顷（一年生0.04万公顷，多年生0.09万公顷）；储备冬草7.754万吨。完成暖棚建设30户4080平方米（其中草库450平方米），共计投资193.8万元（其中国家135.9万元）。禁牧面积1.43万公顷，兑现资金1280000万元；草畜平衡面积1.93万公顷，兑现资金430000万余元；良种牛购买26头，兑现资金5.2万元；户营种草60户2000公顷，兑现资金3万元；减畜16700羊单位。中心校设有学前班、低段1—3年级，实行“双语”教学模式，共计学生114人；学前班46人，一年级34人，二年级19人，三年级15名，完成小学入学率100%，初中入学率99%，小学辍学率1%以下，初中辍学率3%以下，残疾儿童入学率65%以上，非文盲率97%以上，易地双语学生11人，“9+3”学生15人，中职校学生7人。教师合格率100%。开展牧民职业技术培训工作，本年完成牧农民实用技术培训880人次。通过县级相关部门组织实施培训，其中畜牧业实用技术培训300人，劳务扶贫工程培训80人，县法制宣讲团到龙日乡向牧民宣传国家法律、法规培训500人。在教师节期间，开展慰问活动，慰问学校4400元。为2个行政村提供城乡环境综合治理人员及社会化管理人员公益性岗位4个，全年输出农村劳动力40人，获得劳务收入43.76万元，完成输出农村劳动力目标任务100%，完成劳务收入目标任务100%。发放民政救济款0.2万元，按“应保尽保”原则，全乡有各类优抚对象751人，其中大骨节165户226人（其中Ⅰ度209人，Ⅱ度16人，Ⅲ度1人），五保户30人，城镇低保5人，农村低保户132户490人。发放农村最低生活保障资金52.7万元，其中城镇低保资金1.1万元（每月195元/人），农村低保资金46.2万元（每月67元/人），五保户资金5.4万元（每月150元/人）。大骨节资金26.3万元（每月67元/人），医疗救助18人，医疗救助资金发放27.4万元。实施新型农村养老保险以来441人，全年缴纳资金2.6万元。全年乡卫生院开展巡回医疗4次，卫生宣传3次。全年，1503人参加农村新型合作医疗，筹资 4.3 万元，参合率 97.21%。按红原县"全民动员、植树种草、美化家园"活动月实施方案要求，在全乡街道旁移植红柳 212 株，完成绿化 3.88 万平方米。强化护林防火工作任务，落实工作人员、护林防火值班制度、各村专职防火员制度和签订责任书 100 份。推进林权改革，全乡 340 户 1524 人（其中格玛村 132 户 544 人，龙日村 208 户 980 人）兑现公益林生态补偿资金 25476.75 元。开展安全生产宣传教育活动，开展宣传教育 2 次，800 余人参与。制定《安全生产责任书》，下签到村、驻乡机关单位、低温食用菌种植场、个体工商户，施工地，明确工作职责。与辖区责任单位签订《食品安全生产责任书》，加强节日期间的交通、防火安全监管，预防事故发生，共没收汽油 47 瓶（117.5 升）。

【环境治理】 以党员、村干部为排头兵，群众自觉参与 254 人，清除卫生死角 20 处，清运垃圾 2.6 吨。同时，乡党委政府建立"八抓"长效工作机制，落实专职保洁员 6 人队伍，落实环境整治专项资金 2 万元。针对查针梁子景点环境卫生治理 7 次，在中秋、国庆"双节"接待游客 1100 余人次，增加牧户收入 6000 余元。"两节"期间龙日乡成立"高原服务队"，向游客提供了氧气瓶、红景天、感冒药等，发放《高原旅游须知温馨提示》小册 1000 余份。制定公共服务与社会化管理制度，并落实 2 名管理员；制定国旗管理制度，并落实 2 名管理员；制定生态奖补制度，并落实 2 名管理员；制定环境卫生管理制度，落实 8 名管理员。

【群众工作】 开展走访慰问活动 11 次，慰问困难群众 66 人次，发放慰问金 1.3 万元；组织 60 岁以上牧民及僧人免费体检 178 人次；组织全乡 2 月龄至 14 周岁儿童免费脊灰及麻疹免疫疫苗 370 余人；开展政策法规宣传 7 次，受教育群众 5600 人次；利用党委关怀基金慰问三老人员 15 人次、贫困学生 11 人次、贫困党员 12 人次、特困户 10 户次、重病人员 6 人次、死者家属 8 户次，发放慰问金 3.06 万元。

【双拥】 加强宣讲教育，营造良好"双拥"气氛，开展宣传教育 3 次；开展"双拥"活动，发动社会力量为优抚对象做好事，共开展座谈会 2 次；大力落实各项优抚政策，为优抚对象解决生产生活上困难，慰问军人家属 1 人次，发放慰问金 300 元。

（负责人：姜林　撰稿人：罗吾才仁）

江茸乡

【领导名录】

书　记　旦木真（11 月止）
　　　　唐郁鑫（12 月起）
人大主席　廖　辉（10 止）
副书记　唐郁鑫（12 月止）
　　　　贺建军（7 月起）
　　　　华尔丹
　　　　罗　乐（7 月起）
专武部长　罗　乐
副乡长　韩　敏
　　　　求吉尕让
　　　　甲央谢拉

【机构设置】 设党政办、综治办、武装部。

【经济发展】 各类牲畜存栏 5.1 万余混合头，较上年增长 16.20%。各类牲畜出栏 1.21 万混合头，出栏率 23.6%。冬草储备 915 万公斤，较上年增长 3.5%。绵羊养殖专业合作社建成屠宰场、分割包装间、冻库，通过产品深加工，预计可增收 15% 以上；按出栏率 30% 计算，全年可出栏 480 只，实现经济收入 70 余万元，户均预计可直接增收 2000 元以上。人均纯收入 6520 元，较上年增长 44.44%，增加 2006 元。江宫玛牦牛养殖专业合作社，牧民筹资 58 万元及时成立江宫玛村牦牛养殖农民专业合作社。2011 年 7 月注册。建成 1200 平方米暖棚建设、80 平方米管理用房、12 平方米厕所，购买羊 500 多只、改良母牛 44 头和公牛 13 头。

【民生工程】 全年，实施民生工程14项，主要工程有：续建乡政府业务用房、藏区扶贫连片开发项目（修水泥路1公里）．达格则寺滑坡治理工程、新建司法所办公楼、新建朗玛河大桥、修建村级卫生站、绿化植树工程、新建乡邮政所、新建暖棚34户、牧道维修10公里、新建巷道圈2个、种草基地建设、自来水改造、江宫寺迁建、新建入户道73户、新建牧道11公里等。

【社会政治】 完善“整体联动防范体系”和“群防群治工作机制”，开展“平安江茸”创建活动。加强整体联动防范工程建设和群防群治力度，加强与周边乡镇联系。制定《综治责任书》，下签到各村、各机关，明确各单位综治责任。建立矛盾纠纷排查调处机制，全年调解各类民事纠纷5起。加强值班制度，乡政府节假日坚持24小时值，实行书记、乡长轮流带班制度。开展“进村入户”，与广大牧民群众交心谈心。

【社会事业】 落实“万民干部送温暖”，“领导挂点、部门包村、干部帮户”，“帮扶特殊群体”和促进就业四项活动。借“民族团结宣传月”之契机，乡党委政府加强藏区群众工作的宣传力度，让全乡104名僧人都能感受到党的关怀与温暖。全年小学入学率100%，小学在校生年辍学率0.14%；小学毕业率100%。初中入学率92.68%，初中辍学率为0，初中毕业率100%。成人教育卓有成效，全年开展实用技术、法律知识学习等各类培训班10次，培训各类人员864人次。15—50周岁青壮年人口总数673人，其中非文盲人数3人，非文盲率99.56%。全年开展巡回医疗7次，卫生宣传7次。各村、各户与乡政府签订《森林防火责任书》，落实森林防火责任。全乡有2户家庭符合国家计生奖励扶助政策。收集代表议案、批评、建议和意见17件，办理议案、批评、建议和意见17件。开展安全生产知识宣传4次。制定《安全生产责任书》，下签到各村、各机关、各施工单位。

（负责人：贡波甲　撰稿人：杨红美）

查尔玛

【领导名录】

书　记　仲　尕

人大主席　兰卡益西

乡　长　朱大刚

副书记　徐　川（7月起）

扎西罗吾

蒋加斌（7月起）

专武部长　兰木科（7月起）

副乡长　索郎让俄

德青准（7月起）

兰卡甲木程（7月起）

吴　俊（7月起）

【机构设置】 设党政办（综治办）、综合发展办（财政所）。经济发展服务中心、社会事业服务中心（劳动保障所）、综合文化服务中心、就业服务中心。单位人数23人。

【畜牧业】 完成大骨节易地种草围栏项目，在辖区3个村组织实施网围栏1.5万米，补修网围栏1万米，发放农业综合开发项目草种599袋，发放卧圈草种166袋，发放打贮草基地草种360袋，完成60户共200公顷户营种草。兑现2010年国家天然草原退牧还草工程草种补播人工费22.5万元。积极鼓励牧户新建巷道圈2个、暖棚7个。全乡生态补偿实现禁牧2.54万公顷，实施草畜平衡规划面积3.43万公顷，兑现生态保护补助资金305.4822万元。调整畜群结构，购买优质种公牛30头，每头补助2000元，实现牧民收入持续增长。至2012年底，全乡各类牲畜存栏6万余头，牧民人均纯收入达6100元。

【民生工程】 投资296.6万元全面实施完成扶贫连片开发项目。完成什布龙牦牛基地基础建设：建成暖棚1200平方米、牛圈500平方米、草料库70平方米、生产管理用房80平方米、厕所10平方米，购买种公牛16头，购买牦母牛

200头，硬化村内道路1公里，安装太阳能路灯30盏，完成40户牧户户办工程。投资40万元新建什布龙村长17.5米，宽4.5米跨河桥一座，已投入使用。投资100万元，新建村内道路1.3公里，维修桥梁一座。投资20万元新建牧道3公里，投资25万元维修牧道10公里，投资5万元新建板涵桥1座。投资30万元，顺利实施查龙村幸福美丽家园建设，争取两项资金100万元，完成查龙村道路硬化1公里、村内泥结碎石路1公里，维修通村道路15公里。投入资金7.5万元，为13名“9+3”学生解决公益性岗位13个。年内输送“9+3”职业技术教育学员3名。

【社会事业】 发放城镇低保金1.876万元，农村低保金43.416万元；大骨节补助金33.9288万元；五保供养及三度大骨节金8.1万元；医疗救助金3.8102万元；春节期间大骨节补助金8.44万元，低保补助金10.8万元。完成低保金和大骨节病补助金“一卡通”办理工作。全年，农村养老保险参保445人，实现个人缴费2.52万元。建立党政领导联系学校制度。全年，完成学前教育招生32人，小升初54人。全面完成免疫范围内442名儿童麻疹疫苗、脊髓灰质疫苗免疫工作，为全乡60岁老人和僧侣进行免费体检。计生工作稳步落实，全乡人口自然增长率控制在0.8‰。改建供水管网2公里，新接通自来水47户，维修自来水管道17户，实施完成1000米护河堤建设。落实2011年集体林生态补偿基金兑现工作，兑现321户1689人补偿资金1.23万元。组织全乡200余名妇女参加妇联和妇幼保健站联合开展的“妇女健康检查”，为3名居家供养重度残疾人发放居家供养金1800元；向红十字会统计上报贫困学生100余名，为特困户争取物资折算近5000元。

【党建】 实施党风廉政建设任务，与各村、驻乡各单位签订党风廉政建设和反腐败工作责任书。全年新发展党员9人，积极分子19人，全乡有共产党员57人。

（负责人：朱大刚　撰稿：德青准）

附　录

FU LU

人物传略

琼查·丹贝尼玛

琼查·丹贝尼玛，男，藏族，生于1961年8月6日，红原县查尔玛乡人，2006年11月参加工作。1974年9月至1977年7月红原县四寨乡小学学生；1977年7月至1982年1月红原县四寨乡放牧；1982年1月至1994年8月阿坝县查理寺僧人；1994年8月至2002年11月红原县康猫寺主持活佛（期间：1995.09—1997.07北京中国藏语系高级佛学院学校）；2002年11月至2004年12月红原县政协常委；2004年12月至2006年11月红原县政协常委、县佛教协会会长；2006年11月至2012年1月红原县政协副主席；原州政协常委、州佛教协会副会长，县佛教协会会长，2012年1月因病医治无效不幸圆寂，享年51岁。

沈素华

沈素华，女，藏族，生于1937年5月，四川小金人，1956年6月参加工作，1957年5月加入中国共产党。1960年8月至1962年8月在西南民族学院学习。先后在红原县龙日乡、刷经寺、安曲乡、县委、群工部工作，1979年11月在县妇联工作任主任，1989年9月享受副县级政治生活待遇退休。2012年9月因病在宜宾市去世，享年75岁。

杨巨源

杨巨源，男，汉族，生于1924年11月，山西省平陆县人，1947年2月参加革命工作，2006年3月加入中国共产党。1949年8月参军加入西北军政大学；1950年1月至1951年12月，任中共阿坝州委财务科出纳、保管及总务科科长；1951年12月至1958年7月，先后任理县政府财委会副主任、财粮科科长等职务；1958年8月任红原县财政局局长；1962年1月任红原县草煤厂厂长，1965年8月至1966年6月在县人委畜牧科工作，1966年7月至1972年4月在县政府工作，1972年10月至1988年9月在县物资局工作，1988年9月离休，享受副县级非领导职务政治生活待遇。2012年10月7日因病在都江堰逝世，享年88岁。

尕尔玛·泽真

尕尔玛·泽真，男，藏族，1952年12月15日出生，红原县色地乡人，1965年2月参加工作，1985年4月参加中国共产党。1965年2月至1970年3月在红原县色地乡二村帐篷小学任教；1970年3月至1973年10月在色地乡合作医疗站当医生；1973年10月至1977年12月在红原县防疫工作站当医生；1977年12月至1979年12月任红原县防疫工作站副站长；1979年12月至1983年11月任红原县防疫工作站站长；1983年11月至1990年1月任红原县卫生局副局长；1990年1月至1992年11月任红原县卫生局局长；1992年11月至2002年11月任红原县政府副县长；2002年11月至2011年1月任红原县人大常委会副主任。2011年1月退休（享受正县级政治生活待遇）。2012年11月因病去世，享年60岁。

尕尔玛·泽真一生获奖或受荣誉情况：1982年被省畜牧局授予四川省布病防治工作先进个

人；1990年被省爱卫会授予四川省“爱国卫生月”活动先进个人；1997年被州人民政府授予担任全国第五届民运会四川马术队领队成绩显著个人。

获国家各部委表彰的先进集体

获奖单位	获奖名称	颁发单位
县委宣传部	全国民族团结进步创建活动 示范单位	中央宣传部、中央统战部 国家民委
县希望小学 “藏族合唱团”	歌曲大赛儿童组银奖	中央电视台 中国音乐家协会
江茸乡 茸日玛村	全国创先争优活动 先进基层党组织	中央组织部
县邛溪镇	全国扶贫开发先进集体	国务院扶贫开发领导小组

获国家各部委表彰的先进个人

单位	获奖人	获奖名称	颁发单位
县团委	高　兵	2012年度全国百名优秀团委书记讲堂	团中央
瓦切镇 达峨村	泽　朗　多尔基	基层科普行动先进个人	中国科学技术协会 财政部

省委、省政府及部门表彰先进集体

获奖单位	获奖名称	颁发单位
县委	全省三农工作先进县	省委、省政府
县教育局	四川省“两基”工作先进单位	省委 省政府
县工商联	四川省工商联系统先进单位	省工商联

获奖单位	获奖名称	颁发单位
县粮食局	圆满完成四川阿坝州综合防治大骨节病更换粮食项目工作任务	省粮食局
县委统战部	全省统战工作先进单位的县级统战工作先进单位	省统战部
省草原科学研究院	“突破性牧草新品种阿坝垂穗披碱草选育及利用”获省科技进步三等奖	省政府
省草原科学研究院	“若尔盖退化草地治理与湿地植被恢复关键技术及示范”获省科技进步三等奖	省政府
县广播电视局	2011 年度四川广播电视节目提名奖（原创歌曲——祥瑞家园）	省广播电影电视局
县城乡规划建设和住房保障局	四川省全国住房城乡建设系统先进集体	省人力资源和社会保障厅 省城乡规划建设和住房保障厅
县水务局	全省农村饮水安全工作先进单位	省政府
阿木乡卡口村	四川省绿化示范村	省绿化委员会
江茸乡团委	四川省五四红旗团委	团省委
江茸乡	全省先进基层纪检监察组织	省纪委、省监察厅、 省人力资源和社会保障厅
县教育局	四川省“两基”工作先进单位	省委、省政府

省委、省政府及部门表彰先进个人

单　位	获奖人	获奖名称	颁发单位
县政府	嘉央罗萨	扶贫开发系统先进个人	省委 省政府
县林业局	朱学文	四川省建设长江上游生态屏障　先进个人	省政府
县粮油公司	漆家彬	圆满完成四川阿坝州综合防治大骨节病更换粮食项目工作任务	省粮食局
县粮油公司	王兴萍	圆满完成四川阿坝州综合防治大骨节病更换粮食项目工作任务	省粮食局
县广播电视局	汪　涛	2011 年度全省优秀广播电视节目提名奖（长消息——13 种户型扮靓牧民新村）	省广播电视局

单 位	获奖人	获奖名称	颁发单位
县广播 电视局	西新措	2011 年度全省优秀广播电视节目提名奖（长消息——红原牧民群众在筹备安全过冬）	省广播 电视局
县广播 电视局	西新措 然秋尼玛	2011 年度全省优秀广播电视节目提名奖（新闻专题——夕阳下的水磨中学）	省广播 电视局
县发改局	彭福寿	四川省价格成本工作先进个人	省物价局
县藏医院	王修塔	四川省五一劳动奖状	省总工会
县文体 广新局	陈 勇	四川省“扫黄打非”先进个人	省人力资源和社会保障局
县文体 广新局	陈 勇	四川省新闻出版系统先进个人	省人力资源和社会保障局、省新闻出版局
县水务局	田 凯	四川省防汛抗旱先进个人	省政府
阿木乡	夺吉初	四川省优秀共青团干部	省委创先争优活动领导小组办公室、共青团四川省委
县教育局	李兴智	四川省“两基”工作先进个人	省委、省政府
色地小学	蒲尔洼	四川省优秀教育工作者	省教育厅
城关小学	姜 玲	四川省优秀教师	省教育厅
省广播电影电视 537 台	王福寿	年度目标考核优秀个人	省广播电视局
省广播电影电视 537 台	朱红霞	年度目标考核优秀个人	省广播电视局
省广播电影电视 537 台	索 朗 东 周	年度目标考核优秀个人	省广播电局

州委、州政府及各部门表彰的先进集体

获奖单位	获奖名称	颁发单位
县委政法委	全州维社会稳定工作先进集体	州委
县委政法委	社会治安综合治理工作目标优秀单位	州委
县委	全州创先争优活动先进县委	州委
县委	全州党政信息一等奖	州委

获奖单位	获奖名称	颁发单位
县委	综合目标考核一等奖	州委 州政府
县林业局	森林防火工作目标管理二等奖	州政府
县委组织部	全州创先争优先进集体党组织	州委
县供销社	2011 年度阿坝州供销合作社联合社系统目标考核三等奖	州供销社
县电力公司	综合先进单位和安全生产先进单位	州电力公司
县卫生局	2011 年目标达标优秀单位	州卫生局
县疾控中心	2012 年度全州疾病预防控制工作二等奖	州疾控中心
县妇幼保健站	2001—2010 年阿坝州妇女儿童工作先进集体	州政府妇女儿童 工作委员会
县档案局	2011 年度档案工作目标管理二等奖	州档案局
县气象局	气象工作综合目标管理一等奖	州气象局
县气象局	气象科技服务先进集体三等奖	州气象局
县公路管理分局机关工会小组	模范职工小家	州公路局
县公路管理分局 S301 线 62K 养护站	“双优”养护站	州公路局
县公路管理分局 S301 麦洼养护站、S209 线 49K 养护站	“优胜”养护站	州公路局
县粮食局	2011 年度全州粮食工作目标先进单位	州发改委
团县委	2012 年度阿坝州共青团工作目标综合考评二等奖	团州委
县公安局	阿坝州公安机关网上追逃专项督查“清网行动”二等奖	州公安局
县委政法委	全州防邪工作先进集体	州委防邪 领导小组
县委政法委	十八大期间防控工作先进集体	州委防邪 领导小组
县森林公安局	阿坝州森林公安机关 2012 年度目标考核三等奖	州森林公安局
县森林公安局	全州森林公安机关 2012 年度案件办理工作先进集体	州森林公安局

获奖单位	获奖名称	颁发单位
县森林公安局	全州森林公安机关2012年度执法质量考评工作先进集体	州森林公安局
县政协	2012年度体案先进办理单位	州政协
县委宣传部	2011年度单位中心组理论学习组组织工作先进单位	州委宣传部
县委宣传部	2012年度党报发行工作一等奖	州委宣传部
县委宣传部	2011年度舆情信息工作三等奖	州委宣传部
县委宣传部	2011年度信息工作先进单位	州委宣传部
县委群众工作局	全州群众和信访工作先进集体	州委办 州政府办
县食品药品监督管理局	年底目标考核二等奖	州食品药品监督管理局
县审计局	县级地方政府性债务审计 先进集体二等奖	州审计局
县审计局	全州优秀审计项目考核优秀奖	州审计局
县审计局	审计统计工作考核三等奖	州审计局
县人事局	全州2011年度人力资源和社会保障工作成绩突出单位	州人力资源和 社会保障局
县民政局	全州民政系统绩效考核先进三等奖	州民政局
县水务局	全州水利工作一等奖	州水务局
县水务局	全州第一次全国水利普查工作二等奖	州水普办
县农牧局	2011年度畜牧工作目标考核一等奖	州畜牧局
县农牧局	2011年度全州农业目标绩效管理二等奖	州农业局
县林业局	2011年度目标考核三等奖	州森林公安局
县林业局	2011年度行业目标考核优秀单位	州林业局
县统计局	城镇住户调查、农业综合乡镇信息、基本单位名录库一等奖	州统计局
县统计局	畜禽监测、商业贸易、农业综合与乡镇信息一等奖	国家统计局 阿坝调查队
县统计局	统计执法、财务管理二等奖	州统计局
县统计局	消费品价格指数调查、劳动工资、城镇住户调查一等奖	国家统计局 阿坝调查队
县统计局	综合评比三等奖	州统计局

州委、州政府及各部门表彰的先进个人

获奖单位	获奖人	获奖名称	颁发单位
壤口乡	周心伦	全州 2012 年度创先争优优秀共产党员	州委
县委组织部	刘光琪	全州创先争优优秀共产党员	州委
县水务局	田　凯	全州创先争优优秀共产党员	州委
县广播电视台	邓冬平 杜丹措	2011 年度全州优秀广播电视节目优秀奖（长消息——感受牧区群众定居新生活）	州广播电影电视局
县广播电视台	杜丹措 蒲世海 陈　龙	2011 年度全州优秀广播电视节目提名奖（长消息——红原县首批 9 +3 学生试航）	州广播电影电视局
县广播电视台	杜丹措	2011 年度全州优秀广播电视节目提名奖（长消息——走基层—江茸乡巡山护牧联防队的一天）	州广播电影电视局
县广播电视台	西新措	2011 年度全州优秀广播电视节目提名奖（广播消息——第四届多康弹唱比赛）	州广播电影电视局
县气象局	李冬立	2012 年度优秀局（科）长	州气象局
县气象局	甘宏芳	气象系统先进工作者	州气象局
县气象局	杨　熙	气象探测业务个人优质奖	州气象局
电信红原分公司	周　平	2012 年度十佳客户经理	电信阿坝州分公司
县公路管理分局	邱全军 邓志福 舒文双	先进生产工作者	州公路局
县公路管理分局	唐洪平 周　勇	生产技术能手	州公路局
县公路管理分局	丁善平	职工之友	州公路局
县森林公安局	吴文祥	全州森林公安机关 2012 年度政法编制管理工作先进个人	州森林公安局
县森林公安局	赵　勇	全州森林公安机关 2012 年度执法规范化建设先进个人	州森林公安局
县森林公安局	王庆新	全州森林公安机关 2012 年度法制工作先进个人	州森林公安局

获奖单位	获奖人	获奖名称	颁发单位
县森林公安局	刘 兴	全州森林公安机关2012年度“绿色风暴”专项行动先进个人	州森林公安局
县森林公安局	尕尔玛	全州森林公安机关2012年度“三访三评”活动先进个人	州森林公安局
县群众工作局	周格洛	全州信访系统先进个人	州委群众工作局 州人民信访局
县群众工作局	马 铭	全州群众和信访工作先进个人	州委办 州信访局
县食品药品监督管理局	王 兵	全州十大药监之星	州食品药品监督管理局
县民政局	阿云峰	阿坝州民政系统先进个人	州人力资源和社会保障局 州民政局

红原县委、县政府表彰的集体

获奖单位	获奖名称	颁发单位
自贡市援助红原工作组	红原县民族团结进步模范集体	县委 县政府
省科技厅援助红原工作组	红原县民族团结进步模范集体	县委 县政府
县委组织部	红原县民族团结进步模范集体	县委 县人民政府
县委政法委	红原县民族团结进步模范集体	中共红原县委 红原县人民政府
县委统战部	红原县民族团结进步模范集体	县委 县人民政府
刷经寺镇党委	红原县民族团结进步模范集体	中共红原县委 红原县人民政府
色地乡党委	红原县民族团结进步模范集体	县委 县人民政府
查尔玛乡党委	红原县民族团结进步模范集体	县委 县人民政府
江茸乡党委	红原县民族团结进步模范集体	县委 县人民政府

获奖单位	获奖名称	颁发单位
邛溪镇人民政府	红原县民族团结进步模范集体	县委 县人民政府
县民族宗教局	红原县民族团结进步模范集体	县委 县人民政府
县财政局	红原县民族团结进步模范集体	县委 县人民政府
县公安局	红原县民族团结进步模范集体	县委 县人民政府
县教育局	红原县民族团结进步模范集体	县委 县人民政府
县工商行政管理局	红原县民族团结进步模范集体	县委 县人民政府
县扶贫和移民工作局	红原县民族团结进步模范集体	县委 县人民政府
武警阿坝州支队三大队十中对	红原县民族团结进步模范集体	县委 县人民政府
县农村信用合作联合社	红原县民族团结进步模范集体	县委 县人民政府
瓦切乡德香村村委会	红原县民族团结进步模范集体	县委 县人民政府
麦洼寺民主管理委员会	红原县民族团结进步模范集体	县委 县人民政府
达格则寺民主管理委员会	红原县民族团结进步模范集体	县委 县人民政府
四川红原供电有限责任公司	红原县民族团结进步模范集体	县委 县人民政府
红原县政府办	红原县 2011 年度安全生产先进集体	县人民政府
红原县委宣传部	红原县 2011 年度安全生产先进集体	县人民政府
红原县环境保护局	红原县 2011 年度安全生产先进集体	县人民政府
红原县交通运输局	红原县 2011 年度安全生产先进集体	县人民政府
县林业局	红原县 2011 年度安全生产先进集体	县人民政府
县旅游局	红原县 2011 年度安全生产先进集体	县人民政府
县供销社	红原县 2011 年度安全生产先进集体	县人民政府
刷经寺镇人民政府	红原县 2011 年度安全生产先进集体	县人民政府

获奖单位	获奖名称	颁发单位
阿木乡人民政府	红原县2011年度安全生产先进集体	县人民政府
查尔玛乡人民政府	红原县2011年度安全生产先进集体	县人民政府
县公路分局	红原县2011年度安全生产先进集体	县人民政府
县运管所	红原县2011年度安全生产先进集体	县人民政府
县公安局交警大队	红原县2011年度安全生产先进集体	县人民政府
县石油管理中心	红原县2011年度安全生产先进集体	县人民政府
县委办公室	2011年度红原县综合目标绩效考核一等奖	县委 县人民政府
县人民政府办公室	2011年度红原县综合目标绩效考核一等奖	县委 县人民政府
县文化体育局	2011年度红原县综合目标绩效考核一等奖	县委 县人民政府
县委组织部	2011年度红原县综合目标绩效考核一等奖	县委 县人民政府
县委宣传部	2011年度红原县综合目标绩效考核一等奖	县委 县人民政府
县财政局	2011年度红原县综合目标绩效考核一等奖	县委 县人民政府
县统计局	2011年度红原县综合目标绩效考核一等奖	县委 县人民政府
县科技局	2011年度红原县综合目标绩效考核一等奖	县委 县人民政府
县委统战部	2011年度红原县综合目标绩效考核一等奖	县委 县人民政府
县水务局	2011年度红原县综合目标绩效考核一等奖	县委 县人民政府
安曲乡	2011年度红原县综合目标绩效考核一等奖	县委 县人民政府
刷经寺镇	2011年度红原县综合目标绩效考核一等奖	县委 县人民政府
县公路分局	2011年度红原县综合目标绩效考核一等奖	县委 县人民政府
县电力有限责任公司	2011年度红原县综合目标绩效考核一等奖	县委 县人民政府

获奖单位	获奖名称	颁发单位
县林业局	2011 年度红原县综合目标绩效考核二等奖	县委 县人民政府
县国土资源局	2011 年度红原县综合目标绩效考核二等奖	县委 县人民政府
县政协办	2011 年度红原县综合目标绩效考核二等奖	县委 县人民政府
县公安局	2011 年度红原县综合目标绩效考核二等奖	县委 县人民政府
县广播电视局	2011 年度红原县综合目标绩效考核二等奖	县委 县人民政府
县人口和计划生育局	2011 年度红原县综合目标绩效考核二等奖	县委 县人民政府
县人力资源和 社会保障局	2011 年度红原县综合目标绩效考核二等奖	县委 县人民政府
县纪委	2011 年度红原县综合目标绩效考核二等奖	县委 原县人民政府
县民族宗教局	2011 年度红原县综合目标绩效考核二等奖	县委 县人民政府
县畜牧兽医局	2011 年度红原县综合目标绩效考核二等奖	县委 县人民政府
信访和群众工作局	2011 年度红原县综合目标绩效考核二等奖	县委 县人民政府
县委政法委	2011 年度红原县综合目标绩效考核二等奖	县委 县人民政府
县审计局	2011 年度红原县综合目标绩效考核二等奖	县委 县人民政府
县人大办	2011 年度红原县综合目标绩效考核二等奖	县委 县人民政府
县司法局	2011 年度红原县综合目标绩效考核二等奖	县委 县人民政府
县接待办	2011 年度红原县综合目标绩效考核二等奖	县委 县人民政府
邛溪镇	2011 年度红原县综合目标绩效考核二等奖	县委 县人民政府
瓦切乡	2011 年度红原县综合目标绩效考核二等奖	县委 县人民政府

获奖单位	获奖名称	颁发单位
江茸乡	2011 年度红原县综合目标绩效考核二等奖	县委 县人民政府
县国税局	2011 年度红原县综合目标绩效考核二等奖	县委 县人民政府
县地税局	2011 年度红原县综合目标绩效考核二等奖	县委 县人民政府
红原国中食品有限责任公司	2011 年度红原县综合目标绩效考核二等奖	县委 县人民政府
红原县天然产物 有限责任公司	2011 年度红原县综合目标绩效考核二等奖	县委 县人民政府
县共青团	2011 年度红原县综合目标绩效考核三等奖	县委 县人民政府
县总工会	2011 年度红原县综合目标绩效考核三等奖	县委 县人民政府
县城乡规划建设和住房 保障局	2011 年度红原县综合目标绩效考核三等奖	县委 县人民政府
县卫生局	2011 年度红原县综合目标绩效考核三等奖	县委 县人民政府
县档案局	2011 年度红原县综合目标绩效考核三等奖	县委 县人民政府
县交通运输局	2011 年度红原县综合目标绩效考核三等奖	县委 县人民政府
县环境保护局	2011 年度红原县综合目标绩效考核三等奖	县委 县人民政府
县安全生产监督管理局	2011 年度红原县综合目标绩效考核三等奖	县委 县人民政府
县食品药品监督管理局	2011 年度红原县综合目标绩效考核三等奖	县委 县人民政府
县教育局	2011 年度红原县综合目标绩效考核三等奖	县委 县人民政府
县人民法院	2011 年度红原县综合目标绩效考核三等奖	县委 县人民政府
县妇联	2011 年度红原县综合目标绩效考核三等奖	县委 县人民政府
县人民检察院	2011 年度红原县综合目标绩效考核三等奖	县委 县人民政府

获奖单位	获奖名称	颁发单位
县残联	2011 年度红原县综合目标绩效考核三等奖	县委 县人民政府
县供销社	2011 年度红原县综合目标绩效考核三等奖	县委 县人民政府
县发展和改革局	2011 年度红原县综合目标绩效考核三等奖	县委 县人民政府
县委党校	2011 年度红原县综合目标绩效考核三等奖	县委 县人民政府
县消防大队	2011 年度红原县综合目标绩效考核三等奖	县委 县人民政府
县旅游局	2011 年度红原县综合目标绩效考核三等奖	县委 县人民政府
县扶贫和移民工作局	2011 年度红原县综合目标绩效考核三等奖	县委 县人民政府
阿木乡	2011 年度红原县综合目标绩效考核三等奖	县委 县人民政府
色地乡	2011 年度红原县综合目标绩效考核三等奖	县委 县人民政府
壤口乡	2011 年度红原县综合目标绩效考核三等奖	县委 县人民政府
查尔玛乡	2011 年度红原县综合目标绩效考核三等奖	县委 县人民政府
县气象局	2011 年度红原县综合目标绩效考核三等奖	县委 县人民政府
县信用联社	2011 年度红原县综合目标绩效考核三等奖	县委 县人民政府
省草原科学研究院	2011 年度红原县综合目标绩效考核三等奖	县委 县人民政府
红原粮油购销有限责任公司	2011 年度红原县综合目标绩效考核三等奖	县委 县人民政府
红原遛遛牛食品 有限责任公司	2011 年度红原县综合目标绩效考核三等奖	县委 县人民政府
红原牦牛肉食品 有限责任公司	2011 年度红原县综合目标绩效考核三等奖	县委 县人民政府
县公路分局	2011 年度城乡环境综合治理一等奖	县委 县人民政府

获奖单位	获奖名称	颁发单位
刷经寺公路分局	2011 年度城乡环境综合治理一等奖	县委 县人民政府
刷经寺镇	2011 年度城乡环境综合治理一等奖	县委 县人民政府
县人民法院	2011 年度城乡环境综合治理二等奖	中共红原县委 红原县人民政府
县委组织部	2011 年度城乡环境综合治理二等奖	县委 县人民政府
县纪委	2011 年度城乡环境综合治理二等奖	县委 县人民政府
县广播电视局	2011 年度城乡环境综合治理二等奖	县委 县人民政府
瓦切乡	2011 年度城乡环境综合治理二等奖	县委 县人民政府
安曲乡	2011 年度城乡环境综合治理二等奖	县委 县人民政府
县委宣传部	2011 年度城乡环境综合治理三等奖	县委 县人民政府
县卫生局	2011 年度城乡环境综合治理三等奖	县委 县人民政府
县粮食局	2011 年度城乡环境综合治理三等奖	县委 人民政府
县城乡规划建设和住房保障局	2011 年度城乡环境综合治理三等奖	县委 县人民政府
县政府办	2011 年度城乡环境综合治理三等奖	县委 县人民政府
县委办	2011 年度城乡环境综合治理三等奖	中共红原县委 红原县人民政府
县旅游局	2011 年度城乡环境综合治理三等奖	县委 县人民政府
江茸乡	2011 年度城乡环境综合治理三等奖	县委 县人民政府
麦洼乡	2011 年度城乡环境综合治理三等奖	县委 县人民政府
阿木乡	2011 年度城乡环境综合治理三等奖	县委 县人民政府

获奖单位	获奖名称	颁发单位
龙日乡	2011 年度城乡环境综合治理三等奖	县委 县人民政府
邛溪镇党委	红原县创先争优 先进基层党组织	县委
阿木乡党委	红原县创先争优 先进基层党组织	县委
麦洼乡洞拉村党支部	红原县创先争优 先进基层党组织	县委
壤口乡壤口村党支部	红原县创先争优 先进基层党组织	县委
瓦切乡日干村党支部	红原县创先争优 先进基层党组织	县委
安曲乡哈拉玛村党支部	红原县创先争优 先进基层党组织	县委
色地乡茸塔村党支部	红原县创先争优 先进基层党组织	县委
龙日乡龙日村党支部	红原县创先争优 先进基层党组织	县委
县委机关党支部	红原县创先争优 先进基层党组织	县委
县人大机关党支部	红原县创先争优 先进基层党组织	县委
县政府机关党支部	红原县创先争优 先进基层党组织	县委
县政协机关党支部	红原县创先争优 先进基层党组织	县委
县检察院党支部	红原县创先争优 先进基层党组织	县委
县发改局党支部	红原县创先争优 先进基层党组织	县委
县财政局党支部	红原县创先争优 先进基层党组织	县委
县教育局机关党支部	红原县创先争优 先进基层党组织	县委
县国税局党支部	红原县创先争优 先进基层党组织	县委

获奖单位	获奖名称	颁发单位
红原县退休党支部	红原县创先争优 先进基层党组织	县委
邛溪镇	2011 年乡镇教育目标管理二等奖	县委 县人民政府
邛溪镇	2011—2012 年度森林草原 防火工作目标管理二等奖	县人民政府
邛溪镇	2012 年度征兵工作先进单位	县人民政府 县人民武装部
县林业局	2011—2012 年度森林草原防火先进单位	县人民政府
县公安局	2011—2012 年度森林草原防火先进单位	县人民政府
县委宣传部	2011 年度“五五”普法先进集体	县委 县人民政府
查尔玛乡	2011—2012 年度森林草原 防火工作目标管理一等奖	县人民政府
江茸乡	“五五”普法先进集体	县委 县人民政府
江茸乡	2011—2012 年度森林草原 防火工作目标管理二等奖	县人民政府
龙日乡	征兵工作先进单位	县人民政府 县人民武装部
龙日乡	科普工作先进集体	县委 县人民政府
龙日乡	森林草原防火工作目标管理一等奖	县人民政府

红原县委、县政府表彰的个人

获奖单位	获奖人	获奖名称	颁发单位
县监察局	林　晖	红原县民族团结进步先进个人	县委 县人民政府
县人大	纪坤明	红原县民族团结进步先进个人	县委 县人民政府
县人大	措　伯	红原县民族团结进步先进个人	县委 县人民政府

获奖单位	获奖人	获奖名称	颁发单位
县总工会	索　伦	红原县民族团结进步先进个人	县委 县人民政府
县林业局	朱学文	红原县民族团结进步先进个人	县委 县人民政府
县旅游局	夺　科	红原县民族团结进步先进个人	县委 县人民政府
县水务局	陈　辉	红原县民族团结进步先进个人	县委 县人民政府
县人力资源和社会保障局	杨剑军	红原县民族团结进步先进个人	县委 县人民政府
阿木乡	邓咏梅	红原县民族团结进步先进个人	县委 县人民政府
壤口乡	索朗旺	红原县民族团结进步先进个人	县委 县人民政府
刷经寺镇	向朝刚	红原县民族团结进步先进个人	县委 县人民政府
麦洼乡	索朗旦真	红原县民族团结进步先进个人	县委 县人民政府
安曲乡	张志伟	红原县民族团结进步先进个人	县委 县人民政府
龙日乡	王　林	红原县民族团结进步先进个人	县委 县人民政府
县司法局	扎西东周	红原县民族团结进步先进个人	县委 县人民政府
县档案局	索　娜	红原县民族团结进步先进个人	县委 县人民政府
县气象局	李冬立	红原县民族团结进步先进个人	县委 县人民政府
县委宣传部	杜晓宇	红原县民族团结进步先进个人	县委 县人民政府
县公安局	黄　龙	红原县民族团结进步先进个人	县委 县人民政府
县检察院	泽　东	红原县民族团结进步先进个人	县委 县人民政府
县法院	周　艳	红原县民族团结进步先进个人	县委 县人民政府

获奖单位	获奖人	获奖名称	颁发单位
国税局	松达尔	红原县民族团结进步先进个人	县委 县人民政府
红原县中学	张明利	红原县民族团结进步先进个人	县委 县人民政府
武警阿坝支队三大队	王　涛	红原县民族团结进步先进个人	县委 县人民政府
县消防大队	张建华	红原县民族团结进步先进个人	县委 县人民政府
查尔玛乡	松　冷	红原县民族团结进步先进个人	县委 县人民政府
邛溪镇	瓦布丹	红原县民族团结进步先进个人	县委 县人民政府
色地乡	唐木克	红原县民族团结进步先进个人	县委 县人民政府
瓦切乡	班玛求旦	红原县民族团结进步先进个人	县委 县人民政府
瓦切乡	班玛俄热	红原县民族团结进步先进个人	县委 县人民政府
色地乡	索朗泽让	红原县民族团结进步先进个人	县委 县人民政府
色地乡	罗　巴	红原县民族团结进步先进个人	县委 县人民政府
邛溪镇	龙国胜	红原县民族团结进步先进个人	县委 县人民政府
刷经寺镇	房婉秋	红原县民族团结进步先进个人	县委 县人民政府
查尔玛乡	扎　让	红原县民族团结进步先进个人	县委 县人民政府
县佛教协会	穹查·罗周江木措	红原县民族团结进步先进个人	县委 县人民政府
瓦切乡	罗　巴	红原县民族团结进步先进个人	县委 县人民政府
阿木乡	尔　金	红原县民族团结进步先进个人	县委 县人民政府
西部牦牛产业集团	任　可	红原县民族团结进步先进个人	县委 县人民政府

获奖单位	获奖人	获奖名称	颁发单位
红原牦牛食品有限责任公司	向　白	红原县民族团结进步先进个人	县委 县人民政府
县委	郑向东 （援藏）	红原县民族团结进步先进个人	县委 县人民政府
县政府	刘　松 （援藏）	红原县民族团结进步先进个人	县委 县人民政府
县政府	施东良 （援藏）	红原县民族团结进步先进个人	县委 县人民政府
县人民医院	叶秋棠 （援藏）	红原县民族团结进步先进个人	县委 县人民政府
县政府办	席　欢 （援藏）	红原县民族团结进步先进个人	中共红原县委 红原县人民政府
县城乡规划和住房保障局	周　洋 （援藏）	红原县民族团结进步先进个人	县委 县人民政府
县发展和改革局	樊树文 （援藏）	红原县民族团结进步先进个人	县委 县人民政府
县教育局	曾　攀 （援藏）	红原县民族团结进步先进个人	县委 县人民政府
县财政局	雷　霖 （援藏）	红原县民族团结进步先进个人	中共红原县委 红原县人民政府
阿木乡	兰培良 （援藏）	红原县民族团结进步先进个人	中共红原县委 红原县人民政府
县城乡规划和住房保障局	邹　娟 （援藏）	红原县民族团结进步先进个人	县委 县人民政府
县委统战部	李　勇 （援藏）	红原县民族团结进步先进个人	县委 县人民政府
色地乡	钟　剑 （援藏）	红原县民族团结进步先进个人	县委 县人民政府
县国土资源局	韦媛媛 （援藏）	红原县民族团结进步先进个人	县委 县人民政府
县农业局	吴　忠 （援藏）	红原县民族团结进步先进个人	县委 县人民政府
江茸乡	唐伯伟 （援藏）	红原县民族团结进步先进个人	县委 县人民政府
县交警大队	秦　勇	红原县2011年度安全生产先进个人	县人民政府
县公路分局	丁善平	红原县2011年度安全生产先进个人	县人民政府

获奖单位	获奖人	获奖名称	颁发单位
县刷经寺公路分局	邓正富	红原县2011年度安全生产先进个人	县人民政府
县交通运输局	何尔兵	红原县2011年度安全生产先进个人	县人民政府
县政府督查室	王 伟	红原县2011年度安全生产先进个人	县人民政府
县政府应急办	杨 斌	红原县2011年度安全生产先进个人	县人民政府
县财政局	尼格青	红原县2011年度安全生产先进个人	县人民政府
县护林防火指挥部	刘联忠	红原县2011年度安全生产先进个人	县人民政府
县教育局	尕让尼玛	红原县2011年度安全生产先进个人	县人民政府
县安监局	周华英	红原县2011年度安全生产先进个人	县人民政府
色地乡	龚秋扎熙	红原县2011年度安全生产先进个人	县人民政府
麦洼乡	王 峰	红原县2011年度安全生产先进个人	县人民政府
邛溪镇	桑 伯	红原县2011年度安全生产先进个人	县人民政府
壤口乡	罗 宏	红原县2011年度安全生产先进个人	县人民政府
安曲乡	王 托	红原县2011年度安全生产先进个人	红原县人民政府
邛溪镇	张 琦	优秀共产党员	县委
邛溪镇达格龙村党支部	瓦布登	优秀共产党员	县委
刷经寺镇	雷 斌	优秀共产党员	县委
刷经寺镇三家寨党支部	何小兵	优秀共产党员	县委
麦洼乡党委	华尔让	优秀共产党员	县委
壤口乡党委	索朗旺	优秀共产党员	县委
瓦切乡党委	姜 剑	优秀共产党员	县委
瓦切乡唐日村	索木特	优秀共产党员	县委
安曲乡党委	杨 勇	优秀共产党员	县委
色地乡壤里村党支部	勒 洛	优秀共产党员	县委
龙日乡党委	甲 科	优秀共产党员	县委
阿木乡党委	邓咏梅	优秀共产党员	县委
阿木乡	建 让	优秀共产党员	县委
江茸乡党委	旦木真	优秀共产党员	县委

获奖单位	获奖人	获奖名称	颁发单位
查尔玛乡	朱大刚	优秀共产党员	县委
县人大办	张　琪	优秀共产党员	县委
县纪委	林　晖	优秀共产党员	县委
县人民法院	赵　凤	优秀共产党员	县委
县委外宣办	贡　波　华　清	优秀共产党员	县委
县委统战部	张理皓	优秀共产党员	县委
县交通运输局	王　云	优秀共产党员	县委
县人力资源和社会保障局	谭坤权	优秀共产党员	县委
县公安局	杨　勇	优秀共产党员	县委
县森公安局刷经寺派出所	刘　兴	优秀共产党员	县委
县水务局	陈　辉	优秀共产党员	县委
县环保局	唐晓涛	优秀共产党员	县委
县公路分局	黄忠明	优秀共产党员	县委
红原牦牛乳业公司	廖　斌	优秀共产党员	县委
红原县都江堰退休党支部	田　芸	优秀共产党员	县委
红原县郫县退休党支部	杨树夏	优秀共产党员	县委
县政法委	余立虎	“五五”普法依法治理工作先进个人	县委
县政法委	让　俄	“10·5”事件中记三等功	县委
龙日乡	桑　都	科普工作先进个人	县委 县人民政府

红原县2012年国民经济和社会发展统计公报

红原县统计局

2013年5月27日

2012年我县上下按照省、州决策部署，高位求进，重点突破，实现了主要经济指标规模持续扩大化、增长持续强劲、结构持续优化、效益持续改善、水平持续提高，全县经济实现了短期快速增长与长期稳定增长的平衡。

一、综　合

国民经济保持平稳增长。2012年全县实现生产总值（GDP）79493万元，同比增长13.0%。其中：第一产业增加值27978万元，同比增长6.2%；第二产业增加值21762万元，同比增长29.1%；第三产业增加值29753万元，同比增长10.5%。

从产业结构分析，三次产业增加值占生产总值的比重由上年的37.9∶23.2∶38.9调整为35.2∶27.4∶37.4。第一产业结构比重比上年调低2.7个百分点，第二产业结构比重比上年调高3.2个百分点，第三产业结构比重比上年下调1.5个百分点。三次产业结构逐步趋优。

民营经济发展良好。2012年我县实现民营经济增加值43487万元，同比增长13.1%，增速比GDP增速快0.1个百分点，占GDP的比重为54.7%，较上年上涨1.4个百分点。

二、农牧业

农村经济稳步发展。全年农作物播种面积为165公顷，比上年增加28公顷，同比增长20.4%。2012年实现农业总产值39154万元，同比增长6.2%。

稳步推进农村改革，狠抓牧农业基础设施建设，促进了牧区持续发展、牧业持续增效、牧民持续增收。全年建牧道47公里、板涵12道、维修100公里，建牲畜暖棚294个、防疫巷道圈17个，建冻精改良点42个、麦洼牦牛选育场3个；积极推进社区特色生态畜牧业，建优质牧草1090亩、天然草地培育示范1230亩。发展扶持江茸茸日玛绵羊、瓦切唐日牦牛和邛溪玛萨藏羊养殖等农牧民专业合作组织15个。2012年末，各类牲畜存栏37.9万混合头，出栏11.4万混合头，出栏率28.7%，商品率23.5%；肉类总产量1.019万吨，鲜奶产量2.821万吨，冬草储备10.9万吨。种植优质蔬菜2479亩，栽培高原中低温食用菌1661万袋，转移农村剩余劳动力160人。实施森林管护224万亩，生态公益林补偿面积15.6万亩，封山育林3000亩，沙化治理466.7公顷，植灌35.7公顷，种草100公顷，义务植树6500株。第一产业实现增加值2.7978亿元，同比增长6.2%。

三、工　业

工业经济增长强劲。树立扶持龙头企业就是扶持农牧民的意识，启动阿坝牦牛乳业公司破产重组，大力扶持牦牛乳业、国中肉食品、红原宏等畜产品加工企业，同时规下工业企业不断发展壮大等多面的因素，拉动全县工业经济强劲增长。全年实现全社会工业增加值14255万元，同比增长41.4%。规模以上工业实现增加值9027万元，同比增长41.4%。进一步强化了工业在全县经济增长中的引擎作用。

四、固定资产投资

投资拉动效益凸显。随着阿坝·红原机场、省道302线安曲乡至阿坝县城段公路改造等工程的开工建设，我县今年全社会固定资产投资处高位运行。全年全社会固定资产投资135060万元，较上年下降10%。

五、交通运输和邮电通讯业

交通运输生产继续呈现良好的发展势头。年末，全县境内公路总里程达882公里。其中：等级公路720公里。全年客运周转量2578万人公里；货运周转量5584万吨公里。

邮电通信业持续较快发展。全年邮电业务总量2987万元，比上年增长18.3%。年末固定电话用户3970户，比上年增长9.4%。全县移动电话用户达3.8384万户，比上年增长10.5%，通讯覆盖面不断扩大。

六、国内贸易

今年以来，我县按照中央提出的“保增长，扩内需，调结构，增活力，上水平，重民生”的总体要求，采取了一系列刺激消费、促进经济增长的措施，消费品市场在全社会固定资产投资规模不断扩大，城乡居民收入稳步提高的基础上，呈现出繁荣活跃，强劲发展的运行格局。全年实现社会消费品零售总额18714万元，同比增长16.3%。

七、旅游业

一年来，我县以“红色旅游、自驾游圣地”为宣传指南，狠抓旅游对外宣传促销，进一步打响红原旅游品牌。同时，强化对旅游服务行业管理，着力抓好环境建设，由于措施得力、成效显著，全年接待游客85万人次，同比增长37%。实现旅游收入75869万元，同比增长51.8%。

八、财政、税收和金融

我县进一步强化财税金融保障，实施积极的财政政策，狠抓增收工作，财政收入取得了喜人成绩。实现地方公共财政收入2283万元，同比增长26.6%。其中：各项税收收入1644万元，比上年增长38.7%；非税收入639万元，比上年增长3.4%。地方公共财政支出78165万元，比上年增长5.8%。其中：农林水事务支出17359万元，较上年下降15.9%；教育支出12336万元，比上年增长19.2%；医疗卫生支出4866万元，比上年下降22%；科学技术支出261万元，较上年增长10.1%。

金融储蓄稳定，消费概念大为改观。全县年末金融机构各项存款余额为137194万元，同比增长34.4%，其中：居民储蓄存款余额41052万元，同比增长22.4%；年末金融机构各项贷款余额171831万元，同比增长156.8%。

九、教育和科学技术

深入实施“科教兴县”战略，实施第二个教育发展十年行动计划。投资1897万元，维修改造中小学部分校舍及附属设施，高标准配置音、体、美、卫等教学实验仪器和图书设备。新建县城双语幼儿园和安曲乡幼儿园。为寄宿制学生6145人次提供生活补助891万元，实施农村义务教育阶段学生营养改善计划，免费发放营养餐。

完成投资1970万元，续建藏文中学教学综合楼、城关小学学生食堂和宿舍等5个项目，新建色地、麦洼幼儿园和教师周转房等6个项目，改造村级幼儿园2所。广泛开展“五个意识”教育活动，深化师风师德建设，组织各级各类培训840人次。输送46名异地藏汉双语学生到水磨就读。在高考招录中，各类高等院校录取71人，在中考中，有考生以657分的成绩名列全州180名。成功举办红原县第五届中小学生艺术节，童声合唱《小卓玛》在“全国少儿歌曲大奖赛”中获国家级银奖，希望小学篮球队在“2012姚基金希望小学篮球季”活动中获得第二名。

全县有中小学校共16所（未包括幼儿园），其中小学14所，中学2所，在校学生总数7895人。其中：小学生5428人；中学生2467人。专任教师总人数560人，其中：小学专任教师396人，普通中学专任教师164人。

科技惠农取得新突破。建设省级农业科技示范区和安曲乡下哈拉玛村科技示范村。积极与高等院校、科研院所交流合作，强化产学研互动，完成专利申请4件，新增专利成果转化3项，实现新增专利成果转化产值350万元。实施省、州科技计划项目7个，到位资金122万元。新增道地中（藏）药材人工种植125亩，全县道地汉藏药材人工种植面积保有量达到1405亩。

十、文化卫生和体育

完成县文化体育广播影视新闻出版局和县电视台的平稳组建，成立7个协会组成的县文学艺术界联合会。配套完善33个农家书屋建设，为全县11个乡镇综合文化中心配送办公用品，发放便携式太阳能数字电视机4463台和广播电视“舍舍通”卫星直播接收器550套。成立红原县第一个民间锅庄队、红原县民间马术队和草原之心艺术团。制作完成口述历史纪录片《红色草原》、《牦牛之乡》等5部典型经验调研成果开展案例教学片。积极组队参加“唱响山歌——四川首届传统民歌大赛”活动。红原马术队应邀参加中国马术节民族马术特技表演。举办了“快乐乡村，幸福生活”为主题的群众体育活动暨第十一届农牧民男子篮球运动会，丰富了广大农牧民群众的业余生活。全县建立乡镇综合文化站5个，配套完善农家书屋33个。放映农村数字电影167场，发放便携式太阳能电视机2450套。

认真实施民族地区卫生发展十年行动计划，统筹推进医药卫生体制改革，医疗保障基本实现全覆盖。完成脊灰及麻疹强化免疫工作，顺利通过国家、省、州的督导评估。对4761名大骨节患者进行对症治疗及疗效追踪，完成5个监测点的病情监测工作；开展农牧民群众及僧尼肺结核病普查3.2089万人，普查率88.2%；对全县60岁以上农牧民群众及僧人免费进行健康体检3530人，检查率94.77%；对65岁以上老人登记管理2700人，保健9800人次；实施以农村妇女妇科病免费普查普治为主要内容的“关爱草原母亲行动”，对7484名农村妇女进行了普查，普查普治率50.73%；送5名先心病儿童到深圳市孙逸仙心血管医院进行手术治疗；完成36个单位1300名干部职工和423名环卫工人、困难职工的体检工作，建立健康档案4.1253万份；新农合参合32926人，参合率达98.54%。全面落实食品药品安全责任监管，稳步推进餐饮服务和食品安全整治，深入推进药品安全专项整治工作，扎实开展药用空心胶囊铬超标清查工作。积极落实人口和计划生育利益导向“三项制度”，特别扶助110人、奖励扶助322人、少生快富92户，全额兑现奖励金76.5万元，“三结合”帮扶391户，人口自然增长率、出生率及符合政策生育率均控制在州政府下达的目标范围内。

十一、环境保护和安全生产

实施第二轮天然林资源保护项目，积极落实草原生态保护补助奖励政策，完成基础资料的收集、核定和录入，编制上报实施方案。全面完成集体林权制度主体改革。封山育林3.2万亩，治理沙化草场4300亩，人工植灌650亩，编制生物沙障25万平方米；防治草原鼠虫害46.8万亩次；实施森林管护288万亩，巩固退耕还林成果3000亩。投资2262万元，建设城乡防洪堤12万米。组织开展“全民动员、植树种草、美化家园”活动，义务植树38万株。打造了整洁、规范、优美、和谐的发展环境和人居环境。

十二、人口

全县2012年末，全县年末户数1.3969万户，户籍人口总数为4.5242万人。其中：男性2.2627万人，女性2.2615万人。总人口中农牧业人口3.5178万人，非农业人口1.0059万人，为落户常住人口5人。全年人口自然增长率为7.1‰。全县城镇化率达到28.27%，比上年提高个2.3百分点。

十三、人民生活与社会保障

城镇居民生活水平显著提高。2012年末，全县城镇在岗职工3188人，其中国有经济单位2947人。全年城镇在岗职工年平均人数3065人。城镇在岗职工工资总额达14849万元，城镇在岗职工年平均货币工资4.8446万元。

随着国家各项扶持政策和惠农政策的落实到位，牧民定居工程的实施及职工涨薪等诸多因素带动城乡居民收入大幅度增加，特色产业在增收中发挥重要作用。旅游业的蓬勃发展强力拉动城乡居民财产性收入和工资收入的增加。同时也拉动了住宿餐饮娱乐业和其他相关行业个体经营户经营性收入的增加。今年实现农牧民人均纯收入6780元，同比增长23.3%。实现城镇居民人均可支配收入2.2502万元，同比增长15.0%。

劳动就业政策全面落实。2012年共开展各级各类培训518人次；城镇登记失业率控制在3.6%以内。新增城镇就业211人，劳务输出897人，劳务收入620万元。发放自主创业小额担保贷款50万元。争取就业再就业资金121万元。

2012年，全县各类社会福利收养性单位4个，各种社会福利收养床位410床。参加基本养老保险职工人数2846人；参加基本医疗保险职工人数7614人；参加失业保险人数1924人。城镇居民低保对象1128人，农村低保对象7095人；参加农村社会养老保险人数6784人。

注：1. 公报中生产总值及增加值指标绝对数按当年价格计算，增长速度按可比价格计算。

索 引

1. 索引主体采用主题分析索引方法，按主题词首字拼音字母顺序排列。首字为阿拉伯数字或英文字母的，优先排序。

2. 索引名称后的数字表示内容所出现的页码。

3. 本年鉴只对“【……】”作索引。

0～9

A

B

C

D

E

F

G

H

J

K

L

M

N

P

Q

R

S

T

W

X